教育心理学
EDUCATIONAL PSYCHOLOGY

松原達哉 編

丸善出版

まえがき

　教育心理学は，教育の諸問題を心理学的に研究し，心理学の知識や技術を教育に適用して，教育の科学化・能率化をはかろうとする学問です．そのため大学の教職課程において必修科目となっており，教育界においても関心がもたれ教育実践に活用されています．

　本書では，児童・生徒を正しく理解し，望ましい人格を育成するという高い目標を達成するために，適切な教育指導をいかにしたらよいかをねらいに執筆しました．特に，教育心理学は急速な発展を示しているので，それらの新しい原理や資料を豊かにとり入れながら編集しました．

　執筆者は，各大学で実際に教育心理学を講義されている方々であり，それらの経験を生かし，新しい立場で執筆をお願いしました．それを編者の松原が校正加筆し，全体の統一をはかりました．

　本書の特徴のおもなものは，次のようになっています．

(1) 教育心理学の新しい動向や資料を盛り込み，新時代の教育に役立つようにしています．
(2) 教職課程における教育心理学のテキストであるとともに，教育の実践に従事されておられる先生方が教育効果を高めることができるように意図しています．
(3) 教育学部に限らず，その他の学部でも使えるよう適用範囲を広めています．
(4) 従来の教育心理学は児童・生徒の理解が中心でしたが，本書では，特に，どのように指導したらよいか指導法もできるだけ盛り込むように意図しました．
(5) 資料は，諸外国のものの紹介も含めて，わが国の教育の現状にあわせ，できるだけ，新しい資料を豊富に取り入れるように心がけました．
(6) 教育心理学の実践を重視しました．そこで，各章の最後に授業を終えた後の課題を数問設けました．
(7) 文章はやさしく，学生が理解しやすい平易な用語を使っています．
(8) 図表やグラフを多く入れ，わかりやすく，役立つように書いています．

　なお，本書は，2012年度に新しく執筆をお願いし，現代社会に対応できるようにした本です．教育問題は時代とともに新しくなり，変化しています．時代にあった諸問題を盛り込み，教育実践に役立つよう工夫しています．

2013年1月　　　　　　　　　　　　　　　　　　　　　　　松原達哉

目　次

第 1 章　教育心理学と課題 (松原達哉)

1.1 教育の目的 …………………………………………………… 1
　(1) 人格の完成　1
　(2) 教育心理学の対象　2
1.2 教育心理学の領域 …………………………………………… 2
　(1) 発達と教育　2
　(2) 特別支援教育と発達障害　2
　(3) 学習指導　3
　(4) 適応の心理と教育　3
　(5) 学習理論　3
　(6) 動機づけ　3
　(7) 授業法　3
　(8) 学級の心理　4
　(9) 教育評価　4
1.3 教育心理学の研究方法 ……………………………………… 4
　(1) 観察法（observation）　4
　(2) 調査法（survey method）　6
　(3) テスト法（test method）　6
　(4) 投映法（projective method）　7
　(5) 品等法（rating scale method）　7
　(6) 事例研究法（case study method）　7
　(7) その他の方法　8

第 2 章　発達と教育 (石　晓玲)

2.1 発達とは ……………………………………………………… 9
　(1) 発達の概念　9
　(2) 発達のとらえ方　10
　(3) 発達の特徴　11

2.2 発達段階 ………………………………………………………… 12
　(1) 発達段階の意義　12
　(2) 学校教育制度を基準とする区分　13
2.3 身体・運動の発達 …………………………………………… 14
　(1) 新生児期から青年期までの身体・運動発達　14
　(2) 発達加速現象　15
2.4 認知の発達 ……………………………………………………… 17
　(1) 認知発達の神経基盤　17
　(2) ピアジェの発達段階論　19
　(3) ヴィゴツキーの社会文化理論　23
　(4) 心の理論　24
　(5) メタ認知と教育　25
2.5 社会性の発達 ………………………………………………… 26
　(1) 社会性とは　26
　(2) 愛着　27
　(3) 仲間関係　28
2.6 パーソナリティの発達 …………………………………… 29
　(1) パーソナリティとは　29
　(2) 類型論から特性論へ　29
　(3) 暗黙のパーソナリティ論　30
2.7 発達課題と教育 ……………………………………………… 31
　(1) ハヴィガーストの発達課題　31
　(2) エリクソンの発達課題　32

● 第3章　特別支援教育と発達障害 (青戸泰子)

3.1 特別支援教育とは …………………………………………… 37
　(1) 特殊教育から特別支援教育へ　37
　(2) 特別支援教育の場　38
　(3) 特別支援教育のしくみ　42
3.2 発達障害の理解と対応 …………………………………… 44
　(1) 発達障害とは　44
　(2) 知的障害 (MR)　45

　　　　（3）広汎性発達障害（PDD）　46
　　　　（4）注意欠陥／多動性障害（AD／HD）　49
　　　　（5）学習障害（LD）　50
　　　　（6）診断と障害の重複　51
　3.3　発達障害と教育 ………………………………………………… 52
　　　　（1）二次的な障害への配慮　52
　　　　（2）通常の学級における支援の実際　53

第4章　学習指導 （稲垣応顕）

　4.1　学習指導の歴史的展開と基礎理論 ……………………………… 62
　　　　（1）学習指導の歴史的展開　62
　　　　（2）学習指導を支える基礎理論　63
　4.2　学習指導の基本 ………………………………………………… 65
　4.3　学習指導の方法 ………………………………………………… 67
　　　　（1）問題解決学習　67
　　　　（2）発見学習　69
　　　　（3）有意味受容学習　72
　　　　（4）完全習得学習　73
　　　　（5）プログラム学習　75
　4.4　学習集団別による学習指導 …………………………………… 76
　　　　（1）バズ学習　77
　　　　（2）ジグソー学習　78
　　　　（3）MD法　79
　　　　（4）まとめ　80
　4.5　学習指導の近年の動向 ………………………………………… 81
　　　　（1）適性処遇交互作用　81
　　　　（2）習熟度別学習　82
　4.6　まとめと今後の課題 …………………………………………… 83

第5章　適応の心理と教育（いじめ，不登校，自殺）（松原達哉）

　5.1　適応の定義 ……………………………………………………… 86
　　　　（1）適応とは　86

　　　　（2）適応（防衛）機制　86
　　　　（3）適応機制のおもな方法　87
　　　　（4）欲求不満と葛藤　88
　　　　（5）葛藤　90
　　　　（6）欲求不満の個人差　91
　5.2　いじめの心理と指導 ……………………………………… 92
　　　　（1）いじめの定義　92
　　　　（2）いじめられやすい子の発見　92
　　　　（3）いじめの発生原因　95
　　　　（4）いじめを受けている子の指導　96
　　　　（5）「いじめ」に走る子の発見　98
　5.3　不登校の心理と指導 ……………………………………… 103
　　　　（1）不登校になりやすい子のSOS信号　104
　　　　（2）不登校の原因と背景　106
　　　　（3）不登校への具体的指導法　107
　5.4　自殺念慮のある子の心理と指導 ……………………………… 108
　　　　（1）SOS信号　109
　　　　（2）自殺者の現状　109
　　　　（3）自殺の原因　110
　　　　（4）自殺防止の方法　111

● 第6章　学習理論 (山本隆一郎)

　6.1　学習の定義 ……………………………………………… 114
　　　　（1）生得的行動と習得的行動　114
　　　　（2）学習とは？　115
　6.2　学習が生じるメカニズム ………………………………… 115
　　　　（1）古典的条件づけ　115
　　　　（2）道具的条件づけ　117
　　　　（3）観察学習　120
　6.3　記憶：学習を支えるメカニズム ………………………… 121
　　　　（1）記憶とは？　121
　　　　（2）記憶の過程　122

　　　　(3) 記憶の分類　123
　　　　(4) 忘却　124
　6.4　技能学習：学習による複雑な行動の獲得 …………………………… 126
　　　　(1) 練習による技能の獲得　126
　　　　(2) 技能学習をより効果的にする方法　127
　　　　(3) 学習の転移　127
　6.5　問題解決：未経験の課題への行動遂行と調整 ………………… 128
　　　　(1) 問題解決とは　128
　　　　(2) 問題解決過程・思考の理解　128
　6.6　学習理論を応用した行動の理解と支援 ……………………………… 130

● 第7章　動機づけ（石川清子）

　7.1　動機づけとは何か …………………………………………………………… 134
　　　　(1) 動機づけと諸問題　135
　　　　(2) 教育環境の問題　135
　7.2　動機づけの理論 ……………………………………………………………… 137
　　　　(1) 外発的動機づけ・内発的動機づけ　138
　　　　(2) 価値・期待モデル　139
　　　　(3) 欲求と動機モデル　141
　　　　(4) 原因帰属理論　143
　　　　(5) 学習性無力感と学業不振　144
　7.3　動機づけの応用 ……………………………………………………………… 146
　　　　(1) 達成動機を高めるために　146
　7.4　学習への動機づけのアプローチ …………………………………………… 149
　　　　(1) 自尊感情と失敗体験　149
　　　　(2) ストレスと動機づけ　151
　　　　(3) 教師としてできること　155

● 第8章　授業法（山田順子）

　8.1　授業と授業法 ………………………………………………………………… 159
　　　　(1) 授業とは　159
　　　　(2) 授業と授業法およびそれに関わる諸要因　160

8.2 さまざまな授業法——先人たちの努力と工夫の軌跡 ………… 160
 （1）講義法　160
 （2）討議法　162
 （3）問答法　162
 （4）問題解決学習　163
 （5）発見学習（仮説検証授業）　164
 （6）有意味学習と有意味受容学習　165
 （7）完全習得学習　166
 （8）オープン・エデュケーション　167
 （9）視聴覚的方法　170
 （10）IPI（個別処方教授）　171
 （11）プログラム学習　171
 （12）CAI　176

8.3 授業法と，時代や社会の要請 …………………………………… 176
 （1）学習者・教師の相互作用と，時代・社会の要請　176
 （2）「いじめ」と「ネットトラブル」　177

第9章　学級の心理（一言英文）

9.1 現代日本の学級 …………………………………………………… 180
 （1）日本の学級　180
 （2）いじめの変遷　182
 （3）自殺の先行状況　182
 （4）社会的ひきこもりのきっかけ　183

9.2 集団の心理 ………………………………………………………… 184
 （1）対人不安　184
 （2）孤独感　184
 （3）規範的同調　185
 （4）責任の分散　185

9.3 学級における感情と動機づけ …………………………………… 186
 （1）妬み感情　186
 （2）自己改善動機　188
 （3）相互協調的人間観　190

9.4 日本文化の変化と学級 …………………………………………… 192
　（1）グローバル化　192
　（2）日本文化の変化と学級への影響　195
　（3）個人主義化といじめ　196
9.5 まとめ ………………………………………………………………… 199

第10章　教育評価 (廣利吉治)

10.1 教育評価のあり方 ………………………………………………… 202
　（1）評価の目的　202
　（2）教育評価の歴史　203
10.2 教育効果と評価 …………………………………………………… 205
　（1）教育効果の測定　205
　（2）絶対評価と相対評価　206
10.3 教育評価の妥当性と信頼性 ……………………………………… 207
　（1）評価の妥当性　208
　（2）妥当性の種類　208
　（3）評価の信頼性　209
10.4 特別支援教育と評価 ……………………………………………… 209
　（1）発達特徴の評価　210
　（2）個別の指導計画　211
　（3）個別の教育支援計画　212
10.5 アセスメントに基づく指導課題の検討事例 ………………… 213
10.6 クラス集団の評価 ………………………………………………… 215
10.7 障害特性をとらえるためのテストバッテリー構成 ………… 218
　（1）発達検査　218
　（2）心理検査　220
10.8 よりよい教育評価のために ……………………………………… 224

索　　　引 …………………………………………………………………… 226
編者・執筆者紹介 …………………………………………………………… 235

第1章

教育心理学と課題

1.1 教育の目的

(1) 人格の完成

教育の目的は，わが国の教育の基本を定めた教育基本法の第1章第1条に，次のように明示されている．

「教育は，人格の完成を目指し，平和で民主的な国家及び社会の形成者として必要を資質を備えた心身ともに健康な国民の育成を期して行われなければならない」．

この人格の完成というのは，人間を人間として形成することによって，世界のどこに出しても恥ずかしくない立派な人間，憲法の理想とする「世界の平和と人類の福祉に貢献」できる人間を育成しようとする広大な構想に基づくものである．

ペスタロッチ（Pestallozi, J. A.）やカント（Kant, I.）らは，教育の目的は人間性（human nature）の調和的発達であると説いている．ヘルバルト（Herbart, J. F.）は，これに健康を加え，教育は心理学に基づかなければならないと説いている．モイマン（Meumann, E.）は，教育学と心理学の結合を意図し，「児童から」の教育を主張し，すべての教育は，児童の自然，児童の発達段階に応じてなされねばならないことを主張し，特に発達の問題と個人差の問題を重視している．

(2) 教育心理学の対象

ふつう，教育といえば，学校教育のことを考えがちであるが，学校教育のほかに，家庭教育，社会教育などもある．特に，現代のような情報化社会においては，こうした学校教育以外の問題も重要である．しかも，教育という場合，人間の生活している環境が重要になってくる．かつて，フランスのアヴェロンの森の中で狼に育てられている子どもが発見されたが，教育を受けていなかったため，発見された時点ではことばも文字もわからない状態であった．このアヴェロンの野生児は，人間の社会から隔離されて育ち，見つけ出されたときには人間失格の状態であったという実に珍しい事例であるが，教育（環境）が，人間形成にとっていかに重要であるかを示している．

1.2 教育心理学の領域

教育心理学の研究領域はきわめて幅広いものであり，どの分野までを取り入れるかは必ずしも一定ではないが，そのおもなものは次のとおりである．しかしその各項は，研究または記述の便宜のためのものであって，それらは，互いに作用しあって全体を構成している．

(1) 発達と教育

教育は，教育目標を達成するために，具体的には，すべて幼児・児童・青年の心身の成長発達に即応して行われなければならない．したがって，教育心理学は，教育の対象である児童・生徒の心身の発達の一般的傾向ならびに発達の諸要因を明らかにしなければならない．特に，身体・運動，知能，言語，情緒，社会性，人格などの発達および個人差などを研究し，教育の目的である人格の調和的発見とその指導法を解明する必要がある．

(2) 特別支援教育と発達障害

教育は健常者だけではなく，知的障害者，発達障害者，学習障害者（LD）注意欠陥／多動性障害（AD／HD）など障害をもった人たちへの特別支援教育も重要である．今日では，こうした障害の教育を重視し，研究や実践が行われている．従来の教育より，幅広く人道的精神で，教育方法も改善・進歩している．

(3) 学習指導

　教育の効果をあげるためには，児童・生徒の基本的要求を理解し，動機づけや学業不振の原因や指導法などが課題となる．さらに，プログラム学習によって効果を上げるための理論や実際を研究したり，そのための教育課程（カリキュラム：Curriculum）の問題や学級集団の問題なども課題となる．

(4) 適応の心理と教育

　教育は，児童・生徒の知的発達をめざすだけでなく，学校や社会生活に自己をよりよく自主的・自律的に適応しうる人にしようとする．つまり，個性的・社会的・文化的人間として充実させることが重要な課題である．すなわち，全体としての人間性や人格は，環境に対する適応の所産とみることができるので，どうすれば，社会に適応できるか心理的な研究・実践も大切である．

(5) 学習理論

　学習とは，行動の進歩的変化をいい，児童・生徒の発達は，単なる成長によるだけでなく，学校・家庭教育などによる学習の結果に負うところが大きい．したがって，いかに学習が成立するか，学習したものはいかにすれば持続するか，またいかに他に転移するかという学習理論とその指導が重要な課題となる．そのために，学習レディネスなどが問題となる．

(6) 動機づけ

　勉強ができなかったり，友人関係のトラブルから不適応状態になったりする子もいる．そうした子に対しては，学習意欲を向上させ，やる気を起こさせることが大切である．そのやる気を起こさせる方法を「動機づけ」といって，教育心理学では重視されている．

(7) 授業法

　学習指導を行うとき，授業の方法によって児童・生徒にやる気を起こさせ，学力を向上させることができる．これは教師がどのような授業方法をとっているかに左右される．現在アメリカでは双方向対話式の授業といって，教師は教壇に立って一方的に授業をするのではなく，教室をぐるぐる廻

りながら指導し，また途中で4~5人のグループを作り，テーマを与えて授業する方法がとられている．日本の授業でもこの方法が行われており，この授業法では，児童・生徒はいねむりしたり，友達と無駄話をしたりしないで，皆集中して授業を受けるため，学力向上につながるともいわれている．

(8) 学級の心理

学級経営をうまく行うことによって，児童・生徒は人間関係もよくなり，学習意欲も向上し，学力も向上する．また学級経営の仕方がよいと，不登校やいじめや自殺なども少ない．学級経営の仕方によって学級の雰囲気が変化するので，担任の学級経営能力が重要である．

(9) 教育評価

教育は常に評価から始まり，評価で終わるといわれる．児童・生徒がどれだけのことを，いかに習得したかを知る評価が教育にとって大切である．これは，教育目標やカリキュラム，指導方法などの適否を判断したり改善したりするためにも必要である．最近，テスト批判もあるが，教育評価なくして教育の進歩改善はない．そこで，正しい評価法の習得が重要である．

1.3 教育心理学の研究方法

教育心理学は，その研究に科学的方法を用いる．科学的研究であるためには，正確で，客観的であって，熟練した研究者によってなされ，後から別の研究者によってたしかめうるものでなければならない．特に実験的研究においては公平に行われ，実験者の偏見や意見に左右されないものでなければならない．そこで，研究方法としては，資料の科学的な収集，科学的な分析，そして，科学的な解釈などが求められる．しかし，教育心理学は，教育現場と遊離したものであってはならない．その点，教育現場と結びついた継続的な実験研究が要請される．以下，おもな研究方法を述べる．

(1) 観察法（observation）

広い意味では，科学の研究での事実の収集はすべて観察による．観察にあたって，事物や事象をその生起のままに観察する方法を自然観察法とよび，

何らかの条件的統制の下にそれを観察する方法を実験的観察法という．

(a) 自然観察法

児童・生徒の言語・動作など，なんら操作を加えず自然の状態を観察する方法である．これは，教育心理学研究者や教師にとって最も重要な研究法である．この方法は，特別な装置も必要なく，広範囲の事象を容易に観察することができる．しかし，人の行為行動にはまったく同一の反復がなく，いわゆる一回性のものであるから任意に反復させることができず，どの条件がどの事象の生起と関連をもつかなどを十分に明らかにしにくいという短所がある．

なお，観察の機会のもち方として，偶然的なものと計画的なものとがある．前者は偶然の機会に観察してその記録をとどめるもので，逸話記録法（anecdotal method）という．これは，個人の行動事実と観察者の解釈とを区別して記載し，これを累積していくので，個人の人格特徴を明らかにすることができる．この場合，客観的な行動の記録とその解釈とは厳密に区別すべきである．後者は，一定の計画に基づいて観察の機会を設定するもので，同種の資料を多数に集めることもできる．ある時間内にどんな行動が生ずるのかを観察する方法で，時間見本法（time sampling method）という．たとえば，1日のうちの5分とか10分，あるいは1週間のうちの特定の曜日を決めて観察する（時間の選び方に注意を要する）．

(b) 実験的観察法

事象に関係ある諸条件を調整し，特定条件の変化が，事象の変化にどのように関係しているかを実験的に観察する方法である．この場合，等質の二群を構成して，一方の群（実験群：experimental group）では実験条件を与え，他方の群（統制群：control group）ではこれを与えないで，両群にあらわれた結果の相違を比較する．なお，教育心理の研究対象である児童・生徒の行動は，その発生条件が多岐にわたる場合が多いので，知性的な洞察に努めないと，その実験結果を誤断するおそれがある．

なお，純然たる意味の実験的観察法ではないが，けんか，いじめ，叱責された，入試に遅刻した，重大な過失を犯した，など危機的場面に陥った時の行動を観察することによって，日常生活では見られない，時には意外な行動傾向（個性や性格）を理解することができる（危機的場面観察法）．

(2) 調査法（survey method）

　児童・生徒の意識や態度や，学校の運営に対する教師の考え方などは，単なる観察だけでは十分にその真相を把握しがたい．それを明らかにするために，質問事項を印刷して配付し，回答を記入してもらう質問紙法（questionnaire）と，個々の被験者に面接し，問答に基づいて回答を記録していく面接法（interview method）とがある．

(a) 質問紙法（questionnaire）

　これは，一定の質問を用意して意見・態度・興味などを調査する方法である．短時間のうちに多数の資料が収集できるので，最も多く用いられる．この方法を用いるときには，次のような点に注意する．①研究目的をはっきりさせる．②広範囲に調査する場合は，予備調査をして質問項目を選択する．③研究目的に最適な最小限に必要な項目を厳選する．④質問文は一義的で簡単な表現を用いる．⑤一方的な回答を暗示することのないように質問文を作る．⑥回答者がありのままを回答できるように，教示を注意して作成する．⑦回答者がありのままを答えることによって明らかに不利になるような問題は作らない．⑧事情によっては無記名にする．⑨秘密は厳守する．⑩問題を作成したら専門家に見てもらう．⑪選択回答法（イ　はい，ロ　わからない，ハ　いいえ）が用いられるが，わからない反応や無回答の意味を検討する．⑫自由記述法を併用するのもよい．

(b) 面接法（interview method）

　質問紙では，被調査者の心の奥底に触れることはできない．このような短所を補うために面接法が用いられる．この方法はカウンセリングにも用いられる．個々に面接するため，労力，時間，費用などがかなりかかり，また，面接技術にも非常に左右される．よい結果を得るためには親密感をもって相対する必要がある．

(3) テスト法（test method）

　知能，学力，創造性，性格，社会生活能力，学習法，適性，運動能力など諸種のテストが考案され，児童・生徒の理解や指導に役立てられている．テストには，標準化されたものと教師作成によるテスト（主として学力テスト）とがある．実施は，実施要領に忠実に従い，検査法を十分習得し，被験者の能力や行動を十分発揮させるようにし，公平な態度で採点をする．そし

て，児童・生徒の潜在能力を活かすよう活用する．

（4）投映法（projective method）
あいまいな刺激や構成材料を与えて特別な警戒心を起こさせることなく，自由に反応させ，個人の欲求や感情や傾向などを見ようとする方法である．これにはロールシャッハ・テスト，TAT，バウムテスト，文章完成法などがある．

（5）品等法（rating scale method）
数量的に測定することのできない事象に対して価値判断を行い，これを仮に量的もしくは階級的に表す方法である．これには次の2種類がある．
（a）序例法（rating method）
個人の一定の性質や作品を他人のそれと比較して価値の順序をつけるやり方である．これを正確にするため，すべての個人を他の全員と一度ずつ比較する一対比較法（method of paired comparison）が用いられる．
（b）品等（評定）尺度法（rating scale）
あらかじめ一定の尺度を作り，これに照らし合わせて個人がどの位置を占めるかを判断して，その得点または評価で，その位置を表す方法である．この尺度は3から5段階に作られるのが多い．また，記述尺度法，点数尺度法，人物見本法などがある．

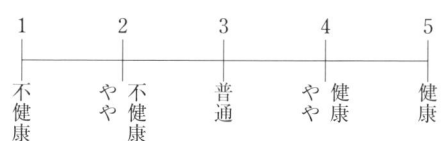

図 1-1　健康についての品等尺度例（5段階）

（6）事例研究法（case study method）
個人の持っている問題の原因をさぐって診断し，その治療法を発見するために，その人の生育歴，家族歴，学校歴などの資料や現在の諸資料をいろいろな方法を用いて収集し，それらを総合的に検討する方法である．たとえば，学業不振児，非行児など多くの研究に用いられるが，時間と労力がかか

るとともに，相当な心理的要素と経験が必要である．

(7) その他の方法

個人の伝記や自叙伝などを用いた伝記法，自発的または強制的に綴った日記からその心理をくみとる日記法，自由作文や課題作文を用いる作文法，学級集団の人間関係を調べる社会測定法（sociometric method）などがある．また，実践的な現場研究（action research）として授業分析や教授・学習過程，教師・生徒関係などもある．いずれにせよ，児童・生徒をいかに教育目標に到達させるかをいろいろな方法を用いて科学的に行うのである．

［松原達哉］

【参考文献】
教育基本法（2006）．文部科学省
辰野千寿（1967）．教育心理学入門　日本文化科学社
沢田慶輔・小口忠彦（1970）．教育心理学　有斐閣
松原達哉（1994）．教育心理学　日本文化科学社

課　題

1. 教育の目的について述べなさい．
2. 教育になぜ心理学が必要か述べなさい．
3. 心理テスト法のいずれかを実際に実施して研究しなさい．

発達と教育

 「教育基本法」においては，教育の目的を子どもの「人格の完成」とし，学校教育は「教育を受ける者の心身の発達に応じて，体系的な教育が組織的に行わなければならない」と示している．教育が目的を持って人に影響を与えるように働きかけるものであるとすれば，どのように働きかければ，子どもの発達が保障・促進されるかということは重要な課題である．適切で効果的な教育を行うには，子どもの発達の姿や原理を正しく把握する必要がある．本章では，発達の概念・とらえ方を整理し，身体・認知・社会性などの側面の発達を教育と関連づけて紹介する．最後に，人格形成に示唆を与える，ハヴィガーストやエリクソンが提唱する発達課題を述べる．

 2.1 発達とは

(1) 発達の概念

 心理学における発達（development）とは，一般に受精の瞬間から死にいたるまでの人の心身の構造や機能が量的にも質的にも変化していくことである．人間の個体の発達に関しては，これまでは青年期までの加齢による進歩（成長）への関心が強かったが，長寿化や高齢者の社会参加の活発化により，一生涯から発達を包括的にとらえる必要が出てきている．そのため，今日では一生涯の変化における減少や下降という衰退（decline）を含め，発達を語る際に生涯発達（life-span development）の視点が定着するようになった．

 発達は，個人の外界への能動的な働きかけとその働きかけによって環境から受ける影響との相互作用によって推し進められる．青年期までの発達は，

成熟と学習による比重が大きい．成熟とは，生得的遺伝的プログラムに基づき発生的に起きる変化である．学習は，経験や訓練による心身の機能に起きる変化である．青少年の発達は，もちろん神経系の成熟を基礎にしているが，学習（学校環境）によるものが大きいことから，教育の重要性が大きいといえる（松原，1994）．

(2) 発達のとらえ方

　発達は何によって規定されているかについて，歴史的に「遺伝か環境か」をめぐって，ゲゼル（Gesell, A. L.）の成熟優位説とワトソン（Watson, J. B.）の環境優位説との間に大きな対立が見られた．発達の要因を1側面だけに求めるのは不十分と考え，シュテルン（Stern, W.）は，どのような機能も遺伝的要因と環境的要因がそれぞれの割合を持って決定されるという輻輳説（theory of convergence）を提案した．シュテルンの輻輳説は，遺伝と環境は独立的に作用し，それぞれの効果が単純に加算されたことにとどまり，発達にどのような影響を与えるのかについて議論がなされていないという欠点があった．

　後に，ジェンセン（Jensen, A. R.）は，遺伝と環境の要因が影響し合って発達を規定するという環境閾値説を提唱した．この説では，各特性の持つ遺伝的要因を発揮するのには，環境的要因の固有な閾値（一定水準）を超えることが条件だと考えている．環境閾値説は，相互作用説（interactional view）の一つである．この相互作用説の流れをさらに進展させたのは，サメロフ＆チャンドラー（Sameroff & Chandler, 1975）の相乗的相互作用説（transactional model）である．この説は子どもと養育者とが双方向に循環的に影響し合うことによって発達していくという考えである．発達過程において子どもが親から影響を受けるのみではなく，子どもの持つ個体的特徴もまた親に影響を及ぼすといった母子間の相互作用に着目している（図2-1）．たとえば，子どもが情緒障害にいたる母子相互作用モデルは図2-2の流れになることが考えられる．

　このように，発達のとらえ方は，その時代の時間軸において変化していることに注意する必要がある．なぜなら，発達のとらえ方によって，社会一般や養育者・教育者などの持つ発達観が違うので，子どもへの関わり方を左右する教育の立場が異なってくるからである．現在，学校教育の現場では，相

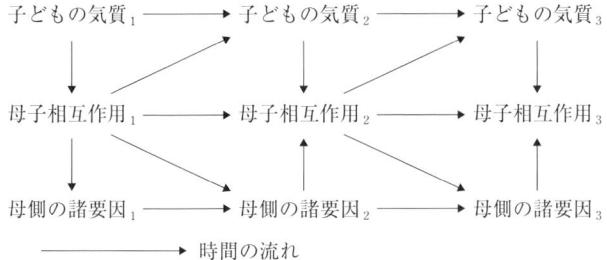

図 2-1　サメロフの相乗的相互作用モデルによる母子相互作用（Sameroff, 1975；三宅, 1990, p.36）

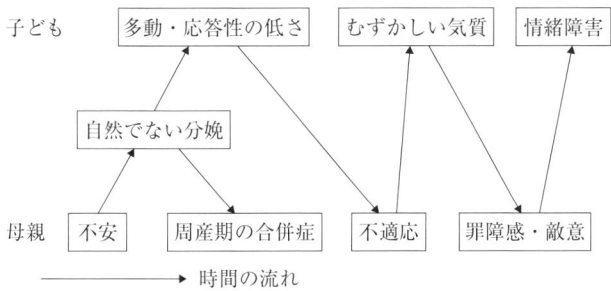

図 2-2　情緒障害にいたる母子の関わり（Sameroff, 1975；三宅, 1990, p.36）

　これは妊娠中から出産や育児のことについて強い不安をいだいていた婦人が，できるだけ早く無痛分娩のための処置をしてほしいと医師に求めたというところから始まっている．子どもは出生後早くからむずかり，ぐずりなどが目立ち，一方，母親のほうにも産後の心身の状態の問題があったのであり，こうした母子双方にあるネガティブな条件がはじめから互いに影響を与えあって次第に母親の不安は増大し，それとともに子どものむずかしさもさらに顕著になり，母親はやがて子どもに対して罪障感を抱いたり敵意をもったりするようになり，ついには子どもに情緒障害がみられるに至ったというわけである（三宅, 1990, pp.35-36）

互作用説の考え方が受け入れられており，子どもの環境への働きかけの主体性を十分に発揮しつつ，子どもの発達を保障・促進する教育環境を整えることが求められている．したがって，従来の教育指導の主導者から，子どもの発達の支援者としての教師像の転換が図られている．

(3) 発達の特徴

　子どもの発達の過程には，いくつかの共通した基本的特徴が見出される．

① 発達は分化と統合の過程である．
② 発達は基本的に連続的な過程である．
③ 発達には一定の方向性がある．
④ 発達には周期性がある．
⑤ 発達の各領域は相互に関連している．
⑥ 発達には個人差がある．
⑦ 発達は個体と環境の相互作用によるものである．

特に，⑥，⑦は，教育現場で重要視される．これまでは，標準的な順序に従って進行するという形の発達は，すべての子どもに当てはまるはずという考え方だったが，障害児研究などの脳科学と心理学の進歩により，発達がたどるプロセスは一人ひとりで違うことが可能だという見方が有力になってきた．現在では子どもの個性的な部分を尊重し，そして子どもの主体性（能動性）を最大限に発揮するよう，生涯発達の視点から子どもと関わるべき，という見解にいたっている．

2.2 発達段階

(1) 発達段階の意義

星座を観察する際，見る角度により見える形が違ってくるが，発達の連続性・非連続性についても同じことがいえる．たとえば，青年期までは体重や身長が連続的に増加しているが，その増加量に着目すれば，生後1年目と思春期に発育急進期があり，非連続的なものであるともいえる．そのため，発達は一般的に特殊な影響がない限り連続的に変化する過程であるが，その構造や機能の質的変化に着目していくつかの特徴をもった時期（発達段階）に区分することができる．「体系的な教育が組織的に行わなければならない」という学校教育においては，発達段階の特徴に応じた教育的展開が教育の助けになる．後述するピアジェやエリクソンの発達論などの多くは，この漸進的発達段階に基づいている．また，各発達段階においては，その時期で達成する発達課題があり，それを土台にして次の段階での発達が順調に進められると考えられている．

(2) 学校教育制度を基準とする区分

　教育心理学の立場から発達段階のもつ意味を考えると，現在の学校教育制度を無視できない．もともとは，子どもの心身の発達の程度を考慮して決定された学校教育制度ではあるが，逆に，それぞれの段階に属する子どもの心身の発達に影響を与えることも強く，ますます段階としてのまとまりがはっきりしてきたと考えることができる（松原，1994）．事実，入学，卒業などの学校の区切りは子どもの精神生活に大きな影響を与えている．たとえば，進学の際に起きる小1プロブレムや中1ギャップが挙げられる．小1プロブレムとは，小学校に入学したばかりの子どもが授業中に座っていられない，教室の中を立ち歩く，教師の指示に従わないなど，授業の進行が困難になる現象を指す．中1ギャップについてBenesseの調査（Benesse教育情報サイト，2011）では「小学生が新中学校1年生となったときに，学校生活や授業のやり方が今までとまったく違うため，新しい環境（学習・生活・人間関係）になじめないことから不登校となったり，いじめが急増したりするなどいろいろな問題が出てくる現象」としている．この調査結果では，中学生の子どもの持つ保護者の過半数は「中1ギャップ」という言葉は知らないが，思い当たるフシがあると回答していた．これらの新しい学校環境や文化への適応に関連して起こった問題について，教師の立場から保護者と連携をとりながら，取り組む必要があろう．

　発達段階は次のように区分できる（表2-1）．

表2-1　学校教育制度からみた発達段階の区分

乳児期	0～1歳	
幼児前期	1～3歳	幼稚園入園前
幼児後期	3～6歳	幼稚園入園後
児童前期	6～9歳	小学校前半
児童後期	9～12歳	小学校後半
思春期	12～15歳	中学校
青年前期	15～18歳	高等学校
青年後期	18歳～22歳	大学
成人期	22歳以上	
老年期	65歳以上	

（松原，1994，p.22より修正引用）

2.3 身体・運動の発達

(1) 新生児期から青年期までの身体・運動発達

出生時の体重は約 3,000 g であるが，生後 4 か月で 2 倍，1 年後に約 3 倍となる．生後 1 年間は増加が著しく第一次発育急進期となるが，そのピークは胎児期後期である．第二次急進期は女子で 10～11 歳，男子で 10～14 歳である．

身長は出生時に約 50 cm であり，生後 1 年間で 1.5 倍，4 歳半で 2 倍，13 歳で 3 倍となる．生後 1 年間は第一次発育急進期であるが，急進のピークは胎児期中期にある．第二次急進期は女子で 9～10 歳，男子で 11～12 歳である．

人間の発育は，すべての方向に同じ速度で進行するものではなく，ある部

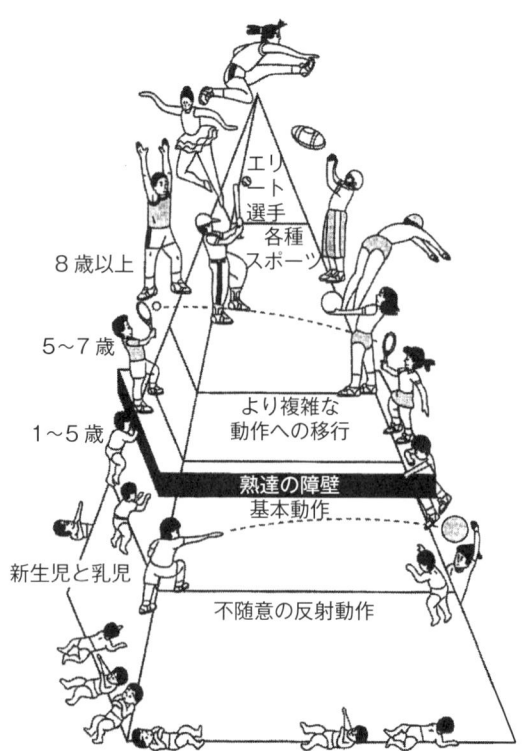

図 2-3　子どもの運動技法発達のピラミッド（多鹿・南，2009, p.39)

分は早く発育し，ある部分は遅れが見られる．このようにして，身体の均衡は年齢に伴って変化し，青年期までにおおよそ8頭身になる．

母子保健法第6条では，生後28日を経過しない者を新生児と定義している．この時期にさまざまな原始反射が見られるが，3～4か月でほぼ消えていく．そのかわり，目的，意図を伴った随意運動が徐々にできるようになり，4～5か月から目の前の物に手を伸ばしてつまむといった目と手の協応動作ができ，1歳で歩き始めるにつれ探索活動の範囲が広がる．

原始反射から随意運動へ変わっていく運動技能の発達は，図2-3に示されている．

(2) 発達加速現象

ある身体発育水準が数世代にわたって早まって出現するようになる現象は，発達加速現象（acceleration phenomenon）である．

(a) 年間加速現象

異なる世代の同年齢集団間で見られる発達加速のことを年間加速現象という．さらに，身長，体重などの成長速度が加速する現象を成長加速現象といい，また初潮，精通，歯牙発生などの開始年齢が早期化する現象を成熟前傾現象という．

(b) 発達勾配現象

同一世代の同年齢集団であっても，発達加速現象には地域差や階層差がある．都市の方が農村より，また社会・経済的階層の上の方が下の方より，身長や体重などが大きかったり，性的成熟が早かったりする現象は，発達勾配現象という．

(c) 日本の近年の状況

平成23年度「学校保健統計調査」（文部科学省，2011a）によれば，体重を親の世代（30年前の昭和56年度の数値，以下同じ）とを比較すると，最も差がある年齢は，男子では12歳で2.6 kg，女子では10歳で1.6 kg，それぞれ現在の子どものほうが重くなっている．なお，男子，女子ともに昭和23年度以降，増加傾向にあったが，平成10年度から平成15年度あたりにピークを迎え，その後減少傾向となっている．身長の方では，平成23年度の身長を親の世代と比較すると，最も差がある年齢は，男子では12歳で2.5 cm，女子では10歳で2.0 cm，それぞれ高くなっている．なお，男子，

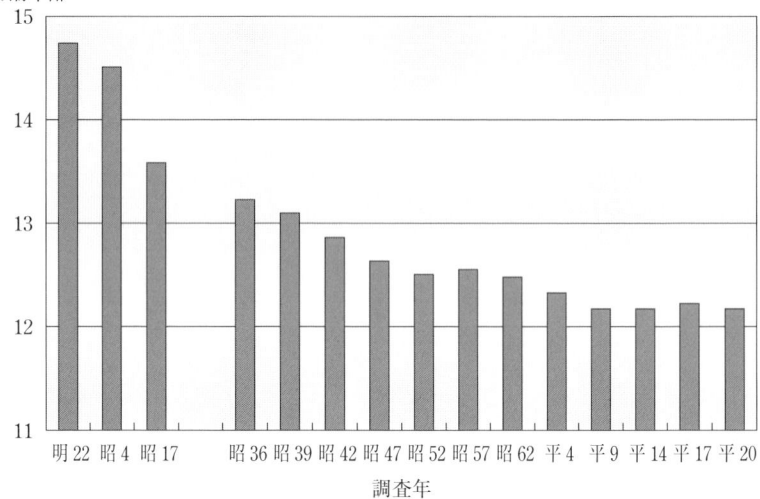

図 2-4 日本女性の初潮年齢の推移（文部科学省，2011b）

女子ともに昭和23年度以降，増加傾向にあったが，平成9年度から平成13年度あたりにピークを迎え，その後概ね横ばい傾向となっている．したがって，これまで身長も体重も加速現象が見られたが，ここ10年くらいは加速のスピードが止まっているといえる．しかし，統計が始まる昭和23年生まれの世代と比べ，身長も体重も2～3年前の学年の平均値に相当することから，身体的発達の早まりが依然としてみられる（文部科学省，2011b）．

初潮年齢について，文部科学省（2011b）のまとめによれば，昭和36年生まれの女子と比べると，1年早まっている（図2-4）．

これらの成長加速，成熟前傾現象の原因については，栄養状態の改善や生活様式の欧米化，メディア情報から受ける刺激，生活リズムの変化などが指摘されている．

精神や身体のコントロールが未熟でありながら身体的に大人に近づきつつあることは，特に女子生徒にとってストレスとなる．このような身体的変化がある一方で，子どもの体力・基礎的運動能力の低下が懸念される教育の背景の変化もみられる．

2.4 認知の発達

(1) 認知発達の神経基盤

人間は脳が優先的に発達し，脳重量の増加は胎生期で著しく，出生時に約370〜400gとなる．生後6か月で約2倍，6歳でおおよそ成人重量の90％に達する．脳の細胞数は約150億以上と推定され，出生前にほぼ完成している．生後における神経細胞（ニューロン）の機能の発達は，おもに神経細胞の髄鞘化とシナプスの形成によるものである．髄鞘化とは，神経軸索の周りをグリア細胞が取り巻くように何層かの膜（ミエリン鞘）ができることである．この膜が絶縁体として働くので，髄鞘化の完成により，神経伝達が高速になる．シナプスの形成は，神経細胞の軸索末端ともう一つ神経細胞の樹状突起と，シナプス間隙を介して，電気的化学的伝達ができる状態である（図2-5）．シナプスの形成に伴い，神経ネットワークが形成される．脳神経系の発達の変化は図2-6に示している．

成人に達すると，1個の神経細胞は他の数千個の神経細胞とつながりを持つようになる．神経ネットワークの大規模化とシナプス競合を行いながら，生後の環境に対応したシナプスの刈り込みも行い，より効率の良い適格な神経ネットワークが洗練されていく．遺伝情報と環境刺激による神経系の発達の様相によって，その人の性格形成に関係する思考，感情，学習などの精神

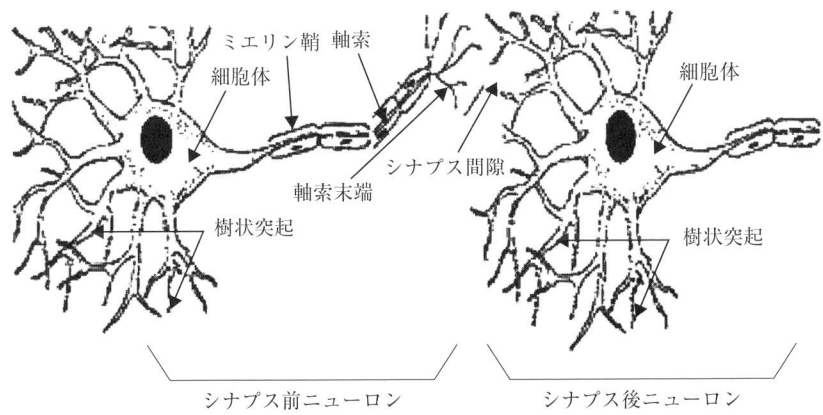

図2-5 二つのニューロン間のシナプス結合（OECD教育研究革新センター，2010，p.58より修正引用）

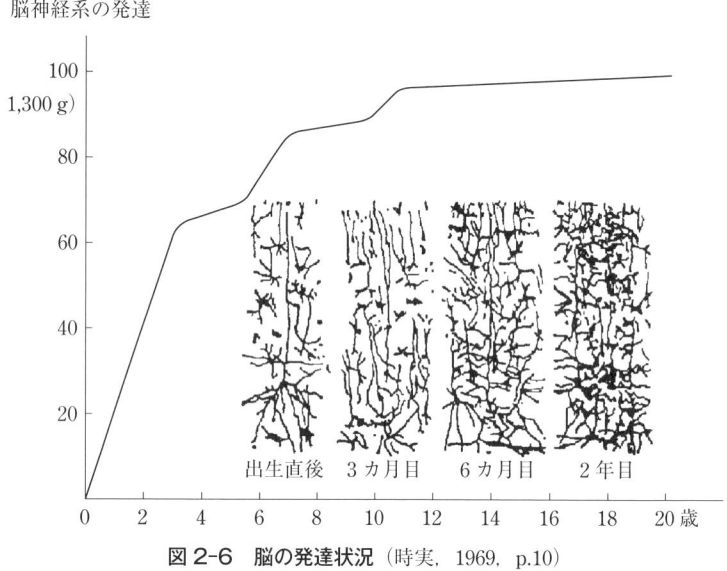

図 2-6　脳の発達状況（時実, 1969, p.10）

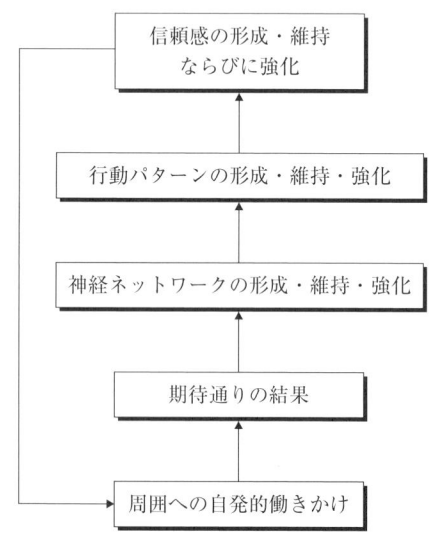

図 2-7　自発的働きかけと信頼感の形成・維持・強化の関係（平山・保野, 2003, p.211）

機能が異なるので，個性が見られる．神経ネットワークの強化においては，環境への主体的な働きかけが重要であることから，人格形成の土台となる乳幼児期での「基本的信頼感」の獲得は，脳の発達と関連づけた理論モデルが提案されている（平山・保野，2003）．

(2) ピアジェの発達段階論

ピアジェ（Piaget, J.）は，人間の持つ論理的科学的思考を，生物学の視点から，個体の環境への適応ととらえ，個体と環境との相互作用の過程で獲得されたものとした．彼は，シェマ（scheme），同化（assimilation），調節（accommodation）などの概念を使って，認識構成の過程を解釈した．

シェマとは，外界を認識する知識や活動の枠組みのことである．たとえば，「泳いている動物は魚だ」というシェマを持っている子どもが，公園の池で泳いでいる「鯉」を見つけ，「鯉も魚だ！」と自分のシェマに取り入れることは同化である．一方，その子どもが「イルカ」や「クジラ」を見た時，「泳いでいる動物はすべて魚ではない」というふうに，自分の持っているシェマを変えることは調節と呼ぶ．同化と調節のダイナミックな過程を繰り返していくことで，既存の認識の枠組みと新しい経験との間の均衡化を行い，より高次のシェマが獲得される．そして，認識の発達は，感覚運動期（the sensorimotor period：0〜2歳），前操作期（the pre-operational period：2〜7歳），具体的操作期（the period of concrete operations：7〜12歳），形式的操作期（the period of propositional or formal operations：12歳〜）の4段階に大別した（表2-2）．

こうした漸進的発達段階において，幼児期（前操作期）に見られる中心化（centration）から，児童期（具体的操作期）に見られる脱中心（decentration）へと変わることが特徴的であると言える．ピアジェは，子どもが自分自身の行為や観点を中心に置いて，他の人や他の事物の立場に立つことができない傾向を，最初に自己中心性（egocentrism）と発表したが，自己中心性という言葉は利己主義のニュアンスがあるとして心理学者から批判を受け，後に中心化という言葉を使った（中島，2001）．幼児の持つ中心化（自己中心化）を調べるには，「3つ山問題」が用いられた（Piaget & Inhelder, 1948/1956）．図2-8のような模型全体を子どもに見せた後で，自分と違う方向から見た山の景色を示す絵はどれかを，用意した絵セットの中から選択さ

表 2-2　Piaget, J. による知能の定義と発達段階（守屋，2005，pp.62-63）

知能の定義　知能（intelligence）とは，一つの適応つまり知的な適応であり，すべての認知機能が至る均衡化の一形態ないしは諸形態である．均衡化とは，活動することによって外部的な混乱を補償することであり，そうした補償は可逆的な操作を特徴としている．したがって，知能の諸段階についての研究は，何よりも先ず，操作的な構造の形成について研究することである．段階とは，まとまりのある構造であり，各段階は，その前の段階によって準備され，その次の段階に統合されていく可能性を持っている．知能の発達は以下の4つの段階もしくは時期に分けることができる．

第Ⅰ段階　感覚運動期（the sensorimotor period：0～2歳）
言語が発達する以前にも知能と呼ぶことができる行動があり，それを感覚運動的知能（sensorimotor intelligence）と呼ぶ．感覚運動的知能は，知覚や運動にもっぱら頼った行為する知能であって，反省する知能ではない．この段階には次の6つの下位段階がある．

　　第1段階：反射の使用（生後0～1か月）――生得的な反射がもっぱら使用される．

　　第2段階：最初の適応の獲得と第一次循環反応（1～4か月）――たとえば親指しゃぶりのように，自分の身体に関係した行動が反復され，最初の習慣が形成される．ちなみに，第一次循環反応（primary circular reaction）とは，自分の身体に関係した再生的同化（reproductive assimilation）を意味する．

　　第3段階：第二次循環反応と興味深い光景の持続化（4～8か月）――目と手の協応が可能となり，たとえば天井から釣り下げられているおもちゃのガラガラの紐をつかんで何度も振ってみるように，外部の対象に関係した行動が意図的に反復される．ちなみに，第二次循環反応（secondary circular reaction）とは，外部の対象に関係した再生的同化を意味する．

　　第4段階：二次的シェマの協調と新しい場面へのそれらの適用（8～12か月）――第二次循環反応で作り上げられたシェマ（schemes）が相互に協調し合うことによって，その適用範囲が拡大し，柔軟性が増大する．手段と目標の関係が分化し，既知の手段を新奇な場面にあてはめる．

　　第5段階：第三次循環反応と能動的な実験による新たな手段の発見（12～18か月）――たとえば物が落下することが分かるといろいろなやり方で落としてみるように，いろいろなやり方を新しい場面に試みて新しい手段を発見する．ちなみに，第三次循環反応（tertiary circular reaction）とは，分化した意図的な調節（accommodation）を伴った再生的同化のことである．

　　第6段階：心的結合による新しい手段の発明（18～24か月）――たとえば初めて棒に接した子どもが棒と目標物との可能な関係をすぐに見抜くように，発明的行為が突然に自発的に現れる．行動が内面化されて一種の心像（image）による表象が可能となり，延滞模倣（delayed imitation）と最も単純な形態の象徴あそび（symbolic play）ができるようになる．感覚運動的知能が完成する．

第Ⅱ段階　前操作期（the pre-operational period：2～7歳）
この段階は，象徴的および前概念的思考（symbolic and pre-conceptual thought）の段階と直観的思考（intuitive thought）の段階に分けることができる．

象徴的および前概念的思考の段階（2～4歳）では，子どもは，能記（significants：意味するもの）と所記（significates：意味されるもの）を区別するようになり，象徴（個人的能記の体系）が形成され，言語（集団的記号の体系）が習得される．こうした象徴機能の出現によって表象が可能となり，目の前に存在しない時間的ならびに空間的に離れた対象を考えることができるようになる．この段階の特徴は，思考が概念よりも知覚に支配されており，知覚面が変化すると事物の同一性を保存（conservation）できないことである．たとえば，この段階の子どもは，一方の容器から他方の容器に液体が注がれる場合，その液体の高さや幅が変化すると，液体の量が変化したと判断してしまう．もう一つの特徴は，子ども自身の特殊な状態と観点に思考が中心化（自己中心性）されていて，他者の立場から物事を考えることができないことである．

直観的思考の段階（4～7歳）は，具体的操作期への準備期であり，より複雑な思考が可能となる．しかし，思考は前論理的であり，知覚上から判断される直観的な推論がなされ，依然としてまだ中心化されており，非可逆的であり，同一性の保存が不可能である．

第Ⅲ段階　具体的操作期（the period of concrete operations：7～12歳）
　この段階の証しは，真に可逆的な操作が獲得されることである．子どもはこの段階で脱中心化し，保存が可能となり，同一性の概念を理解し始める．また，包摂（inclusion）のような全体と部分の関係や配列（seriation）のような相対的関係を扱うことができるようになり，数の概念が構成される．ただし，保存や配列の問題も，具体的な事物が与えられずに言葉だけで表現されると，適切に答えることができない．具体的操作という名称の所以である．

第Ⅳ段階　命題的または形式的操作期（the period of propositional or formal operations：12歳～）
　この段階の特徴は，具体的な場面や出来事に頼らずに抽象的に推論できることにある．たとえば「エディスはスーザンよりも髪の色が白く，エディスはリリーよりも髪の色が黒い．誰の髪が一番黒いか．」という問題を，この段階以前の子どもは解くことができないが，この段階の青年は適切に答えることができる．この段階の青年たちは，仮説演繹的な思考が可能であり，命題の形での操作が可能である．

（注）Piaget（1947, 1952a, 1962, 1970a）の記述から作表．

せた．前操作期の子どもがこの課題を正解できないというのは，この時期の子どもは，自他の視点をうまく切り離して考えることが難しいからである．
　この中心化が影響を及ぼしているもう一つの表れは，保存概念である．保存概念とは，「対象の外見はいろいろ変化しても，対象の数量といった性質は変化しない」という概念のことである．図2-9の数の保存課題では，子どもに同じ数で2列に並べられたおはじきを見せ，「同じ数かな？　それとも違うかな？」と聞き，同じ数であることを確認させる．そして，子どもの目の前で，片方の列の間隔を広げて並べ替え，「同じ数かな？　それとも違う

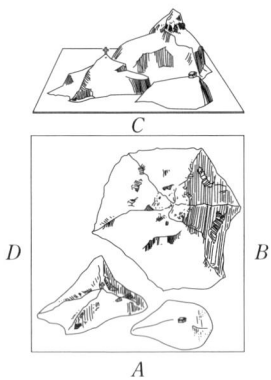

図 2-8　3つ山問題（Piaget & Inhelder, 1948/1956, p.211）

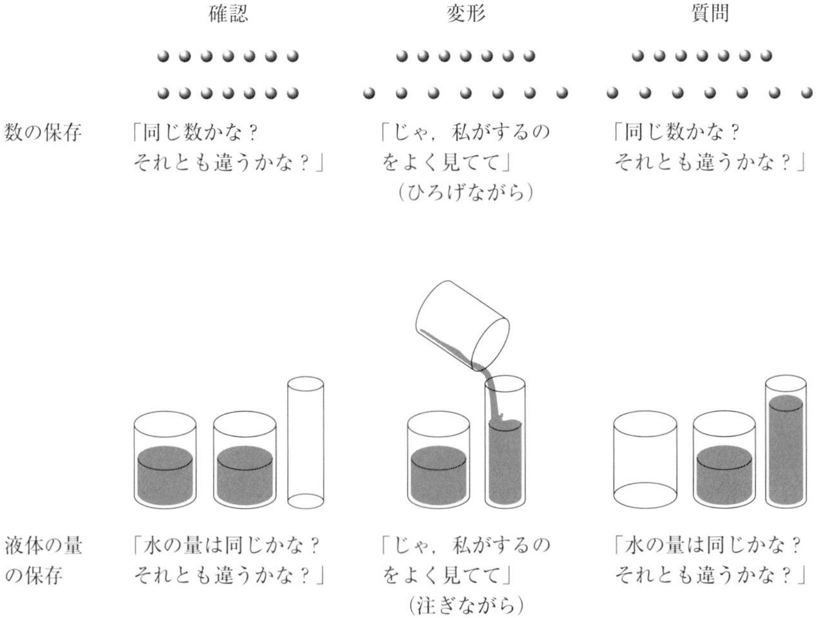

	確認	変形	質問
数の保存	「同じ数かな？ それとも違うかな？」	「じゃ，私がするの をよく見てて」 （ひろげながら）	「同じ数かな？ それとも違うかな？」
液体の量 の保存	「水の量は同じかな？ それとも違うかな？」	「じゃ，私がするの をよく見てて」 （注ぎながら）	「水の量は同じかな？ それとも違うかな？」

図 2-9　保存課題の例

かな？」と質問する．3～4歳の子どもは，間隔の広くなった列が多いと答える傾向が見られる．

　同じように，液体の量の保存課題においても，太い容器から細長い容器に

移し替えると，3〜4歳の子どもは液体の高さや容器の太さに惑わされて「同じ量だ」という正解になかなかたどり着かない．この年齢の子どもは，目の前の対象の目立つ特定の次元にのみ注意を払い，一つの側面からしか物事をとらえることができず，論理的思考と知覚的印象との間の葛藤をまだうまく統合できないのである．

　ピアジェは，「小さな科学者としての子ども」という子どもの能動性，独自性を私たちに提供した．子どもの認知発達に関するピアジェの貢献として，①子どもの思考は常に高いレベルの認知課題に焦点を当てており，大人の特徴と異なること，②子ども自身が内発的動機を持ち，自力で積極的に環境とのやり取り（相互作用）を行い，思考を体制化していくこと，などが知られている．これを踏まえ，守屋（2005）は，「小さい子どもから大きな大人へと，長い時間をかけて生涯発達を遂げていく過程は，人間にだけみられる独自な変化である」と指摘した上で，子どもを子どもらしく発達させるのは現代社会の命題の一つであると結論づけた．

(3) ヴィゴツキーの社会文化理論

　ピアジェの「子どもが自ら科学的思考を獲得する」という考え方に対し，ヴィゴツキー（Vygotsky, L. S.）は「知識や思考力は子どもが大人から受け継いでいくものである」と主張した．ヴィゴツキーのいう人間の高次精神機能（思考や問題解決）の発達は，社会的な相互作用を通して習得される言語などの文化的道具をもとに，精神間のものから個人の内面に取り込まれていくものである．子どもの能力は，ある特定の相互作用による状況的達成であると考え，「教授＝学習」過程をとらえる重要な概念「発達の最近接領域（Zone of Proximal Development：ZPD）」を提唱した．発達の最近接領域とは，「知能年齢，あるいは自主的に解答する問題によって決定される現下の発達水準と，子どもが非自主的に共同のなかで問題を解く場合に到達する水準とのあいだの相違」（Vygotsky, 2001）である．言い換えれば，子どもが自力で問題解決できる知的水準と，他者の援助があれば問題解決が可能な水準とのずれの範囲を発達の最近接領域といえる．

　ヴィゴツキーが考える教育とは，子どもの発達の最近接領域を見出し，働きかけることに意味があり，子どもの「成熟しつつある機能」をよび起こし，達成させるのは学校教育の役割ととらえている．

模倣などの教師の主導的役割が指摘された後の研究から，子どもの科学的思考の発達の援助者としての教師，養育者，有能な仲間たちが，この発達の最近接領域を有効に生かす方略として，「足場づくり（scaffolding）」が見出された．足場づくりとは，子どもの現在の知識や問題解決のレベルより，少し上のレベルの学習を支える相互作用を提供することである．足場づくりに関しては，子どもの学習や自信の度合いに応じ，徐々に援助を減らしていくことが重要である．

　最近欧米をはじめとして，ヴィゴツキーの社会文化的理論が再び注目されている．ヴィゴツキーの研究では，子どもの IQ よりも発達の最近接領域の幅の大きさが教授効果への影響が大きいこと（中村，1998），また子どもと学習支援者との人間関係や援助の仕方によって，発達の最近接領域の幅が変動することが指摘されている．この指摘を考えれば，どのような教育方法を用いれば子どもの発達の最近接領域の幅を広げることができるかなどについての実証的検討が，今後必要であろう．

(4) 心の理論

　心の理論（theory of mind）とは，簡単にいうと，他者は自分とは異なる心的状態（信念や意図）を持っていることを理解していることに関連する一連の認知体系である（東山，2012）．もうすこし厳密に考えると，「人は個別の心を持っており，その心によって人の行動は制御されていることや，心が構成する欲求や信念，思考，好みなどから，その人の行動を推論するべきだということについて理解し，それらの一貫した知識に基づいて人の心を推論する能力を有すること」と定義できる（東山，2012）．

　心の理論を持てるかどうかを調べるのに，サリーとアンの誤信念課題（Baron-Cohen et al., 1985）が広く使われている．この課題は「サリーがカゴに入れたビー玉を，サリーがいなくなったときにアンがカゴから箱へ移したが，それを知らなかったサリーが戻ってきたら，カゴと箱のどちらを探すだろう？」という質問を子どもに問う内容である．この課題を通過できる（「カゴ」と答える）のは4歳以降とされる．さらに，第三者の信念に関する他者の信念を問う二次的誤信念課題では10歳以降に通過するという（Perner & Wimmer, 1985）．このN次的誤信念課題を理解する能力は，より複雑な人間関係の処理において必要とされる．

現在心の理論に関する発達心理学の研究では，どのようにして心の理論が形成されるのか，また「心の理論欠乏説」から始まる自閉症児の認知特徴の理解と介入についての関心が高まっている．

(5) メタ認知と教育

メタ認知とは，一般的に，自己の内面で行う認知活動に関する知識（人間の認知特性，課題，方略など），および認知活動のモニタリングや制御のことを指している（Flavell, 1976）．たとえば，「私はこの種類の課題が不得手だ」「このような学習方略が問題解決には有効だ」といった「認知についての認知」のことである．ネルソンとナレンズ（Nelsons & Narens, 1990）は，認知とメタ認知の二つのレベルの間に，自己の認知活動や認知過程の進行状況をチェックし評価するモニタリング，情報を整理して停止させる機能や，時間の配分を決め，方略を選択するなどの制御のプロセスを介して情報が交換されるというモデルを提唱した（図2-10）．それによって人間の行動が調節されるとした．

メタ認知は，「私たちが現実世界をどのように認識し，それを記憶し，経験として生かしていくのかを理解するために役立つだけではなく，それを「実用的に役立つもの」として利用する側面も持っている．実際に，私たちは「メタ認知」能力によって知能のプロセス全体を統合管理し，自動制御的な仕組みをうまく機能させることができる」とされている（Oliverio, 2005）．

メタ認知には加齢にみられる発達差だけでなく，同年齢においても個人差が大きい．小学校中学年になると学習内容が具体的なものから抽象的なものになり，教科学習に困難を示すことを「9歳の壁」というが，このように，

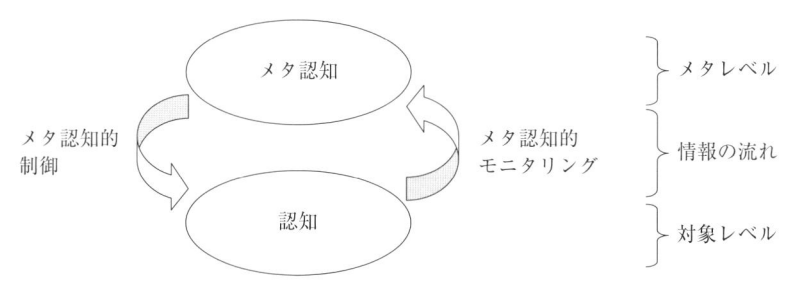

図2-10 Nelson & Narens のメタ認知モデル（Nelson & Narens, 1990；深田, p.385）

学校での教科の学習の多くは，論理的抽象的思考能力が求められる．この抽象的思考能力の獲得とメタ認知の発達に関連があることから，子ども同士の相互作用による理解の深まり，学習方法の指導と援助に着目した，メタ認知形成の学校教育への応用可能性がひらかれている．

他者との協同的な学習により，学習者のモニタリングや制御行動の認知過程を促進させる方法が教育場面において重要である．たとえば，教師役が文章理解に有効な認知的方略（予測，質問，要約，明確化）を示した後に，対話形式を通じて生徒たちにその方略を練習させ，話し合いの中で活用させる，という相互教授法（Palincsar & Brown, 1984）がある．また，個人別に実施されるテストの成績と自信は学生のメタ認知スキルによるが，協同で実施されるテストの場合は，その関連がみられなくなり，メタ認知の低い学生に対して仲間からポジティブな影響が与えられ，成績と自信の向上が見られた（Carvalho, 2010）．特に同研究においては，メタ認知スキルが低い同士の場合でも効果が現れたという．日本でも，協同学習を取り入れた授業デザインや事例研究が盛んになりつつある（たとえば，清河・犬塚，2003）．

学習困難者に対して，市川（1993, 1998）が認知カウンセリングの方法を開発し，実践している．認知カウンセリングは，「どこがわからないか」「なぜわからないのか」に気づかせ，動機づけや学習方略の向上を援助することで，自立的な学習を達成するための，認知心理学と実践的研究活動を結びつけた方法である．メタ認知は，社会的相互作用の文脈で発達するものであることから，このような個別的な援助は学習上の問題に悩む児童・生徒にとって有効な方法であり，教育現場で積極的に応用されることが望まれる．

2.5 社会性の発達

(1) 社会性とは

『大辞泉』では社会性に関して，①集団を作って生活しようとする，人間の根本的性質，②他人との関係など，社会生活を重視する性格．また，社会生活を営む素質・能力，③広く社会に通じる性質．社会生活に関連する度合い，の3つの解釈を示している．心理学においては，「子どもが所属する集団に適応していくために，獲得する集団に共有されている標準的な行動様式，集団規範，習慣，人間関係を円滑に処理する能力」のことである（谷

田・林・成田，2001)．

　子どもの社会性の発達は，初めによく世話をしてくれる養育者（たとえば母親）との相互交渉からはじまり，次第に，ほかの家族成員，家族以外の人間と交渉の対象を拡大し，その相互交渉の蓄積により適切な社会的行動を身につけていくものである．これは対人関係における適応的な側面が豊かになっていく社会化の過程だと言える．

(2) 愛着

　子どもの社会性の発達を愛着の側面から検討することができる．ボウルビィ（Bowlby, J.）によれば，愛着（attachment：アタッチメント）とは，「人間（動物）が，特定の個体に対してもつ情緒的きずな（affectional tie）」である．愛着は，子どものもつ本能的行動システムとして，特定の他者（養育者）との間で，誕生直後から外界に積極的に働きかけ，それに対して保護・世話してもらう相互交渉の経験が蓄積されることで形成される．安定性愛着が形成された場合は，愛着対象者は安全な避難場所として，また探索や遊びを維持・促進する安全基地の機能として働く．この行動レベルの愛着は，乳幼児期において特に顕著で，乳児の愛着測定法であるストレンジ・シチュエーション法（SSP）が開発された（Ainsworth, et al., 1978)．

　ボウルビィは，愛着は「揺りかごから墓場まで」，生涯持続するものととらえている．成長とともに，愛着の行動レベルから対人認知としての表象レベルへと変化し，自己や他者についての内的作業モデル（Internal Working Model：IWM）が内在化すると仮定している．乳幼児時に安定性愛着が形成されれば，後に他者について，自分を受け入れてくれる信頼のできる存在，自分は他者に受け入れてもらえる価値のある存在という IWM を持つ．この表象レベルの愛着を調べるものとしてさまざまの方法が開発され，縦断的な愛着研究が可能となっている．

　坂上（2006）のまとめによれば，縦断研究で調べた早期の愛着が社会性の発達に与える影響に関して，乳児期に愛着が安定していた子どもは，①幼児期・児童期の社会的コンピテンスや仲間関係が良いこと，②幼稚園での共感的行動，対人状況における柔軟な対応，および 10 歳の時点の自己評価が高く，より親密な友人関係を築いているという結果があった．ボウルビィが仮定している，発達早期の養育者との愛が，子どものその後の対人関係やパー

ソナリティの基盤となることは，これまでの研究ではおおむね実証されている．実際は，愛着の対象は養育者に限らず，保育者，教師，兄弟，仲間，地域の人などもなり得るので，発達につれて愛着のネットワークは拡大する．現在，乳児期からおもな愛着対象という二者関係を培う一方で，さまざまな心理的役割を担う他者と人間関係が同時に形成されることを重視するソーシャルネットワーク・モデルへ展開した．愛着とソーシャルネットワーク・モデルを踏まえ，親密的な対人関係の発達を記述する「愛情の関係モデル」が考案された（高橋，2010）．その測定法（Affective Relationships Scale：ARS, Picture Affective Relationships Test：PART）も開発され，生涯にわたる親密的な人間関係の研究が進められている．また，入園時と4歳の時の幼児が持つ仲間との社会的コンピテンスが，早期の養育者（母親）との愛着と関連せず，教師との愛着に関連する結果（Howes, et al., 1994）もあることから，より多角的な視点から愛着と社会性の発達をとらえていく必要がある．

(3) 仲間関係

乳幼児期では，養育者（愛着対象者）との二者関係が，社会性発達の基礎を作っていくが，学齢期に入ると，仲間関係から学ぶ社会性の発達が重要になる．児童期後期より，自立や自我の確立に向けて仲間関係から得られる親密さが重要になり，「ギャング・グループ」「チャム・グループ」「ピア・グループ」などさまざまな仲間集団が形成されていく．ギャング・グループとは，小学校中学年頃から形成される4, 5名の同性グループで，閉鎖性が強く，時には大人に禁止されていることを挑戦したりする集団である．チャム・グループは，中高生の2, 3名の同性の子どもの，共通な趣味，考え方を持つ親密な集団である．ピア・グループは，大学生以上にみられる，将来を語り合い，対等的な友人関係を作る男女混合の仲間集団である．近年，地域社会崩壊が言われ，「ギャング・グループ」が消失しつつあるという指摘がある．

また，対人関係の難しい時期である中学生を対象とした調査では，男女の8割以上は集団に属し，男子の平均集団人数は5人，女子は4人で，女子のほうが男子より閉鎖的である．また，集団に属している男女とも，集団に対する信頼感が積極的に集団に関わる動機として，集団からの拒否不安が消極的に関わる動機として働くことがわかった（石田・小島，2009）．良好な仲

間関係から，社会的適応に必要な知識やスキルを学ぶ機会が得られるが，仲間からの受容度が低い子どもの場合は，社会化の経験が少なく，その後の情緒や学業上の不適応が引き起こされる可能性が高いとされている．前田（2001）が行った幼児期・児童期の縦断的研究から，仲間から評価された人気児・拒否児の地位が比較的に長く持続し，人気児の社会性や拒否児の攻撃性が高いことが発達的に一貫していることが実証されている．

　日本の学校教育の中にも，学級単位の社会的スキル訓練による予防や介入（Class wide Social Skills Treaning：CSST）が徐々に導入され，効果が得られている（たとえば，小泉・若杉，2006；石川・岩永・山下・佐藤・佐藤，2010）．

2.6　パーソナリティの発達

(1) パーソナリティとは

　十人十色という言葉のように，同じ状況下に置かれても，人の思考・行動はそれぞれ違う．オールポート（Allport, G. W.）は，「パーソナリティとは，個人の内部で，環境への彼特有の適応を決定するような，精神物理学的体系の力動的機構である」と定義している（Allport, 1937/1982）．パーソナリティは日本語では人格と訳されている．人格は，一つのまとまった全体として働く，個人の心身の特徴の全体といえる（谷田・林・成田，2001）．すなわち，パーソナリティは，気質，性格，知能なども含めていると考えてよい．ちなみに，気質とは遺伝的，生まれつきで見られる情緒的反応の特徴である．性格とは，個人の一貫した特徴的な行動や思考，感情の傾向である（多鹿・南，2009）．パーソナリティは，気質を土台にして，環境とのかかわりの中で形成されるものである．

(2) 類型論から特性論へ

　パーソナリティについて，いくつかの類型に分類する試みがある．たとえば，ドイツの精神医学者クレッチマー（Kretschmer, E.）は，多数の臨床観察から，体格と気質の側面から3つのタイプに分けた．

細長型―分裂気質
肥満型―躁うつ気質

筋肉型—粘着気質

　分裂気質タイプはやせていて用心深い，躁うつ気質タイプは，肥満で親しみやすい，粘着気質タイプは筋肉質であり，几帳面で秩序を好むというような特徴が指摘され，パーソナリティの全体的傾向を把握するのに簡便でわかりやすい．しかし，パーソナリティの個人差を精査するのに不向きであり，この4つのタイプで人を分類しきれないという欠点があった．現在，パーソナリティはいくつかの特性から構成されている考え方が定着している．パーソナリティを記述する基本要素は，5つの特性に集約されている知見が因子分析より見出され，ビッグ・ファイブ（big five）が開発された（McCrare & Costa, 1987）．5因子とは，神経症傾向，外向性，開放性，調和性，誠実性からなる．日本においても，欧米と同様の5因子構造の妥当性が示され，いくつかの日本語版が開発されている（たとえば和田，1996）．

　内田（2006）によれば，一般に，パーソナリティ特性は人生の比較的早い時期にできあがり，その後比較的に安定すると考えられている．しかし，それは主に集団内の順位の安定性であり，世代間や個人間で比較すると，加齢とともに変化する．ビッグ・ファイブで調べた研究では，加齢により外向性や神経症傾向，開放性が低下し，高齢になると調和性が上昇することがわかっている（内田，2006）．

(3) 暗黙のパーソナリティ論

　学校環境におけるパーソナリティの発達は，前述した仲間関係から影響を受けているが，教師からの影響も無視できない．ブルーナー（Bruner, J. S.）らが提唱した暗黙のパーソナリティ論（Implicit Personality Theory：IPT）とは，人が他者のパーソナリティを認知する際に用いる，「パーソナリティや，パーソナリティと関連する属性間の関連性について漠然とした形で抱いている考え方や信念の体系」である．

　教師も，気づかずに暗黙のパーソナリティ論を用いる場合がある．たとえば，外見がきれいな生徒は性格が良い，成績の悪い生徒は不真面目であるといったような先入観が働き，論理的過誤などが生じる．教師の生徒に対する期待や原因帰属は，生徒の動機づけに大きな影響力を持つことから，できるだけ目の前の子ども一人ひとりの言動の意味を客観的に分析し，公平にかかわることを心がける必要がある．

2.7 発達課題と教育

(1) ハヴィガーストの発達課題

発達課題（developmental task）とは，個人が健全に成長し，社会に適応するため，各発達段階で達成しなければならない課題のことをいう．この概念を最初に提唱したハヴィガースト（Havighurst, R. J.）は，教育の視点から人生を6つの段階に分け，それぞれの発達課題を提案している（表2-3）.

表2-3　Havighurst, R.J. による発達課題（守屋，2005，pp.71-72）

発達課題の定義　発達課題（developmental task）とは，人の一生のある時期またはその周辺で生じる課題であり，人がその課題を首尾よく達成できれば幸福になれるし，その後の課題にもうまく取り組むことができるが，達成できなければ不幸になり，社会からは認められず，その後の課題に取り組むことも困難になる．

発達課題には，主として身体的成熟から生じる課題と，社会の文化的圧力から生じる課題，個人的な価値や抱負から生じる課題があるが，大抵は，これらの要因が結合して一緒に作用することから課題が生じる．

発達課題は，2つの理由で，教育者にとって有効な概念である．第一に，学校における教育の目的を見出したり設定したりする際の助けとなる．教育とは，人が各自の発達課題を確実に達成するのを援助するために，社会が学校を通して行う努力であると考えられるからである．第二に，教育的努力を払うべき適時（timing）という点で有効である．ある課題の達成に向けて，身体が成熟し，社会が要求し，自我が準備できた時が，教育可能な時機（teachable moment）となるからである．

乳幼児期（0～6歳）の発達課題
①歩くことを学ぶこと，②固形食を食べることを学ぶこと，③話すことを学ぶこと，④尿や便の排泄コントロールを学ぶこと，⑤性の相違と性の慎みを学ぶこと，⑥社会的・物理的な現実（reality）を描写するための概念を形成し言語を学ぶこと，⑦文字を読むための準備をすること，⑧善悪の区別を学び，良心を発達させること．

児童期（6～12歳）の発達課題
①通常の遊戯に必要な身体的技能を学ぶこと，②成長する生活体としての自分自身に対する健全な態度な形成すること，③同年齢の仲間と仲よくすることを学ぶこと，④男子または女子としての適切な社会的役割を学ぶこと，⑤読み・書き・計算の基礎的技能を発達させること，⑥日常生活に必要な概念を発達させること，⑦良心や道徳性や価値尺度を発達させること，⑧個人的な自立（personal independence）を遂げること，⑨社会的な集団や制度（institutions）に対する態度を発達させること．

青年期（12～18歳）の発達課題
①同年齢の男女の仲間とのより成熟した新たな関係を達成すること，②男性または女性としての社会的役割を達成すること，③自分の体格を受容し，身体を有効に活用すること，④両親や他の大人たちからの情緒的な自立を遂げること，⑤結婚と家庭生活の準

備をすること，⑥経済生活（economic career）の準備をすること，⑦行動の指針としての一連の価値や倫理体系を修得すること―イデオロギーを発達させること―，⑧社会的に責任ある行動を望め，それを達成すること．

成人前期（18～30歳）の発達課題
①配偶者を選ぶこと，②配偶者と一緒に暮らすことを学ぶこと，③家族をスタートさせること，④子どもたちを養育すること，⑤家庭を管理すること，⑥職業に就くこと，⑦市民としての責任を負うこと，⑧気心の合った社会集団を見出すこと．

中年期（30～60歳）の発達課題
①十代の子どもたちが信頼できる幸福な大人になれるよう支援すること，②大人としての社会的・市民的な責任を果たすこと，③職業生活（occupational career）において満足のいく業績を達成し，それを維持すること，④大人向きの余暇活動を開発すること，⑤自分と配偶者を人間として結びつけること，⑥中年期の生理的変化を受容し，それに適応すること，⑦年老いた両親に適応すること．

成人後期（60歳～）の発達課題
①体力や健康の低下に適応すること，②退職と収入の減少に適応すること，③配偶者の死に適応すること，④同年配の集団との腹蔵のない親善関係を確立すること，⑤社会的役割を柔軟に引き受けて，それに適応すること，⑥身体的に居心地のよい居住設備を整えること．

（注）Havighurst（1953，1972）から作表．なお，1953年と1972年の著書では，発達課題の定義には変更がないが，年齢区分および発達課題の数と内容に一部変更があるので，変更されている部分については1972年の内容をここでは示してある．年齢区分については，Havighurst（1973）は，幼児期：0～5-6歳，児童期：5-6～12-13歳，青年期：12-13～18歳，成人前期：18～35歳，成人中期：35～60歳，成人後期：60歳～，としている．なお，成人後期とは老年期を意味している．

(2) エリクソンの発達課題

ハヴィガーストが教育の視点を重視する発達課題を提唱したが，エリクソン（Erikson, E. H.）は，自我の成熟を重視して人生のサイクルにおいて8つの心理社会的発達課題（psychosocial task）を提案した（図2-11）．

エリクソンの発達論は，①自我とその機能の成熟は，個人と個人が置かれている社会，文化，歴史的諸状況との相互作用の中で発達していくととらえること，②発達は漸成（epigenesis）的である（順序を飛ばすことなく，前の発達課題を土台にして次のものが発達する）こと，③一つの発達課題を達成できる状態とは，危機に対して課題の占める割合が大きいこと，が特徴である．乳児期の「基本的信頼」と並び，青年期の「アイデンティティ」の発達も非常に重要な意味を持つ．

アイデンティティ（自我同一性）には，他者と違い自分は独自の存在であ

第2章 発達と教育　33

	I	II	III	IV	V	VI	VII	VIII
I 乳児期	基本的信頼 対 基本的不信				一極性 対 早熟な自己分化			
II 幼児前期		自律性 対 恥, 疑惑			両極性 対 自閉			
III 幼児後期			積極性 対 罪悪感		遊戯同一化 対 (エディプス的) 空想同一性			
IV 学童期				勤勉性 対 劣等感	労働同一化 対 同一性喪失			
V 青年期	時間的展望 対 時間的展望の拡散	自己確信 対 同一性意識	役割実験 対 否定的同一性	達成の期待 対 労働麻痺	同一性 対 同一性拡散	性的同一性 対 両性的拡散	指導性の分極化 対 権威の拡散	イデオロギーの分極化 対 理想の拡散
VI 前成人期					連帯 対 社会的孤立	親密性 対 孤立		
VII 成人期							生殖性 対 自己耽弱	
VIII 老年期								統合性 対 嫌悪, 絶望

図 2-11 エリクソンの人生サイクルと漸成的発達（Erikson, 1959/1973, p.158）

ること，時間や場所を変わっても「わたしはわたし」という自己の連続性，そして，自分がどうなりたいという価値観をその時代の社会的現実の中で定義すること，の3つの側面が含まれる.

　青年期に入ると親・教師からの心理的独立や自己決定の欲求が高まり，アイデンティティの獲得に向けて，現実社会における自分の位置づけを試みる．アイデンティティが，個人と文化・社会との相互作用の文脈で発達するという観点からまとめられた研究結果（杉村, 2012）によれば，①仲間からのアイデンティティ形成の影響だけではなく，青年が仲間の視点を取り入れて，共同でアイデンティティを構築する役割があること，②進学を控えている中等学校の生徒にとっては，学年の最初は，学業成績・学校での肯定的経験が学校領域のアイデンティティの探求やコミットメントの高さに関わっていたが，学年の最後になるとそれらよりむしろ学校のレベルの高さが関連するようになったことから，学校環境のアイデンティティ形成へのインパクト

があること，③アイデンティティの探求において，社会・文化から受ける制約に対して，両親，教師，カウンセラー，仲間など日常的に関わる者がその制約と青年の欲求や関心との矛盾を調整する仲介役を果たすこと，がわかっている．これらの結果から，授業を通して教師の発言が，生徒のアイデンティティ形成に対して短期的・長期的にどのような意味をもつか，今後研究の必要があると述べられている．

[石　晓玲]

【引用文献・参考文献】
Allport, G. W.（1937）. *Personality: A psychological interpretation*. New York: Henry Holt.
　（詫摩武俊・青木孝悦・近藤由紀子・堀　正（訳）（1982）. パーソナリティ：心理学的解釈　新躍社）
Ainsworth, M. D. S., Blehar, M. C., Waters, E., & Wall, S.（1978）. *Patterns of attachment: A psychological study of the strange situation*. Hillsdale, NJ: Erlbaum.
Baron-Cohen, S., Leslie, A. M., & Frith, U.（1985）. Does the autistic child have a "theory of mind"? *Cognition*, 21, pp.37-46.
Benesse 教育情報サイト（2011）「中1ギャップ」，中学生の保護者の過半数は知らないが思い当たるフシはある
　〈http://benesse.jp/blog/20111122/p2.html〉（2012年10月30日15：00）
Carvalho, M. K. F.（2010）. Assessing Changes in performance and monitoring processes in individual and collaborative tests according to student's metacognitive skills. *European Journal of Cognitive Psychology*, 22, 1107-1136.
Erikson, E. H.（1959）. *Identity and the life cycle*. New York: W. W. Norton & Company.
　（小此木啓吾（訳編）（1973）. 自我同一性　誠信書房）
文部科学省（2011a）. 平成23年度学校保健統計調査2　調査結果の概要
　〈http://www.mext.go.jp/component/b_menu/other/__icsFiles/afieldfile/2012/03/27/1319053_3_1.pdf〉（2012年10月28日14：00）
文部科学省（2011b）. 小学校と中学校の連携について
　〈http://www.mext.go.jp/b_menu/shingi/chukyo/chukyo3/siryo/__icsFiles/afieldfile/2011/09/26/1310946_1.pdf〉（2012年10月30日15：30）
Flavell, J. H.（1976）. Metacognitive aspects of problem solving. In L. Resnik（Ed.）*The nature of intelligence*. Hillsadale, NJ: Erbaum, pp.231-235.
深田博己（監修）湯沢正通・杉村伸一郎・前田健一（編著）（2012）. 心理学研究の新世紀3教育・発達心理学　ミネルヴァ書房
東山　薫（2012）.「心の理論」の再検討——心の多面性の理解とその発達の関連要因　風間書房
平山　諭・保野孝弘（編著）（2003）. 脳科学からみた機能の発達——発達心理学の基礎と臨床2　ミネルヴァ書房
Howes, C., Matheson, C. C., & Hamilton, C. E.（1994）. Maternal, teacher, and child care history correlates of children's relationships with peers. *Child Development*, 65, pp.264-273.

石川信一・岩永三智子・山下文大・佐藤　寛・佐藤正二（2010）．社会的スキル訓練による児童の抑うつ症状への長期的効果　教育心理学研究, 58, pp.372-384.
市川伸一（1993）．学習を支える認知カウンセリング――心理学と教育の新たな接点　ブレーン出版
市川伸一（1998）．認知カウンセリングから見た学習方法の相談と指導　ブレーン出版
石田靖彦・小島　文（2009）．中学生における仲間集団の特徴と仲間集団との関わりとの関連～仲間集団の形成・所属動機という観点から～　愛知教育大学研究報告, 58（教育科学編), pp.107-113.
清河幸子・犬塚美輪（2003）．相互説明による読解の個別学習指導：対象レベル-メタレベルの分業による協同の指導場面への適用　教育心理学研究, 51, pp.218-229.
松原達哉（1994）．教育心理学　日本文化科学社
McCrae, R.R., & Costa, P. T. (1987). Validation of the five-factor model of personality across instruments and observers. *Journal of Personality and Social Psychology*, 52, pp.81-90.
前田健一（2001）子どもの仲間関係における社会的地位の持続性　北大路書房
守屋国光（2005）生涯発達論――人間発達の理論と概念　風間書房
三宅和夫（1990）．シリーズ人間の発達5　子どもの個性――生後2年間を中心に　東京大学出版会
中村和夫（1998）．ヴィゴーツキーの発達論――文化―歴史的理論の形成と展開　東京大学出版会
Nelsons, T. O., & Narens, L. (1990). Metamemory: A theoretical framework and new findings. In G.H.Bower (Ed.) *The psychology of learning and motivation: Advances in research and theory*. Vol.26. San Diego: Academic Press. pp.125-173.
OECD教育研究革新センター（編著）小泉英明（監修）小山麻紀・徳永優子（訳）（2010）．脳からみた学習――新しい学習科学の誕生　明石書店
Oliverio. A(著) 川本英明(訳) (2005)．メタ認知的アプローチによる学ぶ技術　創元社
Palincsar, A. S., & Brown, A. L. (1984). Reciprocal teaching of Comprehension-fostering and Comprehension-monitoring activities. *Cognition and Instruction*, 1, 117-175.
Perner, J., & Wimmer, H. 1985. "John thinks that Mary thinks that...": Attibution of second-order belies by 5-to10-year-old children. *Journal of Experimental Child Psychology*, 39, pp.437-471.
Piaget. J. & Inhelder, B. (1948/1956). *The Child's conception of space*. London: Routledge & K. Paul.
坂上裕子（2006）．関係性とアタッチメント（愛着）の発達　海保博之・楠見　孝（監修）佐藤達哉・岡市廣成・遠藤利彦・大渕憲一・小川俊樹（編集）心理学総合事典　朝倉書店　pp.379-387.
Sameroff, A. J. & Chandler, M. J. (1975). Reproductive risk and the continuum of caretaker casualty. In F. D. Horowitz (Ed.) *Review of child development research*, Vol. 4. Chicago: University of Chicago Press, pp.187-244.
杉村和美（2012）．アイデンティティとパーソナリティ：生涯発達的視点　日本発達心理学会（編）氏家達夫・遠藤利彦（責任編集）発達科学ハンドブック5　社会・文化に生きる人間　新曜社　pp.287-298.
多鹿秀継・南　憲治（編著）（2009）．児童心理学の最先端――子どものそだちを科学する　あいり出版

時実利彦（1969）．目でみる脳——その構造と機能　東京大学出版会
内田伸子(編)（2006）．発達心理学キーワード　有斐閣双書 KEYWORD SERIES
Vygotsky, L. S.(著)．柴田義松(訳)（2001）．思考と言語　新訳版　新読書社
高橋惠子（2010）．人間関係の心理学——愛情のネットワークの生涯発達　東京大学出版会
谷田貝公昭・成田国英・林　邦雄(編)（2001）．幼児・児童心理学　教職課程シリーズ3　一藝社
和田さゆり（1996）．性格特性用語を用いた Big Five 尺度の作成　心理学研究，67，pp.61-67

課　題

1. 自分の言葉で説明できるように，ピアジェの発達理論，およびハヴィガーストとエリクソンの発達課題をまとめなさい．
2. ヴィゴツキーの社会文化理論およびメタ認知の観点から，学校教育における仲間同士による協同学習の意義を述べなさい．

第3章

特別支援教育と発達障害

3.1 特別支援教育とは

　特別支援教育とは何か．文部科学省（2007）は「特別支援教育の推進について（通知）」を平成19年4月1日に公示し，その基本的な考え方，留意事項をまとめている．その中で特別支援教育の理念について，以下の3点があげられている．

　①障害のある幼児児童生徒の自立や社会参加に向けた主体的な取組みを支援するという視点に立ち，幼児児童生徒一人ひとりの教育的ニーズを把握し，その持てる力を高め，生活や学習上の困難を改善または克服するため，適切な指導および必要な支援を行うものである．

　②これまでの特殊教育の対象の障害だけでなく，知的な遅れのない発達障害を含めて，特別な支援を必要とする幼児児童生徒が在籍するすべての学校において実施されるものである．

　③障害のある幼児児童生徒への教育にとどまらず，障害の有無やその他個々の違いを認識しつつさまざまな人々が生き生きと活躍できる共生社会の形成の基礎となるものであり，わが国の現在および将来の社会にとって重要な意味を持っている．

　次に，特別支援教育の概要について説明する．

(1) 特殊教育から特別支援教育へ

　これまでの特殊教育は，障害の種類や程度に応じて盲・聾（ろう）・養護学校や特殊学級など特別な教育の場を整備し提供してきた．また，通常の学級に在籍

している児童生徒に対しては，ほとんどの授業を通常の学級で受けながら，障害の状態に応じた適切な教育を行うために，通級による指導（通級指導教室と称される）の制度化を図ってきた．しかし近年は，養護学校や特殊学級に在籍している児童生徒が増加する傾向にあり，また通級による指導を受けている者も増加している．さらに，通常の学級に在籍する軽度の障害のある児童生徒に対しては，通級による指導が制度化されたが，より軽度の学習障害や注意欠陥／多動性障害，高機能自閉症等[注1]の特別な教育的支援を必要とする児童生徒への対応に関するニーズが高まっている．このような状況や対象となる障害種の多様化により，教育的ニーズが複雑化してきている．そこで，従来の特殊教育制度が見直されることになり，審議の末，平成15（2003）年3月，最終報告「今後の特別支援教育の在り方」（以下「最終報告」）がまとめられた．

最終報告では，「障害の程度等に応じ特別の場で指導を行う『特殊教育』から障害のある児童生徒一人一人の教育的ニーズに応じて適切な教育的支援を行う『特別支援教育』への転換を図る」という基本的な方向性が示されたのである．

（2）特別支援教育の場

平成19（2007）年度から，特別支援教育が学校教育法に位置づけられたことにより，平成18年までの盲・聾・養護学校は特別支援学校，小学校・中学校の特殊学級は特別支援学級と称されるようになった．それぞれの児童生徒の能力を高められるように，状態に応じた学習の場を提供し，保護者や本人がそれを選択することは，その児童生徒の将来と，心身の健康にとって重要なことといえる．

特別支援教育のおもな場としては，特別支援学校，特別支援学級，通級指導教室，通常の学級等がある．

（a）特別支援学校

特別支援学校への就学対象となる障害は，視覚障害，聴覚障害，知的障害，肢体不自由，病弱，そしてこれらの重複障害である（表3-1参照）．障害の種類や程度等に応じ，特別支援学校の幼稚部・小学部・中学部・高等部（専攻科）に就学することができる．

平成17（2005）年12月に中央教育審議会は，「特別支援教育を推進する

ための制度の在り方（答申）」（以下「答申」）を出した．そこでは，「具体的にいかなる障害に対応した教育を行う学校とするかについては，地域における教育に対するニーズ等に応じて弾力的に判断されることとなる」としており，特別支援学校の多様な在り方が認められている．今後，特別支援学校に求められる視点は，さまざまな障害を対象とした「総合性」，地域での教育を可能にする「地域性」，「集団確保の必要性」，各障害教育の「専門性」等があげられる．

さらに答申では，特別支援学校のセンター的機能として，以下の例を挙げている．

①小・中学校等の教員への支援機能，②特別支援教育等に関する相談・情報提供機能，③障害のある幼児児童生徒への指導・支援機能，④福祉，医療，労働などの関係機関等との連絡・調整機能，⑤小・中学校等の教員に対する研修協力機能，⑥障害のある幼児児童生徒への施設設備等の提供機能，などがある．

これからの特別支援学校は，その教育の専門性を効果的に発信し，日本の特別支援教育体制におけるさまざまなネットワークの核になることが期待さ

表 3-1　盲・聾・養護学校の就学基準（学校教育法施行令第22条の3）

区　分	程　　度
視覚障害者	両眼の視力がおおむね0.3未満のもの又は視力以外の視機能障害が高度のもののうち，拡大鏡等の使用によっても通常の文字，図形等の視覚による認識が不可能又は著しく困難な程度のもの
聴覚障害者	両耳の聴力レベルがおおむね60デシベル以上のもののうち，補聴器等の使用によっても通常の話声を解することが不可能又は著しく困難な程度のもの
知的障害者	1　知的発達の遅滞があり，他人との意思疎通が困難で日常生活を営むのに頻繁に援助を必要とする程度のもの 2　知的発達の遅滞の程度が前号に掲げる程度に達しないもののうち，社会生活への適応が著しく困難なもの
肢体不自由者	1　肢体不自由の状態が補装具の使用によっても歩行，筆記等日常生活における基本的な動作が不可能又は困難な程度のもの 2　肢体不自由の状態が前号に掲げる程度に達しないもののうち，常時の医学的観察指導を必要とする程度のもの
病弱者	1　慢性の呼吸器系疾患，腎臓疾患及び神経疾患，悪性新生物その他の疾患の状態が継続して医療又は生活規制を必要とする程度のもの 2　身体虚弱の状態が継続して生活規制を必要とする程度のもの

れている．

(b) 特別支援学級

小学校・中学校・高等学校の「特別支援学級」は，教育的ニーズのある児童生徒の状況に応じて障害の種類ごとに設置される．対象の障害として，知的障害，肢体不自由，病弱・身体虚弱，弱視，難聴，言語障害，自閉症・情緒障害の学級がある．特別支援学級では一人ひとりの教育的ニーズに応じた個別指導，少人数指導が行われる．

また，特別支援学級に在籍している児童生徒と通常の学級の児童生徒との「交流および共同学習」も積極的に行われている．

(c) 通級指導教室

「通級による指導」は，小・中学校の通常の学級に在籍し，ほとんどの授業を通常の学級で受けながら，障害の状態に応じた指導を週1～3時間程度，通級指導教室で受ける指導形態である．対象は，言語障害，情緒障害，弱視，難聴，その他心身の故障のある者のうち，特別の指導を行う必要がある場合とされる．平成18（2006）年3月31日付で文部科学省より通知され，4月1日より施行された「学校教育法施行規則の一部を改正する省令」によって，①通級による指導の対象として，LD（学習障害）・AD／HD（注意欠陥／多動性障害）の児童生徒を加える，②「情緒障害者」の分類を整理して，「自閉症」を独立の対象とすることになった点に留意する必要がある．

(d) 通常の学級

「通常の学級において特別な教育的支援を行う」ということが，特別支援教育制度の整備により初めて法的に定められた．教育的支援の目的は，社会の中で，児童生徒が主体的に自立し生きていくことができる力をつけること，そして安心して健やかに過ごせるよう支援していくことである．児童生徒が自分を理解し，「働く（就労）」「暮らす（生活）」「楽しむ（余暇）」を柱として，充実した社会生活をいかに送るかについて，ビジョンをともに考えることが重要である（中村・須田，2007）．

また，(b) 特別支援学級で述べたように，通常の学級において特別支援学級の児童生徒との「交流および共同学習」の推進は，LD（学習障害）等を含め，あらゆる障害種の児童生徒も通常の学級に在籍して，将来的には，すべての児童生徒が共に学ぶ「通常の学級」の現出を目指し，さらには人々が共に生きる「共生社会の形成」の基礎となることに寄与する．

通常の学級には，教育的ニーズを持ったさまざまな児童生徒が存在する．「その一人一人の教育的ニーズを把握して，その持てる力を高め，生活や学習上の困難を改善又は克服するために，適切な教育や指導を通じて，必要な支援を行う」（平成15年，最終報告）ことが，今後，通常の学級においても求められることになる．

(e) 特別支援教室

平成17（2005）年の「答申」において，今後，小・中学校においては，まず，これまでの体制からの円滑な移行を図るため，図3-1に示されるように，当面，既存の資源を活用しての「移行」が進められることになった．将来的には図3-1，図3-2のような「特別支援教室（仮称）」への移行を構想しているが，これは「LD・AD／HD・高機能自閉症等の児童生徒も含め，障害のある児童生徒が，原則として通常の学級に在籍しながら，特別の場で適切な指導及び必要な支援を受けることができるような弾力的なシステム」（答申）とされている．

答申では，「特別支援教室（仮称）」の形態として，ほとんどの時間をその教室で特別の指導を受ける形態や，一部の時間のみ特別な指導を受ける形態が示されるとともに，それらの組み合わせなどが例示されている．将来的には，児童生徒が障害の状況等に応じ，必要な支援を受けることができる「特別支援教室」へと変貌を遂げていくことが期待されている．

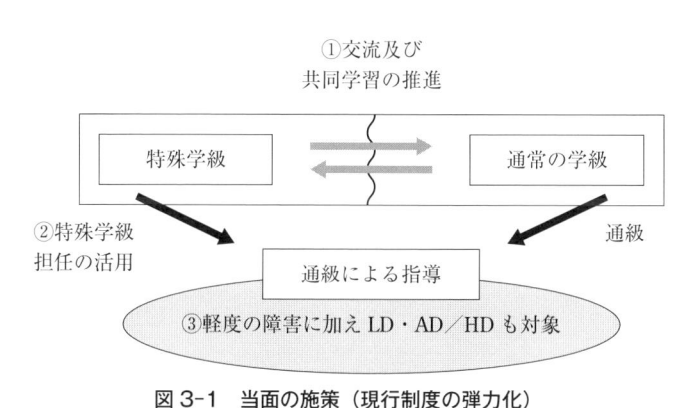

図3-1　当面の施策（現行制度の弾力化）
「特別支援教育を推進するための制度の在り方について（答申）」より

```
        ┌─────────────────────────────┐
        │       特別支援教室            │
        │ 障害の状態等に応じ，必要な支援を受ける │
        └─────────────────────────────┘
              ↑              ↓
┌──────────┬──────────────────────────────────┐
│ 通常の学級 │ LD等を含め全ての障害のある児童生徒が通常の学級に在籍 │
└──────────┴──────────────────────────────────┘
```

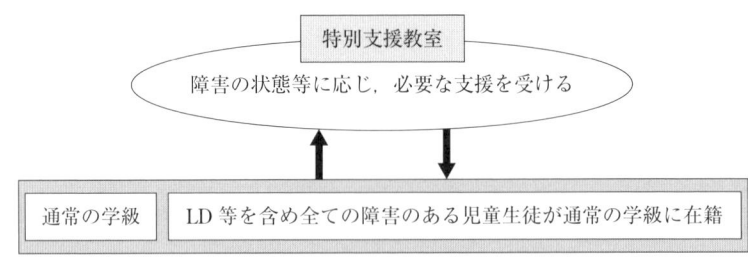

図 3-2　特別支援教室（仮称）の構想
「特別支援教育を推進するための制度の在り方について（答申）」より

（3）特別支援教育のしくみ

特別支援教育を実施するため，各学校において次の体制の整備および取組みを行う必要がある．

（a）校内委員会の設置

校長のリーダーシップの下，全校的な支援体制を確立し，発達障害を含む幼児児童生徒の実態把握や支援方策の検討等を行うため，校内委員会を設置すること．

（b）実態把握

各学校においては，在籍する幼児児童生徒の実態の把握に努め，特別な支援を必要とする幼児児童生徒の存在や状態を確かめること．特に発達障害等の障害は早期発見・早期支援が重要であることに留意し，実態把握や必要な支援を着実に行うこと．

（c）特別支援教育コーディネーターの指名

特別支援コーディネーターは，おもに，校内委員会・校内研修の企画・運営，関係諸機関・学校との連携・調整，保護者からの相談窓口などの役割を担うこと．また，校長は，特別支援教育コーディネーターが，学校において組織的に機能するよう努めること．

（d）「個別の教育支援計画」の策定と活用

障害のある子どもを生涯にわたって支援する観点から，一人ひとりのニーズを把握して，関係者・機関の連携による適切な教育的支援を効果的に行うために，必要に応じて，教育上の指導や支援を内容とする「個別の教育支援計画」を策定し，効果的な支援を進めること（図3-3，図3-4参照）．

第3章　特別支援教育と発達障害

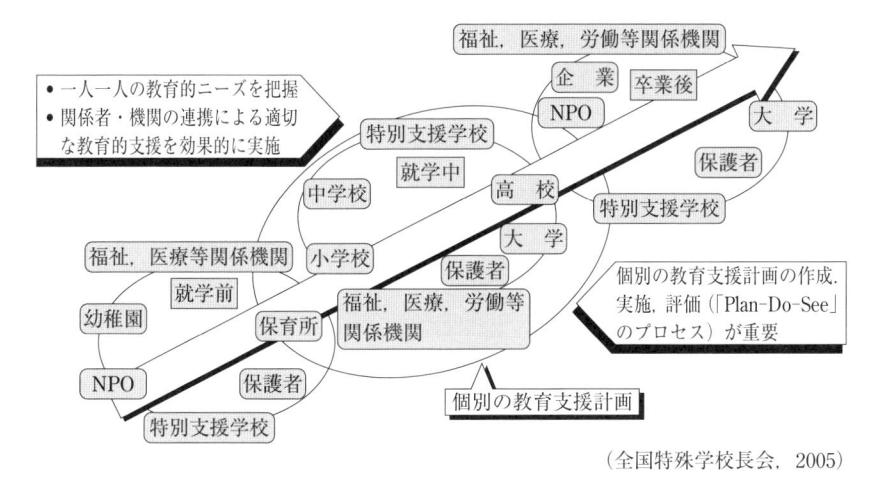

図3-3　個別の支援計画―障害のある子どもを生涯にわたって支援―
（全国特殊学校長会，2005）

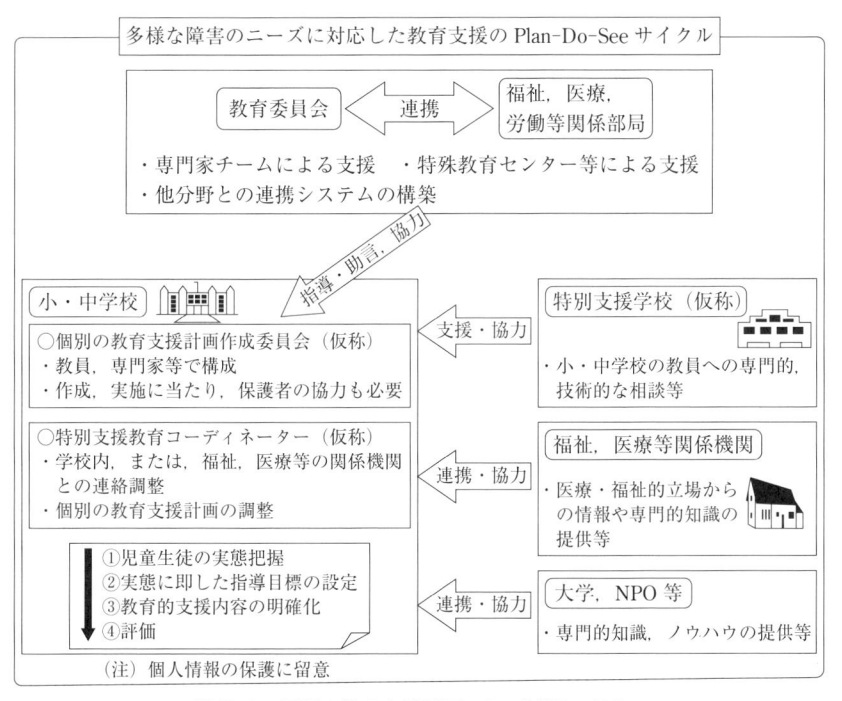

図3-4　個別の教育支援計画―小・中学校の場合―

(e)「個別の指導計画」の作成

必要に応じて,「個別の指導計画」を作成するなど,一人ひとりに応じた教育を進めること.

(f) 教員の専門性の向上

特別支援教育の推進のために,各学校は,校内での研修を実施したり,教員を校外での研修に参加させたりすることにより専門性の向上に努めること.また,教員は,より専門性の高い研修を受講したり,自ら最新の情報を収集したりするなど,継続的に専門性の向上に努めること.

● 3.2 発達障害の理解と対応

(1) 発達障害とは

近年,通常の学級の中で「読む,書く,聞く,計算するなど特定の学習がうまくいかない」「落ち着きがなく集中力が続かない」「友達とうまくかかわれない」といった問題を示す子どもたちの存在が注目されている.平成24(2012)年に文部科学省が行った調査によると,「通常の学級で学習面や行動面で著しい困難を抱える」と教師によって報告された児童生徒の割合は,全体の6.5%に達することが明らかとなった(図3-5参照).これは30人の学級であれば1〜2人は存在するという割合である.最近では,「それ以上に存在するのでは?」という意見もある.つまり,発達障害のある児童生徒は,どの学校にも,どの学級にも必ず存在するという認識が必要である.

学習面や行動面で著しい困難(6.5%)

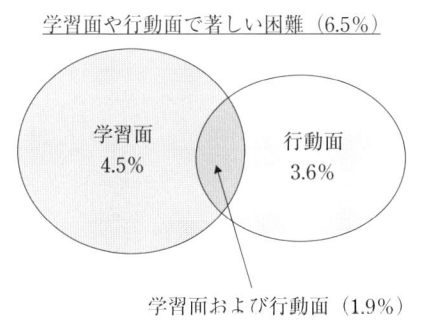

学習面 4.5%　行動面 3.6%

学習面および行動面(1.9%)

図3-5　知的発達に遅れはないものの学習面や行動面で著しい困難を示すと担任教師が回等した児童生徒の割合

発達障害は，生まれつきのもので，脳機能の発達に何らかの要因があると考えられている．発達障害の共通した特徴として，知的な能力とは独立した，認知，言語，運動，社会的技能などの獲得に，遅れや，アンバランスさ，発達の偏りなどがあることがあげられる．

発達障害は他の障害に比べて「目に見えにくい，見えない障害」と言われることもある．その理由は，知的な遅れが伴ってもそれが軽度であったり，遅れが伴わない，もしくは，知的に優れている者も存在するからである．そのために，「障害により苦戦している」とは理解されずに，これまでは，親の養育の問題であるとか，本人の努力不足の問題と誤解されることが多く，発見と支援が遅れることがしばしばあった．

しかし，最近ようやく，このような児童生徒たちも，特別支援教育として各自のニーズに合った教育を受けることが可能になった．つまり，今まで知的な問題がないために，公的支援の対象にならなかった発達障害の児童生徒が，通級指導の対象となり，また通常の学級の中でも支援を受けることができるようになったのである．

本章では，発達障害の代表例として，知的障害（MR：Mental Retardation），広汎性発達障害（PDD：Pervasive Divelopmental Disorders），注意欠陥／多動性障害（AD／HD：Attention Deficit／Hyperactivity Disorder），学習障害（LD：Learning Disabilities）などについて，その障害の特徴と対応について解説していく．

(2) 知的障害（MR）

(a) 知的障害と精神遅滞

知的障害となる原因はさまざまであるが，知能検査（TK式田中ビネー知能検査ⅤやWISC-Ⅳなど）によって測定された知能指数（IQ）が70以下の場合，知的障害という．知的障害は精神遅滞とほぼ同義として扱われ，教育・行政機関では知的障害，医学では精神遅滞と表現することが多いが，厳密には異なる．精神遅滞とは，知的障害により社会的な適応障害を生じた場合と定義される．

(b) 軽度知的障害と境界知能

精神遅滞（知的障害）は，知的レベルによって分類されている．知能指数（IQ）が35以下の場合を重度精神遅滞，35-50の場合を中度精神遅滞，

50-70の場合を軽度精神遅滞としている．軽度精神遅滞は全体の8割以上を占めている．

通常の学級における一斉授業で学習内容を理解していくには，およそ85以上の知能指数（IQ）が必要とされる．一方で，IQが70-85を示す場合は（「境界知能」と呼ぶ），明らかな知的障害と言えないが，学習場面で理解の遅れや困難を示すことがある．さらに，通常の学級には，IQが50-70を示す軽度知的障害レベルの児童生徒も存在することがある．軽度知的障害や境界知能の児童生徒は，中学生年齢前まで気づかれず対処されないことがある．そのために生じやすい問題として，学業・対人関係・生活習慣等の苦戦，学校生活のストレスの強さ，自尊心の低下，いじめ被害，不登校など二次的な障害（第3節第1項関連記述）に陥ることがある．早期発見と適切な支援が重要である．また，両親が子どもの障害を受容するまでに時間を要する場合があるため，学校と保護者が丁寧な話し合いを重ね，「本人が自立して社会生活を送る」というビジョンを共有しながら支援を行う必要がある．

通常の学級における軽度知的障害と境界知能の関係を図3-6に示す．

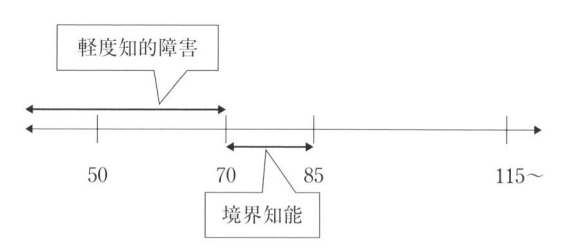

図3-6　軽度知的障害と境界知能の関係

（3）広汎性発達障害（PDD）
（a）広汎性発達障害とは

広汎性発達障害は，重度の知的障害を伴う場合から，知的障害を伴わない場合まで幅は広い．知的障害を伴わない場合は，高機能広汎性発達障害と言われ，アスペルガー症候群，高機能自閉症等もこれに含まれる．

また，広汎性発達障害は，自閉症スペクトラム障害とも呼ばれ，おもには，①社会性の障害，②コミュニケーションの障害，③想像性の障害とそれ

に基づくこだわり行動，などの特徴がある．

この3点について次に概説する．

①社会性の障害

社会的相互作用の質的障害ともいわれ，他者と人間関係を形成したり，気持ちの共有をすることなどに困難さを生じることがある．これは単に人と関わろうとしないといったことではなく，関わり方に独特な特徴があることを意味する．この独特の関わり方のタイプを表3-3に示す．ただし，これらのタイプは固定的なものではなく，発達によって変化する．また，すべてのタイプに共通する特徴として，他者の気持ちへの共感や理解に困難さがあることがウィング（1996）によって指摘されている．

表3-3　自閉症の子どもに見られる社会性の障害のタイプ（ウィング，1996を元に作成）

孤立群	受動群	積極・奇異群
・他者に対して，興味・関心を示さない． ・他者からの働きかけを無視する，または避けようとする． ・表情に乏しく，視線を合わせようとしない．	・積極的に他者と関わろうとしない． ・他者からの働きかけを避けず，従順に淡々と受け入れる． ・社会性の障害のタイプで最も数が少ない．	・他人と積極的に関わろうとする． ・関わり方が一方的で，相手の気持ちに注意を向けない． ・視線や対人距離，身体接触の仕方が不適切なことが多い．

②コミュニケーションの質的障害

自閉症スペクトラム障害は他者とのコミュニケーションに問題があるとされる．それはことばが獲得されていないことや，ことばの発達の遅れという形で出てくることもあるし，ことばの遅れがなくても，ことばの使い方や理解の仕方の問題として現れることもある．たとえば，相手のことばをそっくり返してしまう（オウム返し），延々とコマーシャルの台詞を独り言のように繰り返す，また，他者との会話が一方的で自分の興味のあることばかり話してしまう，などがあげられる．つまり，他者とことばのキャッチボールがうまくいかないことが，コミュニケーションの質的な障害となる．

③想像性の障害とそれに基づくこだわり行動

コミュニケーションがうまくいかない背景には，人の気持ちや場の雰囲気

がつかめない．比喩や皮肉，冗談などの理解が苦手で言葉どおりの理解をしてしまうことがある．たとえば「胸が高鳴る」「膝が笑う」という言葉をそのまま受け止めてしまうため，(「胸は鳴らない」「膝には顔はない」といった具合に)，「意味が理解できない」となるのである．すなわち，人の気持ちや状況，場面等を想像したり理解することに困難さを抱えているということが，想像性の障害である．

さらに，特定の事物に対する反復的で情動的な行動，興味や関心ごとへの強い執着など，いわゆる「こだわり」といわれるもがある．ある物の状態や行動の手順などに固執し，それを変えられることに強い抵抗を示すことがある．時には，何かがいつもどおりでないとパニックを起こすこともある．また，ある活動にのめりこみ，延々とそれを繰り返すこともある．知的能力の高い場合には，昆虫や恐竜，植物など特定の対象について，「○○博士」と呼ばれることもある．

(b) その他の特徴

その他，日常場面で見られる行動として知覚の問題がある．たとえば，他の子どもが気にならないような音に過敏に反応したり（例：音楽の時間に笛の音をいやがるなど），また，触られることを極端にいやがったり（例：だっこをいやがる，人から接触される，衣服の好き嫌いがあるなど），一方で，暑さや寒さ，痛みなどの感覚に鈍感さを示すこともある．これらの知覚の問題は，発達とともに薄らいでいくこともある．

(c) 対応の工夫

自閉症スペクトラム障害は，聴覚刺激（耳から聞く）に比べて，視覚刺激（目で見る）の理解の方が比較的良好とされる．たとえば，ことばでの指示より，絵，図，写真やサインなど視覚的な指示の方がわかりやすい．また，状況を読んだり予測したりすることが苦手なため，見えるかたちで具体化し見通しを立てる（例：新しい出来事には，あらかじめ視覚的にフローチャートのような図や絵を示し，シュミレーションするなど）を行うと，パニックを起こしにくい．学習方法についても，視覚的な教材を用いることが有効である．

また，友達とうまく関われない，人の気持ちが読み取れない等の特性は，将来の就業に関して，社会的な不利益を被る心配がある．対人関係は，社会生活と密接な関係があるからである．たとえテストの成績が良くても，対人

関係がうまくいかない状況が顕著に見られる場合は，早期に発見し，良好な対人関係の経験を積み重ねることができるように，他の児童生徒との関わりに配慮する必要がある．適切な指導を受けていれば，自分の興味や関心ごとには，粘り強く丁寧に取り組む，集中力がある，きちんとこなす真面目さがあるなど，その「こだわり」を生かして職業選択につなげることができる．将来の見通しを立てた支援が重要である．

(4) 注意欠陥／多動性障害（AD／HD）
(a) 注意欠陥／多動性障害とは
　この障害の特徴には，「多動性（過活動）」「不注意」「衝動性」がある．多動性とは動きやおしゃべりを抑制することが苦手な状態，衝動性とは順番を待てないなど行動を抑えられない状態，不注意とは，必要な時にそこへ注意を向けたり，集中したり，注意を持続することができにくい状態をいう．この行動特徴のあらわれ方から，次の3つのグループに分ける場合がある．

混合型：多動性，不注意，衝動性の3つの特徴が顕著に長期にわたりみられる．

不注意優勢型：不注意の特徴が強く，多動性や衝動性がそれほどあらわれない．

多動性-衝動性優勢型：多動性，衝動性が際立っているなど．

　混合型や多動性-衝動性優勢型などは，じっと待つなど社会的ルールが増加する小学校入学前後に発見される場合が多いが，不注意優勢型は，周囲に気づかれない場合も多い．

(b) 対応の工夫
　注意欠陥／多動性障害の子どもは，その行動特徴により周囲から，「怠けている」「だらしがない」「努力が足りない」など，否定的な評価を受けやすいことがある．その子どもが意図的に問題を起こしていると誤解され，周囲から理解が得にくいために叱られることも多い．しかし，好きなこと，興味や関心ごとには人一倍集中力を発揮し，知的好奇心，ひらめきや創造性を強みとして，社会で活躍したり，充実した生活を送っている人たちも多い．社会適応を良好にするためにも，彼らの自尊心を低めない関わり，たとえば，当たり前のこと，いいところにできるだけ注目し，叱責よりはできたこと，うまくいっていることを認めてほめ，自信をなくさないような理解と支援が

必要である．また，学習環境の整備（教室の前側にはできるだけ掲示物を少なくするなど）の配慮も必要である．子どもがもっているよい面に目を向け，自尊心を保ち肯定的な自己イメージがもてるようにすることが重要である．それがうまくできないと，過度の反抗や非行などの問題行動に発展することがある．

対応の基本は教育場面，家庭での支援であるが，薬物療法が有効な場合があるので，医療機関との連携も視野に入れる必要もある．

(5) 学習障害（LD）

(a) 学習障害（LD）とは

学習障害は全般的な知的発達に遅れはないものの，聞く，話す，読む，書く，計算する，などの能力のうち，特定のものの習得と使用に著しい困難を示す状態を指す．知的発達に遅れがないのに，国語，算数の学習面で何らかの困難があり，それが本人の努力不足や環境要因からだけでは説明できない場合に，学習障害が疑われる．たとえば，読めるが書けない，国語には問題がないが計算できないなど，アンバランスさが特徴的である．

(b) 対応の工夫

学習障害の支援を行うためには，まず本人の情報処理機能にどのような特徴があるのかを評価し，どのような指導方法が効果的なのかを理解することが必要である．情報処理機能の評価のためにWISC-Ⅳ，K-ABC，ITPAといった心理検査を用いることがある．このような心理検査は，聴覚・視覚などの情報の入力における特徴，言語・空間などの処理内容における特徴，同時処理・継次処理など処理の方略における特徴，注意や記憶における特徴，処理のスピードにおける特徴，などを評価し，支援方法を探ることに有用である．

たとえば，機械的な記憶力が弱いという特徴があると，九九の暗記のような学習方法は不適切である．機械的な記憶力の負担をなるべく減らし，意味的に学習するような方法が有効である（例：絵やイメージが浮かぶような覚え方など）．聞くより見る方がわかりやすいという特徴があれば，具体物や映像を用いた学習方法が適している．処理に時間がかかるという特徴があれば，課題を行う時間を増やしたり，課題の量を減らしたりする．

適切な対応がなされていれば，苦手さをもちながら社会適応していく者が

多く，予後は比較的良好である．通常の学級の中では，学習障害などのある子どもにわかりやすく指導することが，学級全体のすべての子どもにとってわかりやすい授業につながる．

目標や学習方法に個別的な配慮が必要な場合は，TT（ティーム・ティーチング），小グループ指導，通級による指導なども検討する．

(6) 診断と障害の重複
(a) 発達障害の診断

発達障害の診断基準には，精神疾患の分類と手引き『DSM-Ⅳ-TR』[注2]，もしくはWHOの疾病および関連保健問題の国際統計分類『ICD-10』が用いられるのが一般的である．専門機関の医師がこの診断基準を基に診断を行う．しかし，診断は決してゴールではない．診断を通して，子どもの特徴について理解し，支援の方向性を見出し，効果的な手立てや方策を考える，という視点が大切である．診断につなげる場合は，それが単なるレッテル貼りにならないように，あくまでも本人の支援に有益であるかどうかを，慎重に判断する必要がある．

教育現場でその子どもの特徴を理解するためには，行動観察，保護者からの聞きとり（生育歴，家庭での様子や関わりなど），発達障害に関するチェックリストの活用（章末の資料3-1参照），スクールカウンセラーとの連携，教育センター等で行う心理検査など，日常の情報が手がかりとなる．診断がなくても，有効な支援につながるケースも多い．

(b) 障害の重複

発達障害は，それぞれが重なりあう場合がある．それぞれの関係を図3-7に示した．AD／HDはおもに行動面，LDはおもに学習面，自閉症スペクトラムはおもに対人関係に困難があるとされる．たとえば，行動面と学習面ともに苦戦が見られるならば，LDとAD／HDが重複しているかもしれない，また，すべてに苦戦が見られる場合は，それぞれが重複しているかもしれない，などと見立てることもできる．いずれにしても，「本人の中に何が起こっているのか」「何に困っているのか」「環境との折り合いはどうか」など，困り感を探り，見立てと支援方針を立てていくために，教育アセスメントは必要である（教育アセスメントについては第10章を参照）．

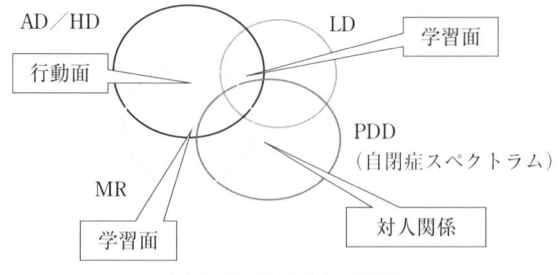

```
         AD／HD                LD     ┌──────┐
    ┌──────┐                          │ 学習面 │
    │ 行動面 │                         └──────┘
    └──────┘

                           PDD
                        （自閉症スペクトラム）

         MR
    ┌──────┐                    ┌────────┐
    │ 学習面 │                   │ 対人関係 │
    └──────┘                    └────────┘
```

図 3-7　発達障害の関係

● 3.3　発達障害と教育

(1) 二次的な障害への配慮

　発達障害とは,「発達に偏りがある」「発達のバランスが悪い」という発達特性を意味する．そのために，学校や家庭など社会生活で苦戦することがある．しかし，必ずしも苦戦ばかりではない．むしろ，社会で活躍している人，輝いている人たちの中には，これらの特性を持っている人もたくさん存在する．さらに，サヴァン症候群といわれる特異な能力を示す人や天才と呼ばれる人も含まれており，数学，物理学，芸術分野などで高い能力を発揮する人もいる．

　「障害」を「社会生活に支障がある」ととらえるなら，「支障をできるだけなくす，もしくは軽減する」ことができれば，それは「障害」ではなく「発達特性」「個性・才能」と考えることができる．特性を理解し，社会生活における支障をできるだけ軽減するための手立てや方策を身につけられるようにすることが，教育支援である．

　しかし，これらの特性が理解されず，適切な支援が受けられないまま，周囲から叱責され続けることがある．その結果,「自分はどうせダメだ！」「何をやってもうまくいかない！」などの自己否定感に陥ってしまい，無気力や不登校，ひきこもり，自傷行為，非行などの問題行動を引き起こすことがある．これを二次的な障害という．

　すなわち，その子どもへの関わり方を含め，本人と本人を取り巻く環境がうまく折り合わないまま，日常生活が積み重なることで，二次的な問題が生じる．それが二次的な障害につながるのである．

レヴィン（1951）の方程式：$B=f(P, E)$（行動は，固体と環境という2つの要素の関数である）を例にあげて考えてみよう．これは，行動（B）は，固体（P）と環境（E）の相互作用により生じるという理論である．たとえば，ある子どもが，もし問題な行動（B）を起こしていたとしたら，それは本人（P）だけの問題なのであろうか．私たちはともすると，「発達障害があるから，この子に問題が起こる」と考えがちであるが，それは間違いである．発達障害を「特性」ととらえ，「本人の中に何が起こっているのか」「環境とうまく折り合っているか」「関わり方はどうか」という視点を持って，二次的な障害に陥らないように，支援や関わりを工夫することが大切である．

（2）通常の学級における支援の実際
（a）通常の学級の支援事例
次に具体的な事例を通して，支援を考えてみよう．

【事例3-1】 トラブルが多く，担任を困らせるAさん

　小学校5年生のAさんは，学習に集中できない．授業中もおしゃべりをしたり，友だちにちょっかいを出したりして，先生から注意を受けることが多かった．ある日，Aさんは友だちとけんかをして，けがを負わせてしまった．困った担任と保護者は，スクールカウンセラー（以下「SC」）に相談することにした．

　SCは，担任や保護者から，学校や家庭の様子について話を聞き，父母の養育態度がきわめて不安定であることが気になった．一方，担任は発達障害が原因ではないかと心配していた．そこでSCは，Aさんが1年前に教育センターで受けたという心理検査（WISC-Ⅲ）の結果を母に持参してもらった．心理検査の結果は，注意集中面に多少の苦戦が見られるものの，知能は平均を上回り，各指数に大きな差は見られなかった．

　SCは，学校での様子，家庭環境，心理検査を総合的にアセスメントして，「見立て（仮説）」と「支援方針」案を立て，校内委員会でそれを基に話し合い，関係者と支援することになった．

〈見立て〉

　Aさんは，幼少期から父母の養育態度に極端な不安定さがあるため，人との基本的信頼関係が築きにくいのではないか．そのために，さまざまな対人トラブルを起こしてしまうのかもしれない．しかし一方で，Aさんは，好きなことには集中力もあり，能力も高く，やればできる子である．いいところ，当たり前のところに注目して，保護者との関係，担任や学級の子どもとの関係を良好にしていけば，問題は軽減されるのではないか．

〈支援方針〉

①保護者に本人の理解と対応の助言をSCから行う．
②学級で落ち着かなくなった時は，注目や注意を与え過ぎず，当たり前のところ，良いところを注目していく．
③Aさんを叱る代わりに，周りの子どもを認め，ほめることを増やす．
④危険な行為をしそうになった時は，クール・ダウン(注3)させ，落ち着いたら学級に戻す．また，落ち着いたところ，切替わったところを認めていく．
⑤学校の関係者（学年，管理職，教育相談コーディネーター，養護教諭，SCなど）全体で担任や保護者を支える．

〈その後〉

　Aさんは少しずつ落ち着いていった．担任が本人や学級の子どもの自尊感情を高める関わりをすることによって，Aさんを学級の中で問題児扱いせず，包み込み育む学級環境が生まれたようだ．また，教職員やSCが保護者を支え，本人の理解と対応を助言することにより，養育態度にも変化が現れた．このように，本人を取り巻く人間関係が，Aさんの心の成長や安定に寄与していったのではないか．

【事例3-2】　学習に苦戦し，休みがちになったBさん

　小学校3年生のBさんは，学習の遅れが著しく，保護者も担任もとても心配をしていた．また，友だちから馬鹿にされたりすることもあり，そのためか，最近たびたび学校を休むようになったという．心配した保護者と担任はSCに相談した．

　SCは，学級で行動観察も行った．たしかに，学習面に苦戦が見られた．授業中はぼーっとしていることが多く，漢字や文を読むのが苦手であり，書くことも得意ではなかった．誰もが授業にはとてもついていけ

ないと感じていた．

　SCは，本人の認知特性や発達のバランスを考慮して支援方針を立てる必要があると考え，心理検査（WISC-Ⅲ等）を勧めた．その後，教育センターで受けた検査の結果を母が学校に持参した．

　本人の学習状況を見る限り，担任は特別支援学級への在籍移行が必要かもしれないと心配していた．しかし結果は，全体的に境界線児（IQ：75〜85）であり，下位項目によっては平均を上回る部分も複数あった．通常の学級で配慮指導をすれば十分授業についていける範囲である．また，視覚的な情報処理は得意である一方で，聴覚的な情報処理は苦戦しているなど，本人の特性や困り感を，校内委員会やチーム会議で関係者が理解し共有できた．

〈見立て〉

　本人は，できるところと，できないところの差が大きく，本人の中で「どうしてこれができないんだろう」という壁にぶつかり，自信を失ったのではないか．また，友だちから馬鹿にされるなど辛い経験も重なって，自己否定感に陥り，「学校に行きたくない」といった二次的な障害が起きているとも考えられる．

〈支援方針〉

①自信を回復させるために，学校や家庭で，本人のいいところ，得意なところを，たくさん認めほめていく．
②授業で取り組むことが難しい課題がある場合は，できそうな課題をほかに準備し，本人が選択して取り組めるようにする．
③放課後に，通級指導教室[注4]に週1日通うことを保護者と本人に勧める．
④学級で担任が，楽しく関わるゲームやワークを行う．

〈その後〉

　放課後の通級指導教室では，Bさんの認知特性を考慮し，たとえば，漢字の「読み」「書き」「意味（エピソードやイメージが浮かぶように）」の3点セットにしたベーシック・トレーニングなどを行った．それにより，少しずつ，単語や漢字の意味の理解が促進されてきた．授業中は，担任は本人のできるところに注目しほめるように心がけた．ある日，難しい計算ができるようになったBさんを，皆で拍手した．Bさんは嬉しそうに頭をかきながら

笑っていた．このように，家庭，学級，通級指導教室において，「笑顔，安心，自信」が得られるような関わりを大切にした．その後，Bさんは，放課後に友だちともよく遊ぶようになったという．気がつけば，学校を休むこともほとんどなくなっていた．

　(b) 支援のまとめ

　ここでは，おもに通常の学校における支援方法をまとめる．

①「見立てと支援方針」を立て，チームで支援する

　子どもの中に何が起こっているのか，どんな支援が効果的であるか，といった「見立てと支援方針」を立て，チームで支援することが大切である．「見立て」はあくまでも仮説である．しかし，「見立てと支援方針」がうまくはまれば，必ず良い方向に進展するはずである．もしうまくいかなければ再びアセスメントをしなおし，支援方法を見直す必要がある．このように仮説検証を繰り返して，良い方向に進むよう支援することが必要である（教育アセスメントは第10章参照）．

②学校で支援体制を整える

　チームで支援するためには，学校内での協力体制を整える必要がある．校内委員会（第1節第3項(a)参照），チーム会議，ケース検討会，その他の話し合いの機会を活用して情報を共有することが大切である．

　そして，学校全体で共通理解を図り，担任一人に負担がかからないよう，関係者で役割分担をして支援を行う．また，発達障害のある子どもは，環境の変化（学年の変わり目や変化の時期）は不安定になりやすいことから，丁寧な引き継ぎを心がけることが必要である．

③保護者との連携

　「チームで支援する」のメンバーには保護者が含まれていることを忘れてはならない．子どもの特徴を理解するためには，保護者から生育歴，家庭での様子などの聞きとりが重要で，日常の情報が支援の手がかりとなる．また，家庭と学校それぞれの場でどのように対応していくのか，を共に考え，学校と家庭で役割を分担しながら，共通の目標を持って支援することが有効な支援につながる．

④専門家・専門機関との連携

「子どもの中に何が起こっているのか」「どのような支援が有効であるのか」といった「見立てと支援方針」を立てるためには，専門家・専門機関との連携が大切である．具体的には，スクールカウンセラーや，専門機関（教育センター，医療機関，児童相談所等）と，必要に応じてチームとして連携協働する（第2節第6項関連記述）．

⑤通常の学級での対応

教室での環境調整や，人間関係づくりなど対応の工夫は発達障害の各項目であげてきたが，ある子どもへの支援を考えて行ったことが，実は学級全体の子どもにも「わかりやすい授業」となる．この考え方が近年，「ユニバーサルデザインによる授業」として紹介されている．一人への支援は，すべての子どもへのより良い教育につながるのである．

［青戸泰子］

(注1) 各発達障害の詳細は第2節を参照．
(注2) 『DSM-Ⅳ-TR』は，2013年に『DSM-Ⅴ』として，大幅な改訂が予想されていることから，今後の動向に留意する必要がある．
(注3) クール・ダウン：気持ちを落ち着かせ，切り替えをするために，場面や場所を変える対処法．
(注4) 通級指導教室：第1節第2項関連記述．

（資料3-1）「児童生徒理解に関するチェック・リスト」（参考）

　以下の質問項目は，文部科学省が平成14年に実施した，学習障害（LD），注意欠陥／多動性障害（AD／HD），高機能自閉症など，通常の学級に在籍する特別な教育的支援を必要とする児童生徒に関する全国実態調査で作成されたものを参考（抜粋）しています．チェックにあたっては，『同学年の児童生徒と比較してどうか』をポイントにしてください．本チェック・リストは，指導者が子ども理解を深め指導の一助とするためのものです．障害の判別を目的としたものではありません．

◇〈「聞く」「話す」「読む」「書く」「計算する」「推論する」〉
□聞き間違いがある（「知った」を「行った」と聞き間違える）
□聞きもらしがある
□個別に言われると聞き取れるが，集団場面では難しい
□指示の理解が難しい
□話し合いが難しい（話し合いの流れが理解できず，ついていけない）
□適切な速さで話すことが難しい（たどたどしく話す．とても早口である）
□ことばにつまったりする
□単語を羅列したり，短い文で内容的に乏しい話をする
□思いつくままに話すなど，筋道の通った話をするのが難しい
□内容をわかりやすく伝えることが難しい
□初めて出てきた語や，普段あまり使わない語などを読み間違える
□文中の語句や行を抜かしたり，または繰り返し読んだりする
□音読が遅い
□勝手読みがある（「いきました」を「いました」と読む）
□文章の要点を正しく読みとることが難しい
□読みにくい字を書く（字の形や大きさが整っていない．まっすぐに書けない）
□独特の筆順で書く
□漢字の細かい部分を書き間違える
□句読点が抜けたり，正しく打つことができない
□限られた量の作文や，決まったパターンの文章しか書かない
□学年相応の数の意味や表し方についての理解が難しい
　（三千四十七を300047や347と書く．分母の大きい方が分数の値として大きいと思っている）
□簡単な計算が暗算でできない
□計算をするのにとても時間がかかる
□答えを得るのにいくつかの手続きを要する問題を解くのが難しい
　（四則混合の計算．2つの立式を必要とする計算）
□学年相応の文章題を解くのが難しい
□学年相応の量を比較することや，量を表す単位を理解することが難しい
　（長さやかさの比較．「15cmは150mm」ということ）
□学年相応の図形を描くことが難しい（丸やひし形などの図形の模写．見取り図や展開図）
□事物の因果関係を理解することが難しい
□目的に沿って行動を計画し，必要に応じてそれを修正することが難しい
□早合点や，飛躍した考えをする
　（0：ない，1：まれにある，2：ときどきある，3：よくある，の4段階で回答）

◇〈「不注意」「多動性―衝動性」〉
　□学校での勉強で，細かいところまで注意を払わなかったり，不注意な間違いを
　　したりする
　□手足をそわそわ動かしたり，着席していても，もじもじしたりする
　□課題や遊びの活動で注意を集中し続けることが難しい
　□授業中や座っているべき時に席を離れてしまう
　□面と向かって話しかけられているのに，聞いていないようにみえる
　□きちんとしていなければならない時に，過度に走り回ったりよじ登ったりする
　□指示に従えず，また仕事を最後までやり遂げない
　□遊びや余暇活動に大人しく参加することが難しい
　□学習課題や活動を順序立てて行うことが難しい
　□じっとしていない．または何かに駆り立てられるように活動する
　□集中して努力を続けなければならない課題（学校の勉強や宿題など）を避ける
　□過度にしゃべる
　□学習課題や活動に必要な物をなくしてしまう
　□質問が終わらない内に出し抜けに答えてしまう
　□気が散りやすい
　□順番を待つのが難しい
　□日々の活動で忘れっぽい
　□他の人がしていることをさえぎったり，じゃましたりする
　　（0：ない，もしくはほとんどない，1：ときどきある，2：しばしばある，3：
　　非常にしばしばある，の4段階で回答）

◇〈「対人関係やこだわり等」〉
　□大人びている．ませている
　□みんなから，「○○博士」「○○教授」と思われている（例：カレンダー博士）
　□他の子どもは興味を持たないようなことに興味があり，「自分だけの知識世
　　界」を持っている
　□特定の分野の知識を蓄えているが，丸暗記であり，意味をきちんとは理解して
　　いない
　□含みのある言葉や嫌みを言われても分からず，言葉通りに受けとめてしまうこ
　　とがある
　□とても得意なことがある一方で，極端に不得手なものがある
　□いろいろな事を話すが，その時の場面や相手の感情や立場を理解しない
　□共感性が乏しい
　□周りの人が困惑するようなことも，配慮しないで言ってしまう
　□独特な目つきをすることがある
　□友達と仲良くしたいという気持ちはあるけれど，友達関係をうまく築けない
　□友達のそばにはいるが，一人で遊んでいる
　□仲の良い友人がいない
　□球技やゲームをする時，仲間と協力することに考えが及ばない
　□意図的でなく，顔や体を動かすことがある
　□ある行動や考えに強くこだわることによって，簡単な日常の活動ができなくな
　　ることがある
　□自分なりの独特な日課や手順があり，変更や変化を嫌がる
　□特定の物に執着がある
　□他の子どもたちから，いじめられることがある
　□独特な姿勢をしていることがある
　　（0：いいえ，1：多少，2，はい，の3段階で回答）

【引用文献・参考文献】

American Psychiatric Association (2000). *Quick reference to the diagnostic criteria from DSM-Ⅳ-TR.*
　(高橋三郎・大野裕・染矢俊幸(訳) (2003). DSM-Ⅳ-TR　精神疾患の分類と診断の手引　医学書院)

青戸泰子 (2011). 子ども理解を深める「心理アセスメント」——特別支援教育・教育相談・学級経営に生かす　児童心理　12月号　臨時増刊 No.942. pp.95-101.

Lewin,K. (1951). *Field theory in social science.* Harper.
　(猪俣佐登留(訳) (1956). 社会科学における場の理論　誠心書房)

文部科学省 (2003). 今後の特別支援教育の在り方について (最終報告)　特別支援教育の在り方に関する調査研究協力者会議

文部科学省 (2005). 特別支援教育を推進するための制度の在り方について (答申)　中央教育審議会

文部科学省 (2007). 特別支援教育の推進について (通知)

中村忠雄・須田正信 (2007). はじめての特別支援教育——これだけは知っておきたい基礎知識　明治図書出版

斉藤佐和 (2006). 筑波大学特別支援教育研究センター・斉藤佐和(編)　特別支援教育の基礎理論　教育出版

杉山登志郎 (2007). 発達障害の子どもたち　講談社現代新書

植村勝彦 (2007). コミュニティ心理学入門　ナカニシヤ出版

Wing, L. (1996). *The autistic spectrum: A guide for parents and professionals.* London: Constable.
　(久保紘章・清水康夫(訳) (1998). 自閉症スペクトル——親と専門家のためのガイドブック　東京書籍)

全国特殊学校長会 (2005). 盲・聾・養護学校における『個別の教育支援計画』について

課　題

1. 発達障害にはどのようなものがあるか．それぞれの特徴をあげながら説明しなさい．
2. 特別支援教育を実施するため，各学校においてどのような体制の整備および取組みを行う必要があるか，6つあげて説明しなさい．

第4章

学 習 指 導

　心理学，特に教育を先頭語とする教育心理学が教育実践と乖離しており，実用的でないという批判は多く聞かれる．この問題について佐伯（2009）は，「通常，心理学者たちは，教師たちが心理学の理解に充分な関心を向けていないと嘆き，心理学の研究が教育実践に役立つためには，どうすればよいのかについて事ある度に議論している．他方，教師たちは，教育心理学者たちが教育実践の複雑さを充分理解していないと嘆き，教育実践に役立つ心理学がどこかに存在しないかと探索しては，思い通りの心理学が見いだせないことに絶望を深めている」と述べている．しかしその一方で，この問題について佐藤（2012）は「それ（＝教育心理学と教育実践の乖離）は本当か」と疑義を呈している．換言すれば，教育心理学の知見は本当に学校での教育実践に役立たないのかということである．学校教育のキーワードとなっている子どもたちの"発達・学習・学力・指導・人格・自我・態度・興味・意欲・活動・動機づけ・評価"などの用語は，すべて心理学の用語である．また，子どもたちに今掲げた能力を育む教育実践が，心理学の知見や言説を伴い活用されていることは事実である．ただし筆者は，この見解を半分支持し，半分支持しない視点に立つ．なぜならば，教育心理学の領域においては日々斬新な研究が営まれ，また教育に関する基礎的な知見が見出されてはいる．しかし，「教育実践の現場である学校において，常に求められるのは"だからどうするのか"といった具体論である」（稲垣，2011）からである．

　今後，真摯な研究によりせっかく導き出されている教育心理学の知見が，その応用場面である学校でいかに機能するかを，わかりやすく具体論として示されていくことが望まれる．この問題に関連した記述として佐藤（1998）

は，教師と教育心理学の研究者の両者にみられるすれ違いについて，教師たちは"教師は授業で勝負する"との言説を支持し，「いかに"効率よく，魅力的な授業を行うためにはどうしたら良いか"」を日々模索していると述べている．

　本章では，上述で掲げたキーワードのうち，「学習」と「指導」に着目し教師による「学習指導」をテーマとする．そして，前述の佐藤の言説を再掲すれば，学校という教育の場で行われる真に効率的で魅力的，かつ有効な学習指導，教師が求める学習指導の方法を具体的に探究していく．しかし，実は本章で述べていく事項は，すでに日常的に学校での学習指導で実践されている事柄を多く含んでもいる．そこで，本書を手に取って下さった読者諸氏と共に，"役に立つ理論（useful theory）"を考え追い求めていくと同時に，"実際に活用されている理論（theory in use）"について，その性質と機能を再確認したいと願っている．それは，アーレント（Arendt. H., 1978）が「教師が教師としての自分を呪縛している7つの神話」として掲げる，①基礎学力は"第二の自然的能力"になるよう充分に学習されなければならない，②注意を払うということは一時に一つのことに集中することである，③（子どもには）満足感を遅らせることが肝要である，④教育には暗記が必要である，⑤忘れることは問題である，⑥知性とは"現実の外にある真実"を知ることである，⑦物事には"正解"と"誤答"がある，との命題への実践知としての解を見出していくことでもある．

● 4.1 学習指導の歴史的展開と基礎理論

(1) 学習指導の歴史的展開

　心理学では，学習を「経験による比較的永続的な行動の変容」と定義している．換言すれば，短期的な行動の変化や突発的な行動の変化は，学習には含まれない．そして，学習に関する心理学の研究では，古くから行動主義心理学の条件づけを基盤とする連合説と，認知心理学に支えられた認知説の二つの立場があった．

　そして，近代の教授学＝学習指導における理論と実践，すなわちわれわれが通常"一斉授業"と呼称する授業の様式は，19世紀中ごろにヘルバルト（Herbart, J. F.）主義の教授理論により構築された．そして，その理論的基

礎が前述した連合心理学である．この学問を端的に示せば，人間の意識を身体活動と切り離し，目的的な志向性も排除して，意識の発達を知覚における要素の結合において科学的に説明する心理学ということになる．

　ヘルバルトは，概念が形成される意識の過程を「専心」（対象に興味を傾注すること）と「致思」（興味を思考で吟味すること）に区分し，さらに「専心」と「致思」をおのおの二つに区分して，明瞭・連合・系統・方法の4段階で学習過程を構成する「形式的段階（Formale Stufen）」の理論を提示している．またこの理論は，ヘルバルト主義のチラー（Ziller, T.）により「分析」「総合」「連合」「系統」「方法」の5段階へ，さらにライン（Rein, W.）により「予備」「提示」「比較」「総括」「応用」の5段階へと発展をみる．このヘルバルト・チラー・ラインが描いた心理過程である，教授＝学習指導の手続き段階を示すステップは，科学的心理学を土台として近代学校における授業の定型となった．すなわち，所定の知識の伝達を一定の手続きで集団を対象として行うという学習指導方法が確立した．

　なお，ヘルバルト主義の教授学＝学習指導理論は，心理学と共に倫理学も基礎としている．すなわち，この教授学＝学習指導方法理論には，各教科の学びが「人格（品性）の陶冶」という倫理目的に統合される教育的教授の理論でもある．ただし，本書は教育心理学のテキストを前提としていることから，これ以上倫理学の側面に踏み込むことはしない．

(2) 学習指導を支える基礎理論

　行動主義理論とは，われわれの行動を刺激と反応の結びつきにより説明しようとする心理学であるSR理論（刺激：stimulus-反応：response）から始まった．その代表的な理論として，「パブロフの犬」が代名詞ともなっている"古典的条件づけ＝レスポンデント条件づけ"（図4-1）と「スキナーボックス」が代名詞ともなっている"道具的条件づけ＝オペラント条件づけ"（図4-2）がある．その違いは，前者がある刺激に対する反応を結びつけていくのに対し，後者はある行動（オペラント）がもたらした結果に基づいてその行動そのものを増大させたり低減させたりするという条件づけである．

　両者のうち，今日の学校で特に活用されているのは後者であろう．子どもたちの学校生活を振り返ると，このオペラント条件づけにより成立している学習行動は多々認められる．その例として布施（2012）は，「授業中の子ど

もたちの私語に対し，教師は話すことを止め授業を中断することがある．これは，教師が話すことを止めることで，子どもたちに教師は不快感を有しているのだと暗に伝え，子どもたちも私語を止めるであろうと期待を込めていることになる．このような場面が繰り返されることにより，教師の沈黙が子どもたちの弁別刺激として機能し，また負の強化刺激として学習されると，教師が沈黙すると子どもたちも私語を止めるというオペラント条件づけが成立することになる」と説明している．

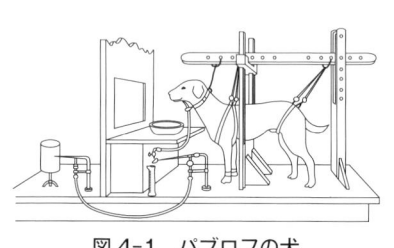

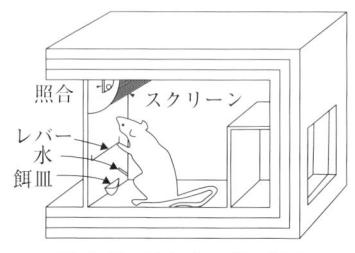

図4-1　パブロフの犬

図4-2　スキナーボックス

しかし，その後の教育心理学の発展の中で前出のアーレント（1978）は，「パズルのような実験室的な課題での思考過程の研究から脱し，実際に学校教育で生徒に与えられる課題の思考過程に焦点を置くべきである」と述べている．この記述に関連しわが国では，桜井（2009）が，わが国の学校教育が抱える最も基本的な問題として「既成の知識を伝達する上での効率第一主義とそのための管理の強化により，子どもの学習への意欲が低下している」と述べている．わが国の学習指導の研究は，認知心理学を中心として自己学習能力に焦点を当てて行われてきた．その中でも市川（2009）は，「学校の勉強がわからなくて困っている」子どもたちを対象として個別に相談・指導を行う実践を"認知カウンセリング"と呼び，現在にいたるまで多くの研究成果を報告・提案している．また，1990年代半ばには日本教育心理学会において行われたシンポジウムで認知心理学の視点による学習指導に関するテーマが多く取り上げられた（例：日本教育心理学会第38回総会（1996）における「認知心理学は教育実践にいかに貢献しうるか」「学校実践をとらえる―実践的研究とは何か」「教育実践への魅力的アプローチ」「教育心理学と教科教育との対話」など；市川，1998）．

4.2 学習指導の基本

　小・中・高校・大学を問わず，学習指導として一般的に実践されている手法は，講義・発問・討議の形式であろう．これらの手法が，学習者や状況に応じて使い分けられるのはもちろんである．ただしわれわれは，それぞれの方法に長所と短所（メリットとデメリット）があることを承知していなければならない（山﨑，2006）．

　まず講義法の長所は，大勢の学習者を一斉に対象とできることである．また，同じ内容を一斉に教授できること，換言すれば学習者へ伝える知識にムラや偏りがないことである．さらには，体系的知識を伝えるのに適していることである．しかしその反面，短所として，学習が教師からの一方的な指導に終始するため，個々人の理解を確かめる術や理解度の低い学習者への指導が不充分になりがちになることが挙げられる．また，学習者の学習（＝授業）に対する意識や姿勢が受身的になりやすいこと，学習者にとっては，主体的な活動がほとんどなく単調な授業に映ってしまいやすいことも挙げられる．加えて筆者は，自身の教職経験から，われわれ人間があくまで個別性を有する（認知と思考パターンが異なる）ゆえに，同じ内容を教授されても個々人により受け止め方が異なり，本来教師が伝えようとしたことが異なる意味合いで理解されてしまう危険をはらむことを感じている．なお，近年はその問題への対応として，授業ごとで学生に"リアクション・ペーパー"の提出を求める大学が多くなってきている（出席確認にも活用できる）．

　次に発問法についてであるが，その長所は学習者を主体としやすく学習への意欲を誘発しやすいこと，また考えさせる授業がしやすいこと，学習成果への確認が容易に行いやすいことなどが挙げられる．しかし半面，短所としては，発問の質が学習者のレベルに対して適当でなかったり，学習内容からそれた，的を外したものであると，学習者の意欲が低減してしまうこと，また，発問がワンパターンに陥ると，学習者の応答が単調なもので済んでしまうこと，学習者が思考をめぐらさずとも回答できてしまう発問を繰り返すと，やはり学習者の意欲は薄れていくことが挙げられる．

　さらに討議法については，その長所として自分の考えと異なる他者の考え方や視点を知り，それを自身にフィードバックすることで自身の思考を深めたり広げたりするという展開が可能なこと，また討論の方法や集団での問題

解決のプロセスを会得できることにもある．それは，筆者の研究領域であるカウンセリング心理学の視点からいえば，「自分の言いたいこと，また言わなければならないことははっきりと伝えること（自己開示），また，その分だけ相手の話すことをしっかりと聞くこと（傾聴），そして，価値観の異なる他者と一つにまとまろうと協働すること（グループコンセンサス）」の各能力の向上にも関連する（松井，2009）．

ちなみに市川（2009）は，「学力には二つの種類がある．その一つは，学んだ結果として身につく"基礎学力"であり，もう一つは基礎学力を基に意欲を持ち，基礎学力を実生活にいかに活用していくかを自分で展開できる"応用力"である」と述べる．そして同氏は，基礎学力を身につけさせる際に有効な学習指導はドリル学習（＝反復学習）であり，応用力を身につけさせるために有効な学習方法は対話のある授業またはグループ活動，本章に即していえば"討議"であるとも述べている．ただし討議法の短所として，偏った集団編成をしてしまうと討議自体が進行しない危険があること，学習者の能力以上に難しい課題を提示した場合に，学習者はとにかく結論を出すことに追われ，討議が表面的なものに終始することがある，などが挙げられている．

また，上述で掲げたいずれの指導方法を講じるに際しても，ランガー（Langer, E., 1997）が述べるように，教室環境の配慮（机の向き，光線の入り具合など），教材・教具の選定と活用，視聴覚機器やコンピュータの活用，何よりも教師の伝え方・言葉の選定，板書の仕方やそれを書き写す学習者のスピードのチェック，机間指導などの学習者への配慮など，教師による授業研究が大切になることは言うまでもない．

以下，本章では学習指導として体系化されている代表的な方法について，その概要を述べていく．

4.3 学習指導の方法

(1) 問題解決学習

問題解決学習は，アメリカの教育学者であるデューイ（Dewey, J.）により提唱された．この方法の背景には，経験主義と児童中心主義の思想がある．このうち経験主義とは，デューイ自身の言葉として伝わる"為すことは学ぶことである（Doing is learning）"で示されるとおり，子どもたちの直接体験や生活経験が子どもたちを育てるという考えを基盤としている．具体的には，子どもたちの生活場面を取り上げ，そこで彼らが直面する問題（＝課題）はどのような方策や手段により解決が図られるかについての能力，換言すれば実生活に活かす応用力を獲得させようとする指導方法である．また児童中心主義とは，教師や保護者などによる子どもに対する一方的な強制・詰め込みを批判して，彼らの個性，発達段階，置かれた環境などを適切に考慮することで，教育を子どもたちの自発性に委ねるべきであるという考え方である．

デューイは学校を「小さな社会」であるととらえ，直接的経験，生活，作業，反省的思考の重要性を強調している．特に反省的思考においては，"暗示-知性化-仮説-推理-検証"という流れの学習指導の展開を提唱している．このことから，問題解決学習では，①問題解決の発見（＝暗示ともいわれ，子どもたちが直面する生活上の問題を間接的に題材として教師が課題を提示する），②問題の整理（＝知性化ともいわれ，子どもたちが主体となり，提示された課題について，何が問題の核心なのかについて整理を行う．これは，デューイが提唱するコア・カリキュラムにも関連する），解決のための観察（＝仮説ともいわれ，暗示された問題が日常生活のどのような場所で生じているのかを第3者の視点で観察し，問題の核＝コアを予測する），③問題解決に向けた方策の発見とその吟味（＝推理ともいわれ，子どもたちが主体となり問題解決の具体的方法を相互に話し合う），④問題解決策の適応（＝検証ともいわれ，自分たちで考えだした問題への解決方法を体験として実行し，その結果を振り返る）という学習指導過程を基本形としている．このように，教師が子どもたちに学習を押し付けるのではなく，子どもたちが主体的に学習に取り組むための環境や教材また方法を講じていく考え方をプラグマティズム（pragmatism）という．

なお，デューイによる学習指導の発想はわが国の学校教育に色濃く反映されている．すなわち，1947（昭和22）年公示の学習指導要領（試案）以来，現行の学習指導要領にいたるまで，1958（昭和33）年に公示された系統的学習を基盤とした学習指導要領を除き，すべての指導要領の背景理論＝基本哲学をなしている．現行の指導要領における総合的な学習や小学校における英語教育や生活科などは，まさに問題解決学習の具現化である．この問題解決学習の考え方は，今後も引き継がれていくものと思われる．

ところで，これまで述べてきた問題解決学習と類似した概念・学習指導の方法として，進歩主義教育（progressivism）がある．これは，19世紀末から20世紀初期にかけて世界的に広まった教育思想および学習指導方法，また教育運動である．そして，その根底を支える思想として，デューイによる経験主義の考えがある．これは，それまでの教師主導による一方通行の学習指導また教育方法を批判し，子どもたちを抑圧的教授から解放しようとするものである．換言すれば，子どもたちの発言や自己表現などの自由化および教育の個性化・個別化が目的とされる指導法である．そしてそれは，学校で教える教育内容が科学や専門性を有する学問の成果であるべきであり，段階を追って系統的に指導することにより身につくものであると主張する系統主義的教育と相反する指導方法である．今日でも進歩主義教育による学習指導は，街中で見受けられる．たとえばテニススクールなどでは，ある程度の基本を教授した後にすぐゲームを体験させる．学習者は，当然ゲームには勝てない．そこで学習者は自分の欠点を振り返り，その欠点を克服するための基礎練習を自主的に始めるということである．それに対し系統主義的学習とは，学校における部活動を連想させる．入部当初には，先輩に対する礼儀作法，球拾い，コートの整備から始め，基礎トレーニングにより体力をつけさせた後に，素振りや基本的なサーブの練習，またラリー（ボールの打ち合い）などを通して技術を教え，ゲームに発展させていく．系統的な学習とは，順序を大切する指導方法である．なお，この学習指導の長所としては，短時間で多数の情報を子どもたちに伝達することが可能であるという点が認められている．ただし，教師主体で学習の展開がなされるために，教師個人の価値の注入になるという懸念に対する配慮や，子どもたちにとっては必要感に迫られた学習になりにくい，1990（平成2）年の学習指導要領改訂時に話題となった「新しい学力観（関心・意欲・態度）」を誘発させにくいとい

う課題も提示されている．
　両者には，一長一短がある．ちなみに，わが国では1955（昭和30）年前後に問題解決学習か系統主義的教育による学習指導のどちらが有用かといった論争が展開された．

〈問題解決学習の長所〉
① 日常場面から課題を暗示するため学習に親しみを持たせやすい．
② 直接体験をさせるため，日常生活に直結する．
③ 学習内容の保持が高い．

〈問題解決学習の短所〉
① 多くの時間と労力が必要となる．
② 基礎学力がないことには，問題解決の方法が発想できない．
③ 問題場面ごとで解決方法を模索するため，さまざまな場面に般化されにくい．

(2) 発見学習

　発見学習（discovery method）とは，ブルーナー（Bruner, J. S.）により提唱された学習指導方法である．彼は，それまでアメリカで主流であった行動主義心理学を批判し，学習における個人の内的要因や個体と環境との相互作用を重視する認知心理学を発展させ，学習指導に援用した．行動主義とは，前述の通り"SR理論"を原型とする行動科学である．それは，今日の学校教育においては行動理論として発展し，ソーシャルスキル・トレーニングや知的また情緒的な障がいを有する子どもたちへの行動療法として活用されている．一方の認知心理学とは，人間は同じ状況下で同じ刺激を与えられても，同一の行動をとるとは限らないといった事実が根底にある．たとえば，信号が赤から青に変わったからといって，全員が動き出すとは限らないということである．そこには，各人がその刺激をどのように受け止めたかといった認知が介在するからである．すなわち，学習者は能動的な存在であると考えられており，学習すべき知識や概念は教師から直接与えられなくても，実験や議論を通して自ら発見できると考えられている．これは，教師の役割についても，学習内容そのものを教授するのではなく，学習者の興味・関心をひくような課題と，学習者自身で答えを発見できるような教材・教具を与えたり，必要に応じて誘導的な発問をしながら自律的な発見を導いてい

く. 認知心理学は, 今日の学校教育において理論的な考えやその理論の展開や発展を促すために活用される. それは学習者自身が問題の結論を導くプロセスに参加することで, 自らの認知や思考の力で新しい知識や概念を獲得, また当該の問題解決に向けた方法を学びとるなどを目的とした学習指導である. そのプロセスは, ①学習課題の把握＝何を発見するのかを学習者自身が把握する段階, ②問題の予想（＝課題に対する"仮説の設定"ともいわれる）, ③仮説の練り上げ（＝前段階において, 直観的に立てられた仮説を検討して, 論理的なものにしていく. また, どのような方法をとれば, その仮説が検証できるかの検討を行う）, ④検証と確認（＝前段階で立てた仮説を, 蓄積されている資料や事実と照合したり, 実際に実験するなどして検証する. 仮説が検証されなかった場合, 仮説自体や検証の方法を修正するなどして, 再度検証を試みることもある）, ⑤結論の発展（＝まとめと展開, ともいわれる. 自ら立てた仮説と検証の結果から得られた結論をまとめる. また, その結論から今後の課題を提示する）, である.

　ブルーナーは, 各教科を学問体系の基本構造ととらえるところから出発した. そして, 各教科の学習により獲得された, 基礎的概念や教科という島を結ぶ関連構造について学習することを重視した. また, このような学習指導を進めることで, 子どもたちは各学問特有の思考方法を学習でき, さらに発展的な"学び方を学ぶこと", 次のステップに向けたレディネス（readiness）が身につくことを強調した. ブルーナーの「どの学年の子どもにも, 適切な翻案がなされれば教科の基本的な構造を教えることができる」という仮説は有名である.

　ちなみに, この学習指導に関連し齋藤（2007）は, 「勉強する目的は, 端的にいえば頭を良くすることである. 頭が良いとは, 独立した知識の教科という島をつなげて, 自分なりの思考展開ができるようになることである」と述べている. この言葉は, ここまで述べてきた発見学習の長所を集約した言葉である.

　また, この発見学習と類似する学習指導として, 仮説実験授業がある（図4-3）. これは, 1963年に理科教育を念頭として, わが国の国立教育研究所に在職していた板倉聖宣らにより提唱された学習指導方法である. その根底には, 「学習者の科学的な認識は, 目的意識を有する実験によってのみ成立する」, また「学習者の科学的認識は, 社会的認識と同一である」という二

つの哲学がある．そして，この指導方法による授業の目的は，自然科学教育における主体的な人間形成にある．そこで内容的には，①教師による問題の提示，②学習者による回答の予想，③両者による仮説の設定と討論，④実験の実施，⑤仮説の検証，という流れで構成されている．今日では，この学習指導方法を取り入れた国語，社会，保健など社会科学系の教科についても指導書が開発されている．

みなさんは，身体けんさで体重をはかったことがありますね．このとき，はかりの上に両足で立つのと，片足で立つのと，しゃがんでふんばったときでは，重さはどうなるでしょう．

　ア　両足で立っているときが一番重くなる．
　イ　片足で立っているときが一番重くなる．
　ウ　しゃがんでふんばったときが一番重い．
　エ　どれもみな同じでかわらない．

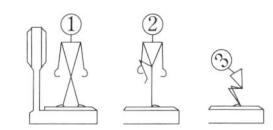

あなたの予想に○をつけなさい．ア　イ　ウ　エ　の予想をたてた人はそれぞれ何人いるでしょう．

みんなはどうしてそう思うのでしょう．いろいろな考えをだしあってから，じっさいにたしかめてみることにしましょう．はかりは針がきちんととまってから目盛りをよみます．

　実験の結果　

小学校4年生のあるクラスでは，㋐4人，㋑11人，㋒21人，㋓7人であった．
図4-3　仮説実験授業の例（新井・濱口・佐藤，2009）

〈発見学習の長所〉
　①　知的能力の高まりが期待できる．
　②　内発的動機づけが高まる．
　③　発見するための技法が身につく．
　④　学習内容の保持が高い．

〈発見学習の短所〉
　①　多くの時間と労力が必要となる．
　②　適用できる教科・内容が限定される．
　③　教師による統制がゆるく，子どもたちが実際にどのような学習を進め

ていくのかが予測しにくい．
④ 認知的発達における具体的操作期では効果が高いが，それ以上の段階の子どもには適用が難しい．

(3) 有意味受容学習

有意味受容学習（meaningful reception learning）は，オーズベル（Ausubel, D. P.）により考案された．その内容は，学習させるすべての内容を教師が最終的な形として明示し，学習者が各自の認知構造と関連づけながら受容していくというものである．

オーズベルの理論背景には，前項のブルーナーと同じ認知理論がある．しかし彼はそれを基盤としながら，学習には「受容－発見」と「有意味－機械的」という二つの次元があると主張した．そして，それらの組み合わせにより4種類の学習形態が考えられるが（表4-1），自らが提唱する有意味受容学習が最も優れていると主張している．具体的に述べれば，まず受容－発見とは教師が教授したい学習内容が，学習者にどのような方法で伝えられるかということの次元である．つまり学習されるべき内容が，完成された形で学習者に提供され学習者に受容されるという方法である．受験生が，参考書や問題集の解答に疑念を抱かずそれを受け入れるということをイメージすると理解しやすい．これは，学習者にとっては最も効率的な学習方法であろう．また有意味－機械的とは，教師により提示された学習内容が学習者にどのように受け入れられるかに着目した指導方法の次元である．学習された概念や知識の理解が深まるためには，新しく注入された知識が学習者の持つ既存の知識と関連づけられ，学習者の知識体系の中に組み込まれる必要がある．そのためには，学習内容がバラバラかつ機械的に記憶されるよりも，相互に関連し系統だっていることが望ましい．また，その学習指導の方が学習者の認知構造を発展的に展開させやすい（基礎から応用へとつなげやすい）との発

表 4-1　4種類の学習形態（新井・浜口・佐藤，2009）

	受容	発見
有意味	有意味受容学習	有意味発見学習
機械的	機械的受容学習	機械的発見学習

想がある．

　ただし，新しく注入される学習内容が有意味になるためには，学習者がその学習内容について適切な認知構造を有している必要がある．それまでまったく触れたことのない領域に属する事柄に対して，われわれ人間は適応力が乏しい．有意味学習が生じるためには，その学習を始めるに際し，教師による学習者の既存知識を測るアセスメントが重要となる．また，オーズベルは，上述の両者を関連づけやすくするために，学習内容の教授に先立ち，学習者に一般的かつ包括的な情報である先行オーガナイザー（advance organizer）を提示することが有用であると指摘している．そして，先行オーガナイザーには2種類がある．一つはモデルや先行事例などを用いて学習内容の全体像を把握させる説明オーガナイザーであり，もう一つは新しい概念を既存の概念と区別し，また統合する際に活用される比較オーガナイザーである．

〈有意味受容学習の長所〉
① 知識を効率よく理解できる．
② 学習が容易で，学習内容の保持も高い．
③ 学習内容の本質的な要素が理解されるので，他の学習に正の転移を生じさせやすい．

〈有意味受容学習の短所〉
① 学習者の能動性が尊重されにくい．
② 概念を抽象的に考えられる年齢にならないと，適用が難しい．
③ 学習者の認知構造内の知識が足りないと成功しない．

(4) 完全習得学習

　完全習得学習（mastery learning）とは，ブルーム（Bloom, B. S.）らにより提唱された学習指導の方法である．ブルームは，「充分な時間と適切な援助が与えられるならば，生徒の95％（トップの5％とセカンドグループの90％）は，教科内容をかなり完全に習得させることができる」と述べ，本手法の理論を構築した．

　なお，この完全学習を目指す試みはブルーム以前にモリソン（Morrison, H. C.）によっても試みられている．彼は，科学や芸術などの文化遺産について学習するために，各教科の内容をいくつかのテーマに分割した上で，系

統的にまとめられた教材を作成し，それを学習単元として設定する．そして教師が，その単元ごとの学習内容を子どもたちが完全に習得するまで段階を追って学習させるという方法を提唱した．ブルームは，その知見を支持し，前述のモリソンと同様の手続きで教材を作成した．そして学習指導に際して，教師により行われる学習の前に実施される診断的評価，学習過程で実施される形成的評価，学習の終了時に実施される総括的評価を重視した．教師は，それらの評価の結果を基に現在の子どもたちに身についた学力と，自身の学習指導における方法をチェックすることができる．そして，その評価結果を振り返ることで，目の前にいる子どもたちの実態に合わせ「何を，どこから，どのように，そして何を手掛かり（＝教材・教具など）に」（稲垣，2011）教授していけばよいのかが組み立てやすくなると主張した．ブルームは，完全習得学習を規定する変数として，①特定の種類の学習に対する適性，②教授活動の質，③教授内容を理解する能力，④学習者の根気，⑤規定学習時間，の5つを掲げている．教師は，これらの変数を子どもの実態に応じてコントロールし，学習指導を遂行することになる．

　またブルームは，マスタリー・ラーニング理論のほかにも，学習に対する行動目標を設定することを目的に，形成的評価を実施する際の教育目標の分類学（taxonomy）を構築している．その内容は，教育目標を認知的領域（Cognitive Domain），情意的領域（Affective Domain），心理・運動的領域（Psychomotor Domain）となっている．これは，当該の学習内容の理解度，すなわち学習や活動の結果を観察可能な文言や表現により目標を設定することを意味している．例をあげれば，"英語の文法のうち，動名詞について理解する"を行動目標とする場合，日本語で例示されている文章について動名詞を用いて英訳する問題を作り，「10問中8問以上を正解できていること」として表記される．

　すなわち，学習指導の結果を評価する際に教育目標の意図しているところと評価基準との関連を重視する．そのため，学習の目標を具体的な行動目標として設定するのである．

〈完全習得学習の長所〉
　① 知的能力の高まりが期待できる．
　② 内発的動機づけが高まる．
　③ 発見するための技法が身につく．

④ 学習内容の保持が高い．

〈完全習得学習の短所〉
① 多くの時間と労力が必要となる．
② 適用できる教科・内容が限定される．
③ 教師による統制がゆるく，子どもたちが実際にどのような学習を進めていくのかが予測しにくい．
④ 認知的発達における具体的操作期では効果が高いが，それ以上の段階の子どもには適用が難しい．

(5) プログラム学習

　プログラム学習（program learning）は，スキナー（Skinner, B. F.）により考案された新行動主義の学習指導方法である．学習の個別化と教授学習過程（＝学習指導の方法）の科学化をめざし開発された．その特徴は，おもにティーチングマシンを用い，個別学習を促すところにある．すなわち，この学習指導方法では学習者が提供された教材（プログラム）を，各自の理解度や能力に即した速さで個別に学習を行うことにある．またプログラム学習には，スキナーにより考案された直線型プログラムとクラウダー（Crowder, N. A.）により考案された枝分かれ型プログラムの2種類がある（図4-4）．すべての学習者が同一の内容・順序で進めるように構成されているのが直線型プログラムであり，学習者の反応により提示される問題が変化するよう構成されているのが枝分かれプログラムである．この学習指導方法は，学習者がコンピュータを用い自学自習するコンピュータ支援教育＝CAI（Computer Assisted Instruction, Computer Aided Instruction）を生む契機となった．近年ではさらに進歩し，インターネット上のWebプログラミングやポータブル・ゲーム機のソフトウェアを活用したプログラム学習の教材開発が進んでいる．

　また，プログラム学習は，①スモールステップの原理（教授内容のゴール地点までにいたる過程について，段階を追ってスモールステップ化する），②積極的反応の原理（スモールステップに細分化した各ステップに，学習者の意欲を喚起できるような教材を提供する），③フィードバックの原理（＝即時確認の原理ともいわれ，学習が課題に答えを見出した際に，教師がその結果を確認して，即座にそれを学習者にフィードバックする．また，誤答に関

しては再学習させる），④マイペースの原理（＝教師ではなく，学習者にとって最適なペースで学習が進められる），⑤フェイディングの原理（＝学習指導の初期には多くの援助を与えるが，徐々にその援助を減らしていき，最終的に自分の力だけで正解できるようにする）という流れで構成される．

なお，これらの原理についてはもう一つ，⑥学習者検証の原理（教師により作成された上述のプログラムの妥当性を，学習者の理解や発達度との一致度により検証する）を掲げる研究者もいる（塚野，2012）．

直線型プログラム　　　　　枝分かれ型プログラム

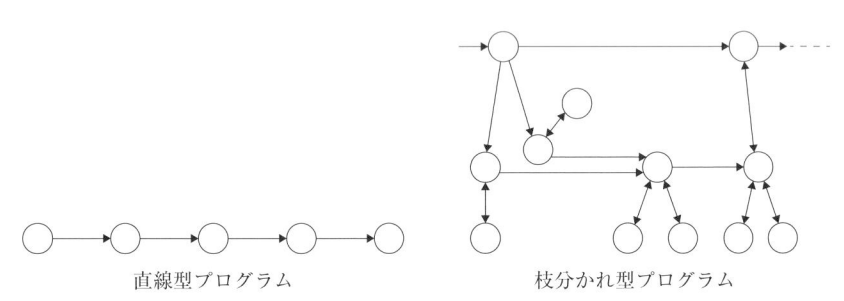

図4-4　2種類のプログラム学習のタイプ（新井・濱口・佐藤，2009）

〈プログラム学習の長所〉
① 学習者の能力や学習態度に対応して，学習を最適化できる．
② 教師の学習指導方法における個人差の影響を小さくできる．
③ 自分で誤答を訂正することができ，不安の高い学習者も安心できる．

〈プログラム学習の短所〉
① プログラム学習そのものを適用できる教科が，確実に正解が出せる理数系科目に限られる．
② 学習者の自由な発想や積極的な学習活動を育成しづらい．
③ 課題が単調になり，学習者が飽きてしまうことがある．

4.4　学習集団別による学習指導

学校における学習指導は，集団学習と個別学習の二つに大別される．前述してきた学習指導の方法の視点から述べれば，発見学習は集団学習の代表格であり，プログラム学習は個別学習の代表格であろう．その他の学習指導方

法は，どちらとしても実践可能である．

　集団学習とは，当該クラスに所属する子どもたちの相互作用を活用して，学習を促進させる指導方法である．それは，クラス全体を一つの集団としてみなして行う場合と，クラス集団をいくつかの小グループに編成して行う場合がある（小集団学習）．加えて，クラス全体を対象とする場合，教師は指示を出したり，個人を指名して意見を言わせ討議を進めたりする指導方法をとることが多い．そのような指導を，指示的方法という．また特に小グループごとによる学習に際して教師は，各グループへの介入を弱め活動の様子を見守る姿勢をとることが多い．そのような指導方法を非指示的方法という．

　加えて集団での学習は，共同学習という側面を有している．すなわち，学習活動とは他者からの影響を強く受ける．すなわち，他者の意見を聞いたり他者と話し合うことにより，学習テーマに対する子どもたち個々人に知識が深まったり広まったりする．またそのことで，個人の認知構造に変容がもたらされる．

　ちなみに，"学級"と"クラス"は教育用語上，別物であることも付け加えたい．学級とは，子どもたちが学校生活を送る際の基盤をなす集団（学校における家庭の意味合い）であり，クラスとは学習を前提とした集団である．たとえば，習熟度別クラス（かつては，能力別クラスといわれた）であるとか選択科目別クラスという意味合いを有する．このことに関連し，文部科学省の教科調査官である杉田は，「学校と塾の根本的な違いは何か．それは，塾が個人の成績を伸ばすことを至上課題としているのに対し，学校は"みんなで"高め高まり合うことを目的にしている」と述べている（上越教育大学での公開講座講演，2010）．たしかに，教室での教科学習において個別学習の時間はあるが，それは授業の終わりで集団全体へとシフトされていく．一方，佐藤（1996）は，「学級やクラス集団は，原則として1年サイクルでスクラップされていく．子どもたちは，個に戻っていくのである．その意味で，集団での学びは最終的には個に還元されていかなければならない．集団の中で個々人が何を学んだかが大切である」と述べている．

（1）バズ学習

　バズ（buzz）が，ハチがブンブン飛び回る音を意味していることは周知のとおりである．バズ学習（buzz learning）とは，教室内で小グループ（6人

程度が適当といわれている．また可能な限り，偶数人数による編成を行うことが望まれる）を編成する．そして，教師が提示したある課題＝テーマについて，グループのメンバーがワイワイ・ガヤガヤと自由に話し合いながら課題の達成を目指す学習方法である（一種のブレーン・ストーミング）．そして，そこで学習した成果をグループ単位でレポートにまとめ発表する．また，それらの発表毎に教師が補足や修正を行い，クラス全体でまとめを行う．

　話し合いや活動の中で，互いに教え合ったりアイデアを出し合ったり，時には助け合うという機会を取り入れることで，前述した共同学習が促進されメンバーの親密度も高くなりやすいというメリットがある．ただしそのためには，教師がメンバー同士の人間関係やそれによりもたらされるポジティブ・ネガティブな相互作用を予測して，グループ編成や発表に対するフィードバックを行うなど，カウンセリング心理学の視点を援用した配慮が必要となる．

(2) ジグソー学習

　ジグソー学習（jigsaw learning）とは，アロンソン（Aronson, E.）により考案された小集団学習による共同学習の一つである．その特徴は，グループのメンバーが協力して学び互いに教え合うことができるように，メンバー一人ひとりに役割が与えられる点である．

　具体的には，導入としてクラスへの一斉授業において学習課題の提示が行われ，5〜6人の同人数グループ（ジグソーグループ）が編成される．その後，図4-5（佐伯ら，2009）のように各グループから一人ずつが集まり別の新しいグループ（カウンターグループ）を編成し，授業の初めに教師から提示された課題パート（例；A〜F）の一つについて協働で話し合いによる学習が行われる．換言すれば，カウンターグループの各メンバーはあらかじめ分割された課題のパートそれぞれを協働で全体像として学習する．それを終えた後，メンバーは再度ジグソーグループに戻り，自分が学習した内容を他のメンバーに教え合い，課題に対する知識と理解を深めていく．この学習指導による授業では，学習者全員に他の学習者と教え教えられるという役割が与えられる．すなわち，学習者各自には自ら積極的に学習に参加する意識やそれによる責任感，自尊感情（自分を大切な存在として尊重する意識），自己有用感（自分が他者のためになっているという感覚）が育まれやすい．

〈ジグソーグループ〉　　　　　〈カウンターパートグループ〉

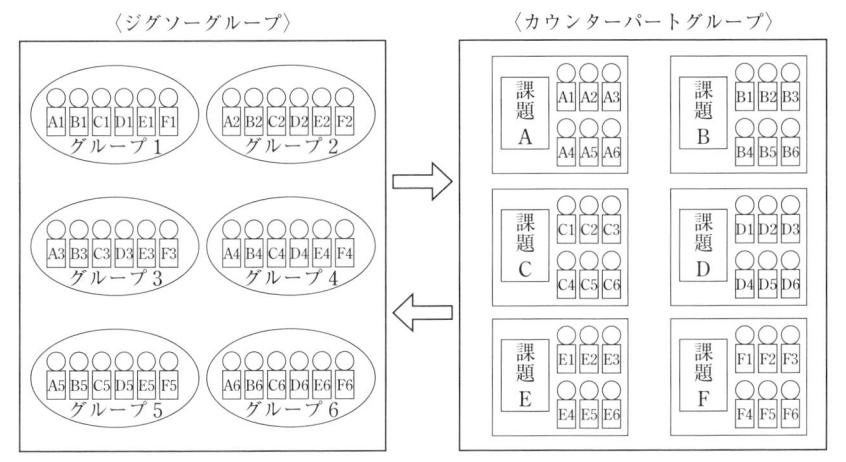

図4-5　ジグソー学習のイメージ（新井・濱口・佐藤，2009）

〈ジグソー学習の長所〉
① 学習者一人ひとりに責任感，学習への参加意識＝意欲が育まれる．
② 学習に対する視野が広がる．
③ 自己有用感や自尊感情が育まれる．

〈ジグソー学習の短所〉
① 教師の課題設定と人数に応じた学習課題のパート分けが重要となり，相応の力量が求められる．
② カウンターグループで，どこまで自分の主観を発して良いかについての戸惑いが生じる．
③ 学習者の知的能力により，学習者全体への影響がある．

（3）MD法

前述のジグソー学習と近似した学習方法としてのMD（Marketing Discussion）法の特徴は，学習者の活動が市場の売り手と買い手の様子に近似している所から命名された．具体的な方法は，まず編成された小グループごとに観察や実験で得られた結果を話し合いによりまとめる．次に，グループでまとめたことを他グループにわかりやすく説明するための資料や展示方法を準備する．また，学習の前後半2回分の説明者＝発表者（代表者）を決める．さらに，他のグループメンバーは，他のグループへ訪問して情報を収

集する．その後，情報を入手した各メンバーは，自分のグループに戻り，自分たちのグループで設定した学習課題における視点で役立ちそうな情報を報告し合い，さらに課題への視野を広めまとめていく．そして，そのまとめを学級全体で発表し合うという学習方法である．

〈MD法の長所〉
① 情報収集に先立ち，各小グループ単位での学習成果や解決できなかった課題への問題意識＝発展学習への意識づけが育まれる．
② ジグソー学習と同様に，学習者一人ひとりに責任感，学習への参加意識＝意欲が育まれ，学習に対する視野が広がる．
③ 自己有用感や自尊感情が育まれる．

〈MD法の短所〉
① 学習者各自の情報収集能力とそれを報告する能力により，小グループごとでの学習テーマへの理解度が変容する＝差が生じる．
② 全体発表での資料が似たものになり，学習に偏りが生じることが危惧される．
③ 教師にとっては，各グループから出されるさまざまな視点からの発表に対する授業のまとめへの能力が問われる．

(4) まとめ

以上，これまで確立されている学習集団別の学習指導についての概説をしてきた．これら全体に共通する事項として，筆者はチーム・ティーチング（複数教師による役割分担を）の有効性をイメージしている．これは，元をたどれば特別支援教育（旧 障害児教育）における学習指導が始まりである．メインティーチャーが全体把握と全体指示を出し，複数のサブティーチャーが各グループ（個人）の支援を行う学習指導の方法である．統合教育が強く叫ばれた際に，具体的に提唱された学習指導でもある．今日でも，特別支援教育や普通学校で発達障がい（の疑い）を有する子どもが在籍する場合などに活用されている．筆者は，この学習指導を推進することで，集団全体の学習の権利と人権意識が保障されやすいと考えている．ただし，この学習指導で重要なことは，綿密に共通理解された学習指導案と教師同士の同僚性（仲間意識）である．

4.5 学習指導の近年の動向

上述までの節で概説してきたように，学校における一般的な授業形態は基本的には一斉授業である．しかし，実際の学校では子どもたちの学習の到達度，学習意欲，性格特性，身体的特性などを考慮した学習指導が実践されている．また，教育心理学の領域からもさまざまな知見が提供されている．それは端的に表現すれば，個別化と情報化社会の影響による機械化による学習指導方法である．また一方，1984年に設置された臨時教育審議会において個性・生涯学習・国際化を基軸とした「画一主義と学校中心主義からの脱却」，1987年の教育課程審議会が打ち出した「自ら学ぶ意欲と社会の変化に主体的に対応できる能力」を受け1989年に改訂された学習指導要領での"新しい学力観（関心・意欲・態度の育成と評価）"，1998（高等学校は1999）年改訂の学習指導要領で記された「生きる力」の育成も，その背景にあったと考えられる．

(1) 適性処遇交互作用

学習指導の効果は，子どもたちに対し一様ではない．すなわち，同じ学習指導を実践しても，学習者により当該の学習に対する理解度や効果が異なることは日常的に生じてくる．このような現象は，クロンバック（Cronbach, L. J.）により適性処遇交互作用（Aptitude-Treatment Interaction：ATI）と命名された．最も効果的な学習指導方法は，学習者個々人の適性により異なるからである．逆説的に述べれば，このことは学習者の適性に応じて最適な学習指導の方法があることを示唆している．ここでいう適性とは，知能・学力・認知スタイルパーソナリティ・動機づけなどの学習者個人内の属性を示している．また処遇とは，指導方法・教材・評価方法・物理的条件・教師の特性などの要因を意味している．

このことに関連しスノウ（Snow, R. E.）は，適正として対人積極性の高さ（低・中・高群），処遇として教師による指導とビデオによる指導法を用意し，その組み合わせによる成績の違いを実験により検討した．その結果，教師による指導とビデオによる指導の間には成績の差は認められなかった．しかし，対人積極性の高さと指導法の学習指導法の組み合わせによっては，成績に違いが出ることを検出した．すなわち，対人積極性の高い学習者は教師

表 4-2 サロモンによる教育モデル（ATI の 3 つのモデル）

モデル	教授の機能	教授法の特徴	活用される適性の測度	予想されること
治療モデル	学習には必要だが欠けている下位目標を教授によって習得させる．	習得に要する時間や治療学習のセッションの数を増やす．	個々の下位課題が習得されているかどうかの測度．	できのいい子どもには治療教育で退屈させる．遅れている子どもは必要な下位目標を習得させるので有効．
補償モデル	教授によって自分では用意できなかった必要な媒介者（概念など）や様式（絵など）などを子どもに与える．または，学習を妨害する特性や状態を弱めてやる．	子どもが自分で用意すべきことを外から与える．または，学習を妨害する特性や状態をやわらげる．	一般能力，情報処理様式，性格など．	能力のある子どもは，自分の力で用意できる媒介者などが与えられるのでかえって干渉される．能力の低い子どもは自分に欠けている媒介者が外から与えられるので有効．
特恵モデル	子どものもっている優れた適性をとりあげ活用する．	教育法を，子どもの優れた適性に合わせる．	一般能力，情報処理様式，動機づけ様式，性格など．	子どもは自分の優れた適性がとりあげられるとき最もよく学習する．

（出典）Salomon, 1972 より杉原, 1986 が作成．（新井・濱口・佐藤, 2009 より転載）

による指導を受けたときに成績が良くなるが，対人積極性が低い学習者の場合は教師による直接の指導よりも，ビデオによる指導を受けたときに成績が良くなることが示された．また，このような ATI の考え方を発展させたサロモン（Salomon, G.）は，学習者の欠落部分を埋めることに焦点を置く治療モデル（remedical model）・学習者の不得意な部分を補う補償モデル（compensatory model）・学習者の優れた部分をさらに促進する特恵モデル（preferential model）から成る教育モデルを構想している（表 4-2）．なおこのモデルは，学習者の個別学習を想定して作成されている．

(2) 習熟度別学習

前述したとおり，一斉授業による学習指導とは教育の機会均等を保証する学習指導方法ともいえる．しかし，同じ学習指導を実践しても，それを適当

であるととらえる学習者もいれば，難しいと感じる者・簡単すぎるととらえる学習者もいる．その事実を踏まえた文部省（当時）は，1978年に公示された高等学校学習指導要領で「生徒の個性や能力に応じた教育」を，基本方針の一つとした．また，同指導要領では「各教科・科目の指導に当たっては，生徒の学習内容の程度などに応じて弾力的な学級の編成を工夫するなど適切な配慮をすること」と記された．このことにより，習熟度別学習が提唱された．

なお，その形態はさまざまであるが，同一学年の特定科目の習熟度別に分ける方法と多学年制また無学年制で習熟度別に分ける方法とに大別される．いずれにしても，この学習指導方法を採用する際には，習熟度別学習の目的を学習者である子ども本人およびその保護者に十分な説明を行い理解してもらう必要がある．そして，習熟度に合ったクラスを自主的に選択してもらうことも肝要である．

4.6 まとめと今後の課題

2010年改訂の学習指導要領において"ゆとり教育から学力重視へ"の転換がはかられた．この背景には，1998（高等学校は1999）年に，労働時間短縮政策と相まって制定された学校週5日制（1992年から一部導入，完全実施は2002年）が，学力低下を招いたとの指摘が支持を集めたこと，3年ごとに実施されている国際学力テストであるPISA（＝応用力を問う課題で構成されている．ちなみに，2003年まで採用されていたTIMSは，基礎学力を問う課題で構成されている）で得点が伸びなやみ，国際学力の順位をわずかではあるが落としたわが国における"PISAショック"がある．

また本章では詳しく触れてこなかったが，今日のコンピュータの普及から，学習の形態が大きく変化してきつつある．特に，インターネットを主とするネットワークによる学習指導は，e-ラーニングと呼称されている．その代表的な形態は，WBT（Web Based Training）であろう．

学習の個別化（良い意味でとらえれば"一人学習による自律（立）性，異なる意味でいえば"学習の孤立化"）を促進させている．「立」の学習スタイルも講じられている．このような学習形態の長所としては，学習者が時間の制約や自分の学習レベルや学習速度に応じた学習が行えることなどが挙げ

られる．しかし反面，現代社会の問題点の一つとして掲げられる私事化の促進が懸念される．すなわち，相手の顔が見えなくても学習可能な塾や通信教育型の学習指導が促進されているように感じる．"教育は人なり"である．そして，前述したように学校教育の目的は，教師と生徒また生徒同士の相互作用による"高め合い＝高まり合い"である．今後，その視点による学習指導のあり方が精緻に検討される必要があると考える．

[稲垣応顯]

【引用文献・参考文献】
Arendt. H.（1978）．*The life of the mind.* Vol.1, Thinking. Secker & Warburg.
佐伯 胖（2009）．心理学と教育実践の間で 新井那二郎・濱口佳和・佐藤純（編）教育心理学——学校での子どもの成長を目指して 培風館
市川伸一（1998）．認知カウンセリングから見た学習方法の相談と指導
市川伸一（編著）（2009）．「教えて考えさせる授業」を創る——基礎基本の定着・深化・活用を促す「習得型」授業設計 図書文化社
稲垣応顯（2011）．生徒指導・教育相談の視点からの学校づくり 稲垣応顯・黒羽正見・堀井啓幸・松井理納（著）学際型現代学校教育概論——子どもと教師が共鳴する学校づくり 金子書房 pp.28-53.
Langer, E.（1997）．*The power of mindful learning.* Addison-wesley.
布施光代（2012）．学習の基礎課程 心理科学研究会（編）中学・高校教師になるための教育心理学 有斐閣選書 pp.66-83.
松井理納（2009）．第2章 ピア・サポートの実践方法 松井理納・稲垣応顯 集団を育むピア・サポート——教育カウンセリングからの提案 文化書房博文社 pp.68-95.
齋藤 孝（2007）．教育力 岩波書店
櫻井茂男（2009）．自ら学ぶ意欲の心理学——キャリア発達の視点を加えて 有斐閣
佐藤 学（1996）．実践的探求としての教育学——技術的合理性に対する批判の系譜 教育学研究 第63巻3号 pp.66-73.
佐藤 学（1998）．教師の実践的思考の中の心理学 佐伯 胖・宮崎清孝・佐藤学・石黒広昭（編）心理学と教育実践の間で 東京大学出版会 pp.9-54.
佐藤 学（2012）．学校見聞録——学びの共同体の実践 小学館
塚野州一（2012）．学習動機づけ 心理科学研究会（編）中学・高校教師になるための教育心理学 有斐閣選書 pp.83-91.
山崎保寿（2006）．教育の方法と技術 山崎保寿・黒羽正見（著）教育課程の理論と実践 学陽書房 pp.13-34.

課題

1. 今日,一般的な授業形態となっている一斉指導について,その理論的背景を述べなさい.
2. 行動主義理論と認知理論は,今日の学習指導にどのように活かされているかを述べなさい.
3. 基礎学力と応用力を育成することに適している学習指導の方法を理由と共に,それぞれ答えなさい.
4. 一斉指導(集団指導)のメリットとデメリットを述べなさい.
5. デューイの教育思想を支える要素を3点掲げ,それぞれを説明しなさい.

第5章 適応の心理と教育（いじめ，不登校，自殺）

5.1 適応の定義

(1) 適応とは

人間は誰でも入学，就職，結婚，出産，介護，退職などさまざまな人生の節目があり，環境の変化によってストレスを感じることがある．人間は本来，そのときどきの置かれた状態や環境に合わせ，自覚的あるいは無意識的に自分自身をコントロールしたり，必要があれば環境を変えたりして生きていくことができる．このように，ある目的や価値観に基づいて行動することを適応という．

(2) 適応（防衛）機制

誰でもうまく対応できるとは限らず，失敗することもある．そのようなときには，たとえば，言い訳をしたり，人のせいにしたり，仕事を先送りしたりすることで，心のバランスを保つことがある．これを適応（防衛）機制（adjustment mechanisms）という．

ストレスが過剰であったり，長引いたりすると，適応機制がうまく働かず，心身の不調が現れ，社会生活に支障をきたすことがある．これを適応障害（不適応）という．

症状はけいれんや胃痛などさまざまで，学業や仕事の継続が困難になる場合もある．治療は，原因であるストレスを軽減することから始める．なお，不適応行動としては，教育現場では，不登校，いじめ，自殺などがあり，社会的に問題になっており，その指導や予防が重視されている．

（3）適応機制のおもな方法
適応機制のおもなものには次のようなものがある．
①注意獲得反応
さまざまに目立つ行動をとって周囲の関心を向けさせ，それによって情緒的な安定を得ようとする原始的な方法である．
②逃避
欲求不満をもたらす状況から逃げることによって自己を守ろうとする方法で，次のような種類がある．
ⅰ) 退避・孤立：単純に現場逃避をするもの．
ⅱ) 空想への逃避：現実世界で得られないものを空想的・非現実的な世界で実現させるもの．
ⅲ) 病気への逃避：身体的な病気になることによって逃避するもの．
ⅳ) 現実への逃避：本来の欲求とは直接に関係のない現実的行動（ギャンブルなど）に熱中することによって，困難現場に直面することを避けるもの．
③置き換え
対象を他に置き換えて代理的に得ることをいう．
ⅰ) 代　償：単に類似した対象に欲求を置き換えること．
ⅱ) 補　償：特に劣等感の克服を目指して他に代わりを求めること．
ⅲ) 昇　華：スポーツ，文学，学問等，価値あるものに置き換えること．
ⅳ) 同一化：自分では現実しえない欲求を，その欲求を実現しうる他のものと同一と見たて，それによって代理的に満足させること．
④抑圧・抑制
自己にとって都合の悪い欲求や感情を意識下に抑えつけて心理的安定をはかろうとするもの．こうした働きがほとんど無意識で行われているのが抑圧，意識的レベルで行われているのが抑制である．
⑤反動形成
抑圧が十分に行われないとき，抑圧しようとする欲求や感情に対して，それと反対傾向の行動をとることによって，それが表出されることを防ぐことである．嫌いな人に特別親切に対応するなどの例がある．
⑥投影
自己が許容することができない自己の欲求や感情を，他者の中に移しか

え，責めを他者に帰することである．
⑦**合理化**
　自己の行動や失敗を正当化するように理屈づけを行うことである．成績が悪い時,「先生の教え方がよくないから」と言うような例がある．
⑧**退行**
　「小さい時はよかった．だからその時のように振る舞えば，幸福になれる」という心の働きで，発達の前段階で欲求の充足に有効であった幼児的な行動様式に戻ることである．

　適応機制について述べたが，これが問題になるのは，これらの機制が常習的に用いられるときである．それは，問題に向かって，柔軟に多角的に取り組むことがなくなり，無意識的な非合理的解決の仕方が定着したことを意味する．こうして，適応機制は，さまざまな不適応行動と関係してくる．

(4) 欲求不満と葛藤

　われわれのもつさまざまな欲求は内外の障害によって阻止され，ここにいわゆる"フラストレーション"(frustration)，欲求不満が生ずる．人は，生まれてから死ぬまで，不可避的にフラストレーションを体験しつづけなければならない．

　フラストレーションは二つの事態に分けられる．一つは欲求が阻止された状況（欲求阻止状況）であり，もう一つはそれによってもたらされる不快な情緒的緊張（欲求不満）である．ローゼンツワイク（Rosenzweig, S.）は「フラストレーションは，生活体が生活体の受容な欲求の充足にとって，多少とも超えがたい障害に出会うときに生ずる．このような障害となる刺激や状況をストレスといい，これによって生ずる生活体の不快さを緊張という」と述べている．

　欲求不満は，欲求が阻止されることによって生ずるが，しかし，欲求の阻止が必ずしも欲求不満をもたらすものではない．欲求阻止状況は，当初はむしろ，合理的な欲求充足行動を刺激する問題解決の場となっている．欲求不満は，障害を容易には超えることができず，それがマイナスの性質を帯びてきたときに生じ始める．そして，障害が次第に克服しがたく，その不快な情緒的緊張状態に耐えがたくなると，やがて逃げだしたり，他に代償を求めた

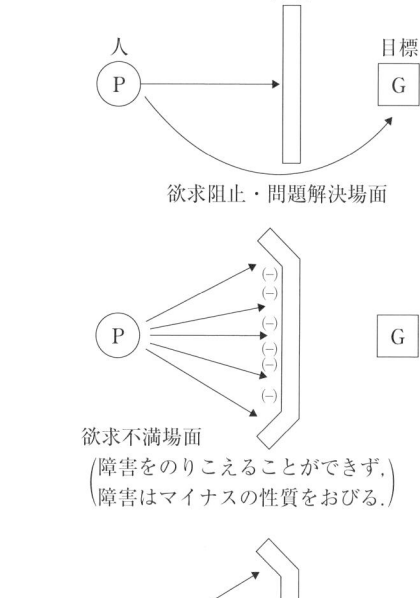

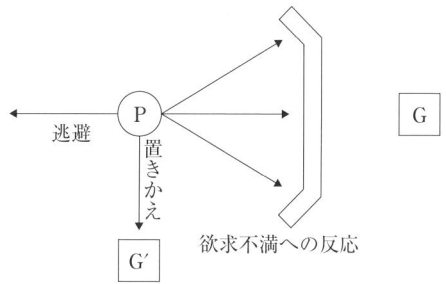

図 5-1　欲求不満と行動

りする行動が誘発されるようになる．この時点では，欲求不満は明らかに生起している（図 5-1）．

　欲求不満に対処する仕方は，人によってさまざまである．多くの場合，人は欲求の強さや種類を変えながら欲求不満を克服していくが，時にはそれに耐えきれず，不適当な方法で欲求の充足をはかったり，異常な行動をとったりする．欲求不満の心理学的意義は，大きく分けて，適応の仕方を学びパーソナリティを発達させる基本的な問題状況を与えてくれることと，不適応や異常行動への源泉にもなるということである．

(5) 葛藤

欲求不満を生じさせる阻害の状況は，ローゼンツワイクによれば，欠乏，喪失，葛藤の3つの基本的タイプに分けられる．葛藤（conflict）とは，互いに相いれない性質をもつ欲求が同時に存在し，そのいずれかを選択しようとして迷う状態で，深刻な欲求不満を生ずる．

葛藤は，フロイト（Freud, S.）によって，精神内部において，欲求を充足しようとする力とそれを抑制しようとする力（たとえば，友人の妻に対する愛情とそれを道徳的に抑える感情）の衝突というように取り上げられ，ついでレヴィン（Lewin, K.）によって，広く心理学的行動の場における力学として分析された．葛藤には次の3つの基本的な形式がある．

①接近-接近型

同程度に好ましい結婚相手がいて，どちらを選ぼうかと迷う場合のように，正の誘意性をもつ目標にはさまれた状態である．この型は一般に解決は容易であるが，一方を選択した後に，選択を誤ったのではないかという心残りが強まって，新たな葛藤の原因になることもある．

②回避-回避型

前門の虎，後門の狼といったように，負の誘意性をもつ目標にはさまれた場合である．戦争神経症のように，攻撃するのも怖い，逃げるのも怖いような極端な例もあるが，一般には，場面逃避的行動によって解決される．

③接近-回避型

先にあげたフロイトの例のように，同時に正と負の誘意性をもつ同一の目標に対面している場合である．この型の葛藤は，良心，道徳，義務感，あるいは結果を予測することによって生ずる恐れや不安など，自ら作り出す内的

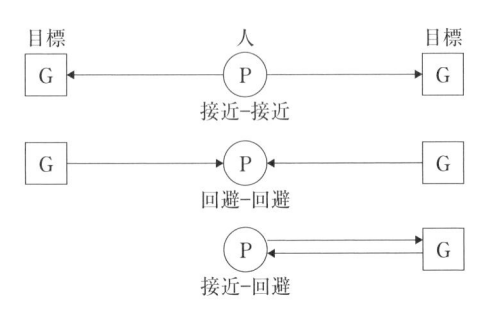

図 5-2　葛藤の型（Lewin, K., 1935）

禁止（心理的障害）によって惹起されることが多く，最も深刻な欲求不満をもたらすといわれている．一般に，目標に近づくにつれて負の誘意性が強くなるために，正負の誘意性がちょうどつりあった時点でいわゆる振子反応が起こり，根本的な解決が得られないのである．

(6) 欲求不満の個人差

欲求不満は誰にとっても不可避的である．しかし，同じような阻止情況が，誰にでも同じように欲求不満をもたらすわけではなく，そこには個人差がある．

(a) 欲求の強さと種類

同じ欲求を阻止されたとしても，その欲求の強さが異なれば，当然そこに生じる欲求不満の強さも異なる．また，それが他のものに置き換えることができる性質のものであるかどうかによっても，同じことがいえる．欲求不満の強さは，この欲求の強さと種類，そして次にあげる欲求不満耐性との函数である．

(b) 欲求不満耐性

一般に多くの人が欲求不満に陥るような状況の中でも，欲求不満に陥らず，あるいは欲求不満を生じても，それに耐えて不適切な行動を生じないのは，個人の欲求不満に耐える能力の違いによることが多い．この欲求不満耐性（frustraition tolerance）は，具体的には，我慢強さ，ねばり強さ，根性，意欲，抵抗力，持続性，寛容性，自制心といった意志と意欲に関するパーソナリティ特性によって示される．

(c) 欲求不満耐性の育成

欲求不満耐性は，幼児期からの欲求の阻止体験によって獲得される．一般に，低い耐性を形成する原因として3つの経験があげられている．第1は，欲求阻止の経験が非常に少ないこと，第2は，欲求阻止を過度に経験すること，第3は，欲求阻止の経験が非連続であること，である．裏返していえば，幼児期からの欲求阻止経験が合理性と一貫性を保ち，さらに質量ともに過不足なく与えられるときに，よりよい耐性が育成される．その方法としては，自然的経験，教育的経験，自己訓練の3つによる欲求不満の経験が考えられるが，欲求不満は，先に述べたように不適応をもたらす根源であると同時に，まさに，適応をもたらすための重要なパーソナリティ機能を発達させ

るという大きな意義をもっている．

(d) 欲求不満に対する反応

欲求不満に対する反応の中には，いくつかの特有な特徴がある．3つの仮説がある．

①攻撃仮説

攻撃的行動は欲求不満の基本的反応であり，欲求不満あるところ必ず何らかの形で攻撃が生起するという説である．

②退行仮説

欲求不満の中では，一般に，人格全体がより未分化・未発達な状態に戻り，それに対応する行動様式をとるようになるとする説である．ここでいう退行は，適応機制としての退行とは区別される．

③異常固着説

欲求不満では，一般に，攻撃や退行が生じるが，それらはまったく無目的に生じ，しかも，いったん習慣化すると，動機づけの原理によって学習された習慣行動と異なり，それは何ら問題解決に役立たないにもかかわらず，きわめて消去しにくく，異常に固着するとする説である．この場合，マイヤーのいう欲求不満は，きわめて厳しく限定された苛酷な無解決的場面であることを理解しなければならない．

5.2 いじめの心理と指導

(1) いじめの定義

文部科学省では，いじめの定義を「当該児童生徒が，一定の人間関係のある者から，心理的，物理的な攻撃を受けたことにより，精神的な苦痛を感じているもの」として調査を行っている．また，個々の行為がいじめに当たるか否かの判断を表面的・形式的に行うことなく，いじめられた児童生徒の立場に立って行うように事前指導の徹底をしている．

(2) いじめられやすい子の発見

子どものいじめ自殺をどう追放するかが教育界の重要課題となっている．学校教育現場，家庭，地域，教育委員会などでも真剣に研究・討議されている．いじめの問題は早期発見と早期指導が大切である．ここでは学校と家庭

で心がけたいいじめ防止対策を述べる．

最初に，いじめられやすい子の特徴と，いじめられてはいるが教師にはわかりにくいSOS（危険信号）について述べてみよう．

(a) いじめられる子のSOS信号

いじめられっ子の学校および家庭での行動を，早期にとらえることが，いじめ防止の第一歩である．その危険信号（サイン）には次のような特徴がみられる．

①学校内の行動

ひとりでぼんやりしている．オドオドしている．どんな遊びでも誘われるとすぐ従う．友達の使い走りをしている．プロレスごっこの後，しょんぼりしている．我慢して皆についていく．友達に悪口を言われても反抗しないで愛想笑いをする．放課後のクラブや部活動を楽しまない．遠足の時，一人で弁当を食べている．授業中に発言すると，後で友達から皮肉を言われる．「下手くそ」「のろま」などと言われる．「くさい」「変な子」などと言われる．学校をよく休む．体の不調を訴える．変なあだ名をつけられている．ときどき涙ぐんでいる．

②家庭での行動

下校中，ぐったり座り込む．持ち物や学用品類がなくなったり，壊されたりしている．お金をこっそり持ち出す．手足に小さなすり傷，あざをつくっている．ノートやかばんに落書きが書いてある．内気で小心，歯がゆい思いをする．他の子のいじめの被害を話題にする．学校を休みたがる．頭痛や腹痛を訴える．遅刻が増える．

以上のような信号がかなりみられたら，子どもと個別に会って，ゆっくり時間をとり，子どもと話し合い，実態を知り，適切な指導を工夫していく必要がある．しかし，大切なことは，平素から子どもとの人間関係をつくり，子どもが自己開示するような雰囲気をつくっておくことである．問題が大きくならないうちに，子どもたちのSOS信号を察知し，早期に指導することが予防対策として重要である．

(b) いじめの現状

最近は，児童・生徒の問題行動のうち，いじめが小学校・中学校・高校を通じて広範に見られ，憂慮される状況である．

最近では，いじめが特定の児童・生徒に対し，継続的に長期にわたり，陰

湿・残忍な方法で行われている．そして，いじめが原因とみられる児童・生徒の自殺など，不幸な事件が発生している．よく，いじめは流行するといわれ，報道されるたびに，増えているともいえる．

文部科学省の調査によると，学年別のいじめの発生件数は，図5-3のように中学校に多い．特に，中学1年生，中学2年生に多い．その点，これからのいじめ対策として，特に中学校に焦点が置かれよう．もちろん小学校・高校においても，予防や対策活動は必要である．

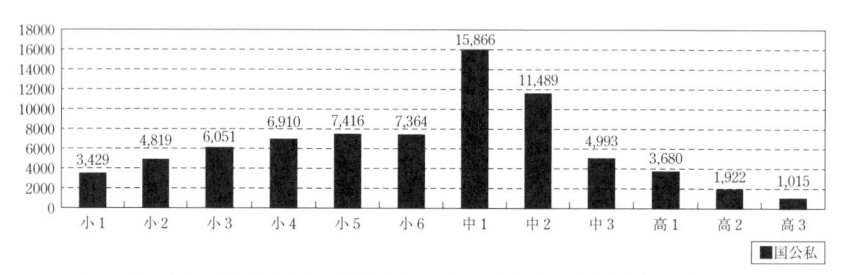

図5-3　平成23年度学年別いじめの発生件数（文部科学省）

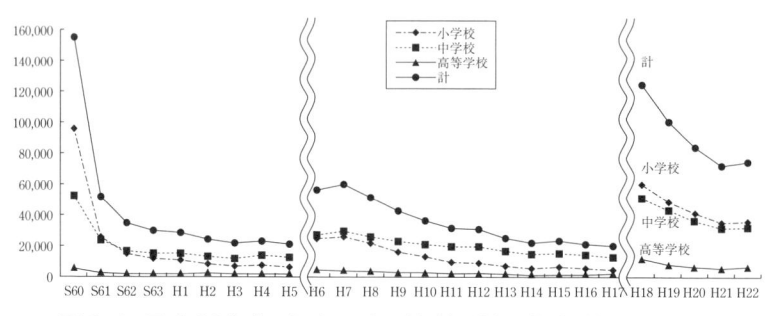

図5-4　平成23年度いじめの認知（発生）件数の推移（文部科学省）

なお，いじめの年度別変化では，小学校・高校ではやや微減している．しかし，文部科学省への報告はやや少なめの報告でないかと思う．

中学校の保護者からも，「息子の学級でいじめの調査があったが，担任がHRで，全員目をつむらせて，『お前たちの中で，いじめにあった人は挙手せよ』『いじめたことのある人は挙手せよ』と言って調査していた．挙手した人が少数であったので，先生は喜び，教育委員会に報告したらしいが，う

ちの子もいじめられているが，怖くて挙手できなかったと不満を述べた」と相談を受けた．こうした事情もあり，報告されなかったいじめは，もっと多いと思う．

いじめは，児童・生徒の人格形成にも大きな影響を及ぼしている．人間関係に亀裂を起こし，人間不信，裏切り，しっと，敵意，反発，孤独を招き，時に自殺に追いやることもある．特に，最近のいじめは，単なるいたずらやけんかと同一視したり，児童・生徒間の問題として，等閑視することが許されない状況にある．

(3) いじめの発生原因

いじめを受けやすい子どもの共通点について述べ，今後，いじめを防止できるものであれば，考えてみたい．

(a) 集団のなかで，他の者と異なっている

いじめを受けやすい子どもの特徴として次のようなことが考えられる．一般に，集団の仲間と比較して，異なっている者がいじめられやすい．

①動作や態度が鈍い

掃除，昼食，当番，運動などのとき，動作が鈍く，遅いと仲間から批判されやすい．「のろま」「うすのろ」などと暴言をはく子もいれば，運動競技などでは，自分の集団にいると，競技日に「お前がいると負けてしまうから休め」などと言う子もいる．

②おとなしく内気な子

性格的に内向的でおとなしく，内気で，神経質な子などもいじめを受けやすい．

③不潔に見える子

洗濯をしなかったり，入浴しなくて，一見不潔に見える子も「汚い」「バイキン」などといじめに遭うことがある．

④約束を破ったり，うそを言う子

友達と約束しても忘れて破ったり，平気でうそを言う子は，いじめに遭いやすい．

特に，中学生になると，正義感も強く，「裏切られた」「自分をバカにした」などと思われていじめに遭うことがある．

⑤個性が強く，集団に入らない子
　自己中心的で仲間の言うことを聞かない．集団で決めたことも守らない．一緒に遊ばない子などもいじめを受けやすい．
⑥体型に特徴のある子
　小柄な子，大柄な子，やせ細った子，肥満な子など体型に特徴のある子もいじめを受けやすい．また，皮膚の色なども違った子もそうなりやすい．
⑦いい子ぶる子
　きまじめで，いい子ぶったり，先生に告げ口をしたりする子は，ひどくいじめに遭う．成績の良すぎる子もいじめに遭うことがある．
⑧転校生
　転校生は，ことば（方言）が違ったり服装が派手だったりするといじめに遭う．しかし，成績が良く親切に教えたりすると，反対に大事にされる．
　（b）自己主張できない子にいじめが多い
　自分の考え，意見を主張できなくて，ぐずぐずしたり，無言であったりするといじめに遭う．NOと言えなくて，従順に従ってばかりいると，過大な要求をされることもある．金品を強要されることがある．いじめに遭っても，嫌だと自己主張しないと，ますます増長して，弱い子いじめに遭うことがある．
　（c）原因の除去や教育・しつけの改善を
　いじめの発生原因がわかったら，その原因を除去するよう教育やしつけをする必要がある．欧米のように多人種・多文化に慣れている国では，異分子を擁護する雰囲気があるが，日本では，変な平等主義があって，異分子は排除されやすい．こうした価値観，教育観の改善も必要である．

（4）いじめを受けている子の指導
　（a）教師の対処
①先生は味方であることを確認させる．
　先生は，いじめを受けている子を最後まで守り，温かく受け入れ，味方であることを確認させる．そうした信頼関係をつくることが必要である．
②いじめを受け入れている子の声を傾聴する．
　いじめを受けている子が，こっそり訴えてきたときは，忙しくても，時間をつくり，真剣に耳を傾けて聞くことが大切である．よく，事件が大きく

なってから，担任の先生に話したけれど聞いてくれなかったとか，何もしてくれなかったとかいう声がある．その点，十分に傾聴し，真剣に考える姿勢が必要である．

③事実関係を正確に把握

いじめの事実を正確に把握することが必要である．一方的な情報を過信しないこと．平素から子どもの交友関係などを理解しておき，事実を確かめることも大切である．

④教師も一緒に遊ぶ

休憩時間，掃除，部活動などを利用して，その子との接触時間を多く持つようにして，遊んだり，諸活動をしたりする．そして小集団での交友活動をするようにする．

(b) 学校内対策

①学校内にいじめの事実を早く詳しく伝える．

事件が大きくならないうちに，校長，教頭，学年主任，スクールカウンセラー，相談係，養護教諭などの諸先生に報告，連絡，相談（ほう，れん，そう）を行う．早く，詳しく伝えて，解決策を考える．特に，経験の浅い先生，対応に困った先生は，こうした対応が必要である．

②必要によっては，他機関とも連携する．

外部の子どもも含めて，いじめや殺傷事件になっている場合は，児童相談所，教育委員会，人権擁護委員会，警察などにも相談する．

③臨時教育実習生を募集する．

現在教員志望者は多いが，採用人数は少なく，定員のあくのを待っている若くて優秀な人も多い．そこで，正規の教育実習生とは違うが，臨時の教育実習生を募集し，特にいじめで困っている学級に配属する．そして，子どもと遊んだり，掃除をしたり，運動したり，部活をともにして，学級を居心地良くする．実習生には，教育実践の勉強にもなる．子どもにとって元気のよい若いやさしい先生であり，いじめもなくなるであろう．教員免許をとろうとする大学4年生でもよいし，教員免許をすでにとって教員採用を待っている人でもよい．

(c) 保護者への対応

①最近の子どもの様子を話し合う．

家庭での様子，所持品の紛失・破損などの様子についても話し合う．

②授業参観を自由にする．
　保護者がいつでも授業参観ができるようにして，校内での子どもの様子や授業態度，人間関係なども観察してもらう．
③いじめ代表格の親との話は先生がする．
　親同士話し合うと事件が大きくなるので，担任や校長が中心になって行うことを知らせる．なお，米国では転校させたり，ボランティア学生が学級訪問にきて，いじめないようにしている学校もある．

(5)「いじめ」に走る子の発見

　文部科学省の「いじめ対策緊急会議」が，いじめの認識について「だれよりもいじめる側が悪い」との考え方を打ち出した．そして，いじめっ子の出席停止も提案して，解決させようとしている．いじめっ子も，学年・年齢・性格やいじめの程度によって，対応の仕方も違い，簡単に出席停止を決めて解決することは難しい．慎重に，原因や心の内面を理解し，教育的配慮をすることが大切ではないかと思う．現実には，「いじめ」に走る子も家庭事情，学習能力，人間関係などで，人知れず悩んでいる生徒も多い．むしろ，こうした生徒に，温かい指導（カウンセリングマインド）をしたら，かなりいじめも防止できると思う．

(a) いじめる子の SOS 信号

　教師にはわかりにくいが，「いじめ」に走る子の学校・家庭における行動から早期に発見する方法を考えてみよう．
①学校内の行動
　先生を避けようとする．先生がえこひいきすると反発する．自分は悪者扱いされていると思っている．教師によって態度を変える．不平不満が多い．授業中，物を投げる．教室や壁に落書きする．金の貸し借りをする．言葉遣いが荒い．クラブや部活動を楽しまない．遠足や校外生活を楽しまない．親しい悪い友達が多くいる．悪い友達のことをよく知っている．友達が仲間外れにするとよく言う．他人は自分より幸せそうだと思っている．内気な子や下級生に，おどしや暴力行為をする．
②家庭での行動
　すぐ怒ったり文句を言う．親の注意を聞かない．親によく反抗する．我慢できない．部屋が汚い．朝起きられない．朝食抜きで登校する．遅刻が多

い．夜更かしをする．トイレの時間が不規則である．服装が派手になる．忘れ物が多い．友達にもらったと言って，高級品を持っている．秘密が多く，親に話さない．外出をよくする．友達からの電話を気にする．

以上のようなSOS信号がかなり見られる．平素から子どもとの接触を多くして，行動を観察して，こうした傾向が見られるときは，いじめに走っていないか，人間関係を深めて，話し合っていくことが重要である．

(b)「いじめ」を，どのようにしているか

「いじめ」に走る子が，実際にどのようにしていじめているのか，その実情について述べてみよう．最近のいじめは，単なるいたずらやけんかと違う．特定の児童・生徒に対して，長期的に，陰湿・残忍な方法でいじめている．一見，プロレスや遊びのようにも見えるが，いじめかどうか，教師には判断がつかないこともある．

いじめる子も善悪の判断がついても，自制心に欠けたり，また，他人の心の痛みがわからないで，いじめてしまう．そして，いじめがエスカレートをして，相手の子を自殺に追いやって，はじめて事の重大さを知ることになる．

〈いじめの様態〉

①冷やかし，からかい

小・中でもっとも多いのが，冷やかし，からかいである．まじめな子，成績のよい子，動作ののろい子などを，「偉ぶっている」「すごい，すごい」「バカねー」「ブー」など，いろいろな言葉でいじめる．小学校で26％，中学校で24％，高校で16％，全体で23％．低学年に多い．

②暴力

相手を殴ったり，蹴ったり，水のなかに落としたり，残忍非道な行為をする．どんな教育を受けてきたのか，疑問に思うような悪質ないじめであり，これは小学校が16％，中学校が22％，高校が32％と，高学年ほど多い．全体で21％である．

③言葉での脅かし

「死んでしまえ」「学校を休め」「ぶんなぐるぞ」など，言葉での脅かしも多い．小学校が16％，中学校が20％，高校が23％，全体で19％である．

④仲間外れ

　学校でも放課後でも，グループに入れないで，排除，無視する．自分たちだけで楽しく笑ったり，遊んだりして心を傷つける．小学校が23％，中学校が13％，高校が4％，全体で15％，低学年ほど多い．

⑤持ち物隠し

　本人のカバン，教科書，ノート，辞書，靴，帽子など，大事な持ち物を隠していじめる．これは，小学校が8％，中学校が7％，高校が4％，全体で7％で，やや少ない．そのほか，集団による無視，たかり，お節介，親切の押しつけなど，肉体的，精神的いじめがある．

⑥年齢によって方法が違う

　中学生に一番いじめが多いが，年齢によっていじめ方が違う．年齢が高くなるにつれて，精神的な苦痛のみを与える陰湿ないじめより，暴力を振るうなど，より直接的ないじめが多い．小学校では性差がないが，中学校・高校では男子がやや多い．

〈いじめに走る子の要因〉

　「いじめ」に走る子が，なぜいじめをするのか，その要因を追求し，これからの指導法を考えてみよう．

①欲求不満と耐性の欠如

　「いじめ」に走る子は，いじめられる子と同様に悩んでいることも多い．その悩みのはけ口として，いじめをする場合がある．両親不和，親子・兄弟関係の不和，親の離婚，家庭崩壊，受験戦争からの逸脱など，人に言えない欲求不満があって，その不満解消策としていじめることがある．もちろん，こうした欲求不満に対する耐性の欠如も大きな要因である．

②劣等感が強い

　受験戦争の激化で，学力不振だったり，また，家庭が不幸だったりすると，成績優良者や幸せな子に劣等感を持つ．その劣等感のはけ口として，「いじめ」に走る子もいる．一般に，成績優良な子や家庭円満な子（お金持ちの子とは違う）は，いじめに走らない．

③自己顕示欲が強い

　人間はだれでも，人に認めてもらいたい，褒められたいという承認の欲求がある．人から認められないと，何かの形で自己顕示をしたがる．自分は強

い，仲間が多い，リーダーシップがある……などいろいろな形で自己顕示欲を発揮するのである．自分の存在を周囲に認めてもらいたいのである．
④思いやりの意識がない

　他の人が困ったり，悩んでいても，それを思いやり，助けようとか，そうしたことが起きないように思いやる気持ちがない．むしろ，いじめっ子は，思いやりのある温かい人間関係を体験しなかったのかもしれない．
⑤人権意識が未熟

　「いじめ」に走る子は，ほかの仲間の人権を尊重する気持ちに欠ける．仲間が苦しみ，悩み，もだえていても，助けようとするよりもそれを楽しむ気持ちすらある．人権無視され，家で虐待されたり，生活を脅かされたりして育てられた子などには，そうした気持ちになる子もいる．以上のような原因を探ってみると，「いじめ」に走る子の中には，もっと学校・家庭・社会のなかで，愛のある生活をさせれば救われて，そうした行為に走らなかった子がいるかもしれない．

〈いじめに走る子の指導〉

　「いじめ」に走る子を，平素からどのように指導するか，いじめはじめてから，発見後どのように指導するかについて考えてみよう．
(1) いじめ傾向のある子の指導

　いじめは，人道的にも道徳的にも絶対いけないことであるから，平素から継続的に，あらゆる教育の機会をとらえて指導することが必要である．いじめが起きてから，あわてて厳しく指導するよりも，予防的指導が重要である．
①長所を認めて褒める

　いじめ傾向のある子は，家庭でも学校でも褒められる機会が少ないと思う．どんな人間にも何か一つや二つは長所があり，見どころがあると思う．それを発見し，褒めて，自信や誇りを持たせるようにする．劣等感をつくらないようにする．
②役割をもたせて，褒める機会を作る

　学級内で，当番，会計，書記など何でもよいから役割をもたせて，それを実行したときは，少し大げさに褒める．先生の簡単な手伝いでもよいからさせるのもよい．

③教師-生徒の温かい人間関係をつくる

　いじめ傾向のある子は，先生を避けようとする傾向がある．平素から接触の機会を多くもつようにして，温かい人間関係をつくるようにする．一日必ず一声かけるのも一つの方法である．
④子どもへの愛情を持つ

　「あいつは」とか，「あの家庭の子だから」などを蔑視したり，軽視しないで，先生が温かい愛情を持っていると，必ず子どもにもわかる．いじめ傾向の子は，愛情に飢えている子にやや多いともいえる．
⑤ボランティア活動をさせる

　老人ホーム，障害者施設，幼稚園などに出かけてボランティア活動をすることによって，生き方，考え方が変化する．老人や障害者たちから「ありがとう」とか，「大変助かった．ご苦労さまでした」などと，感謝の言葉をかけられると，自分も社会で役立つ人間であるとか，社会で必要な人間であるように思う．そうすることにより，人生観，価値観も違ってくる．いじめに走る子は，一般に，周囲の人から褒められたり，感謝されることは少ない．苦言，叱責されることが多い．だから，ボランティア活動は，いじめに走る子に対するよい指導法である．

〈いじめ発見後の指導〉

①個別に面談する

　ほかの子どもの前で叱ったり，恥をかかせたりしないで，個別に時間をかけてゆっくり話し合う．
②いじめは絶対いけないことを認めさせる

　どんなことがあっても，いじめはよくないこと，人権侵害であることをやさしく，根気強く話し合って認めさせる．
③自己開示・反省するよう話し合う

　先生も生い立ちなどを話し，失敗談なども語り合って，自己開示，自己反省するよう時間をかけて理解させる．
④悪者扱いせず，必ず善い人になると信じる

　たまたま問題行動に走ったと考え，必ず善い人になると信じて話し合うことが大切である．

⑤いじめた子にわびる

いじめた子に対して謝るようにさせる．

⑥席替え，クラス替え，転校なども考える

出席停止よりも，いろいろ工夫して，学校・学級に適応できるよう早期に解決する．時には，席替えして，二人を離す．クラス替えをするか，1週間とか2週間だけ，別のクラスで勉強させる．なお，いじめが続いたり，ひどいときは，転校させるのも一つの方法といえよう．

5.3 不登校の心理と指導

不登校は中学校で最も多く，年間9万人を超えており（図5-5），高校では中途退学者が年間5万人もいて，その中に不登校が多く含まれている（図5-6）．

不登校は，教育問題だけでなく，大きな社会問題となってきている．そこで，不登校傾向を早期に発見し，早期に適切な対応を図ることが重要である．

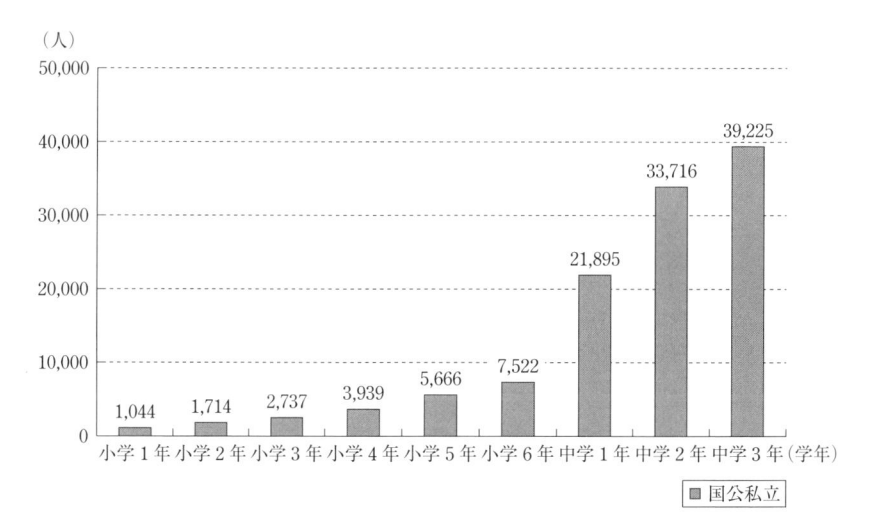

図5-5 平成23年度学年別不登校児童生徒数（文部科学省，2012）

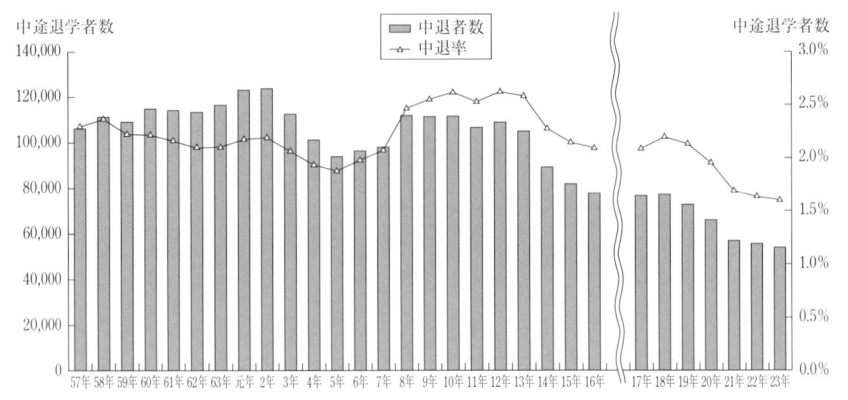

図 5-6　中途退学者数および中途退学率の推移（文部科学省, 2012）

(注1) 調査対象は，平成16年度までは公私立高等学校．平成17年度からは国立高等学校も調査対象．
(注2) 中途退学率は，在籍者数に占める中途退学者数の割合

(1) 不登校になりやすい子の SOS 信号

不登校になりやすい子は，学校でも家庭でもその前兆傾向が見られて，早期に発見しやすい．以下のような言動がみられたときには，不登校の徴候ありと考えて，適切な対応が必要である．

(a) 学校での行動

友達にいじめられることがある，友人から嫌われている，孤立して友達がいない，盗みを疑われたことがある，先生を怖がっている，体の不調を訴えてよく保健室に行く，元気がない，急に成績が落ちてくる，遅刻・早退が多い，休日の翌日など欠席が多くなる，特定の教科のある日に欠席が多くなる，頭痛・腹痛を訴える，保健室によく出入りをする．

(b) 家庭での行動

朝起きられない，朝頭痛や発熱を訴える，朝腹痛や下痢や吐き気を訴える，朝トイレに入ったまま出てこない，昼夜逆転した生活をする，朝は元気がないが昼ごろから元気になる，休日や夏休みは症状がない，先生にしかられたと学校を嫌がる，「先生が嫌いだ」と言う，「友達がいない」と言う，「友達に意地悪された」と言う，「学校なんか大嫌い」と言う，欠席している子・不登校気味の子のことを話題にする，心配性で小さなことを気にする．

(c) 不登校児生徒の推移

　小・中学校における不登校児童生徒の数は，2001年ごろにピークを迎え，その後は減少傾向にある．

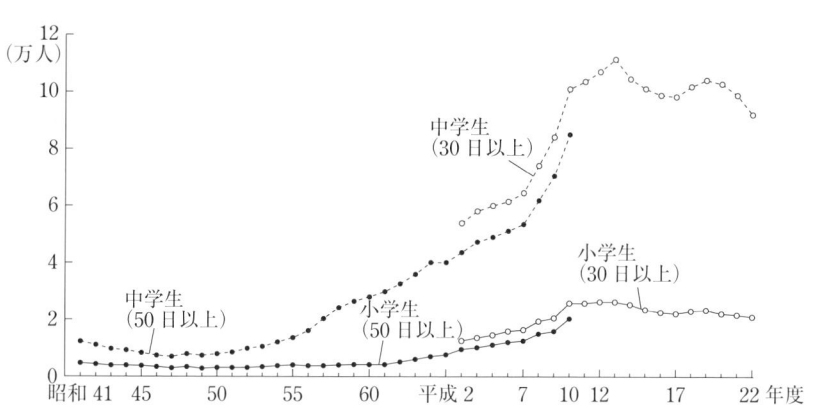

図5-7　登校拒否・不登校児童生徒数の推移（日本のこども家庭統合研究所，2011）

(d) 私立校より公立に多い

　不登校は，私立校よりも公立小・中学校に多い．私立校では，少人数体制で児童・生徒との接触も増やし，不登校を起こさないように努力しているとの報告もある．また，問題のありそうな児童・生徒には，公立校に転校させたりすることもあるようだ．

　さらに，私立校の場合，自分の学校から不登校児を出したりすると，担任教師への評価が厳しくなる．

(e) 高校では中途退学に

　小・中学校と高校では様相が違う．高校は義務教育でないから，不登校の結果中途退学をする者が多い．

　県立教育センターに不登校で高校生が相談にくると，退学または進路変更をすすめているところもある．そのため，高校中途退学者は年間約5万人もいる．高校中退者総数の多くが「学校生活・学業不適応」者であって，問題も深刻である．

　不登校のSOS信号は，友人関係，教師との関係が特に重要である．この

ような人間関係がよければ，学校でも居心地もよいし，居場所もあって，不登校にならないだろう．

(2) 不登校の原因と背景
(a) 子どもの未熟さ
　核家族のなかで，兄弟が少なく，兄弟げんかの機会がほとんどなく，また父親不在に等しい家庭環境下で，母親が子どもに接近しすぎている，いわゆる母子密着が生じる．そこで，学校での軽いいじめや失敗などに耐え切れなくて，不登校になる．

(b) 教師の一言が子どもを傷つける
　子どもにとって，教師は絶対者である．教師と子どもとの関係は，人格形成にも大きな影響を与える．また，教師の期待が大きすぎて，負担になる子もいるし，また，教師の一言が子どもを傷つけて，不登校の原因になることもある．

　たとえば，学級委員になりたくないのに，選挙で無理に委員にされてしまって，担任の「みんなが決めたことだからやりなさい」という一言が嫌で不登校になった子すらいる．

　また，クラスで盗みがあり，担任に呼ばれて「心あたりはないか？」と聞かれて自分が疑われたと思い込み，不登校になる子もいる．

(c) いじめが原因
　学級内で，仲間からいじめられて不登校になる子は多い．「くさい」とか「のろま」とか「ちくった」などと言われて，小心な子は不登校になることがある．

　また，中学生くらいになると，集団でいじめにあったり，リンチされたりすると怖くて不登校になる．特に気の小さい子は，自殺をする子もいる．

(d) 失敗がきっかけ
　下痢気味のとき，たまたま給食で脂っこい魚を食べて，教室内で嘔吐して恥をかいたのがきっかけで不登校になった子もいる．

　また，球技でミスしたのを強く批判されたのが原因の場合もある．教室内でたまたまおならをした女子中学生が，仲間からからかわれたり，ニックネームをつけられたのがきっかけの場合もある．こうした失敗も，本人の性格，仲間の対応の仕方，教師の指導の仕方などで違ってくる．

(e) 転校がきっかけ

親の転勤で転校する子も多くなった．そうした場合，担任教師の受け入れ方によっては，不登校の原因にもなる．特に，方言が強かったり，小心で友達がつくれなかったり，授業の進度が違って勉強がついていけなかったりすると，不登校になることもある．この点，担任教師の指導力が大きく影響する．

(3) 不登校への具体的指導法

不登校への具体的指導法は，不登校の原因，子どもの年齢・性格・家族関係・学級の雰囲気などによって違ってくる．

(a) 居心地のよい，居場所のある学級づくり

不登校の子が，学級にきたとき，みんなが温かく迎えて，なんとなく心が落ち着き，居心地のよい，居場所があるような学級づくりを心がける．隣の席に，親切で気持ちのあう友達を並べるものよい．特に，いじわるする子がいたら十分指導しておく．

(b) 継時接近法による指導

小学校低学年の場合は，継時接近法といって，学校に少しずつ慣れさせ，安心して登校できるように指導する．

最初は母親が学校まで送り届け，教室の隣の席に1週間くらい腰かけて安心させる．次に，母親が教室の後ろのほうにいる．そして，廊下で待っている．応接室で待っている．学校の玄関まで送る……など，徐々に母親との接触を減らしていき，安心して登校できるように慣れさせる．小心で，いじめに遭っている子などには効果がある．

(c) 小グループでの仲間づくり

学級内に気のあう仲間がいると，心が落ち着き，登校もしやすい．その意味で，小グループの仲間づくりをする．地域によっては，不登校児のためのステップ学級をつくり，学力の補習と仲間づくりを指導している．そこで，仲間づくりの方法を身につけて登校へと導いていく．

担任も不登校の子と小グループで遊んだり，スポーツをさせたりして，学級を楽しくさせるよう心がける．

(d) キャンプ生活による仲間づくり

不登校の子は，人間関係づくりがうまくいかない子が多い．そこで，2泊

3日とか5泊6日ほど親と離れてキャンプ生活をさせて,集団生活の体験をさせる.そこでは,勉強とは関係のない,山登り,魚釣り,ゲーム,飯盒炊爨……など楽しい集団生活をすることで登校へと導いていく.

(e) 転校も一つの方法

自分の学校・学級では,いろいろな原因で登校できないとき,思い切って転校し,新しい学校で,新しい友達,新しい先生と再出発するのも一つの方法である.過去のいきさつなどまったく知らない新境地で,学校生活をすることによって,自立できるようにもなる.

(f) 短期相談療法

アメリカでは,ダラダラと半年も1年もかけて相談をしていると,保護者から批判もあり,保護者が,どのようなカウンセリング(心理療法)の理論で,どのような方法でカウンセリングしたかを問い合わせてきたり,時にはカウンセラーが裁判に訴えられることもある.適切なカウンセリング理論や技法を用いれば,1カ月や1カ月半で治療効果があるのに,長期間かけてダラダラ相談していると,治療効果もなく,1年休学,留学したりして,一生も狂うこともある.そのため,アメリカでは,研修を重ね,資格をとり,また,短期療法,時間制限療法も研究され,6～10回くらいで効果をあげるようにしている.

5.4 自殺念慮のある子の心理と指導

子どもが自殺すると,校長・教頭は何をしていたか,担任はどのように指導していたのか,早期に発見できなかったのかと,いろいろ社会から批判を受けたり,追及されたりする.

「自殺」という言葉だけで,ショッキングな感じを受ける.ましてや,学級内の子どもが自殺したりすると,担任も,管理者も,友達も,ショックは大きいし,親の悲しみは,計り知れないほど大きい.

自殺は,防止しなければならない.また,自殺は,防止することが必ずできる.ここでは,自殺念慮のある子の早期発見法と原因と防止法について述べる.

(1) SOS 信号

自殺念慮のある子の学校や家庭での行動を，早期にとらえることが，自殺防止の第一歩である．その SOS 信号には，次のような特徴がみられる．

(a) 予告

授業に出なくなる．無口になり，考え込んでいる．友達と話をしなくなる．「自分は独りぼっちだ」と言う．「いじめられている」と言う．だれも助けてくれないと言う．「死にたい」「死にたい」と言う．勉強に対する意欲がなくなる．テレビを見たり，新聞を読んだりしなくなる．興味が無くなる．いつもふさぎ込んでいる．家族と一緒に食事をしなくなる．自室に閉じこもる．日記や手紙に暗い内容を書く．「自分は生きている価値が無い」と言う．「いっそ死んだ方が楽になる」と言う．同じことを何回も言う．食欲不振になる．「夜眠れない」とよく言う．

(b) 前兆

自殺する直前の準備行動としては，次のようなことが考えられる．

身辺をきれいに整理する．遺書を書く．直接「死にたい」と言う．「一緒に死んでくれ」と言う．お別れのあいさつを述べたりする．死に場所を探す．友達に自分の苦しみを，長文の手紙に書く．

このような徴候が見られるので，親しい友達か母親や，敏感な（子どもの心理をよく理解している）先生であれば，SOSを察知できる．

ところが，自殺念慮のある子は，陰気で暗い話をくどくど繰り返して言うので，周囲の友達や母親も「また同じことを言う」「くどいなあ」と思って，その子から離れようとする傾向がある．そうすると，誰も相手をしてくれない，自分は独りぼっちである．いっそ死んでしまったほうが楽になると，思ったりして，自殺の手段を具体的に考えたりする．

(2) 自殺者の現状

自殺の現状は表 5-1 のとおりであり，高校生・大学生に多い．

(a) 自殺は流行する

1人の自殺の背景に 10人の未遂者がおり，その背後に 10倍の念慮者がいるとも言われている．誰かが自殺し，皆が同情したり，悲しんだり，盛大に葬儀をしたりするのを知ると，孤独でいじめに遭ったり苦しんでいる子たちは，死んだら楽になれる，悲しんでくれる人がいるなどと思うようになる．

表 5-1　自殺した学生・生徒等の学職別状況（平成 22 年）　　　　　　　　（人，%）

区分	学生・生徒等							総数
	未就学児童	小学生	中学生	高校生	大学生	専修学校生等	計	
計	0	7	76	204	513	128	928	31,690
	(－)	(0.02)	(0.24)	(0.64)	(1.62)	(0.40)	(2.93)	(100.00)
男子	0	3	49	133	397	81	663	22,283
女子	0	4	27	71	116	47	265	9,407

(注)（ ）は平成 22 年中の自殺総数 31,690 人に対する割合．
(警察庁生活安全局地域課「平成 22 年中における自殺の概要資料」2011)

　タレントや有名人が自殺すると，マスコミが大々的に報道するため，自殺の手段・方法・場所などを教える結果になって，後追い自殺が流行することがある．自殺は完全に防止できるが，報道したり，流行させてはいけない．

(b) 春に多い

　自殺は，全国的に木の芽どきの 3〜5 月に多い．季節の変わり目の内分泌や，自律神経の乱れも無視できない要因である．また，3〜4 月は，入試・卒業・進学・進級などもあって，成績不振であったり，入試に失敗したり，進学・進級ができなかったり，就職に失敗などすると，それが要因で自殺する人もいる．また，春についで秋，木の葉の落ちるころもやや多い．

(c) 自殺者の性格

　自殺者の性格は，極端に内向的で，孤独で，不安・絶望感にとりつかれやすく，潔癖で執着性が強い．趣味がないのも特徴である．情緒不安定で，気分が変わりやすい．

　あまり真面目な人は，順調にいっているうちはよいが，何か失敗や過失があると自分を強く責め，自らを自殺に追いやってしまう．勉強や仕事だけが趣味だという人より，多趣味で，のんびりしている人の方が長生きし，自殺者は少ない．

(3) 自殺の原因

　自殺の原因は，年齢によってもかなり違う．最近は，小学校・中学校では，いじめによる自殺が増加している．

(a) 小学生の場合は

いじめによる以外に，親にしかられたとか，先生に学級内でしかられて恥をかいたなど，単純な動機が多い．かつて，千葉県で，弟をいじめて，祖父からひどくしかられた小学5年生の女子が，納屋で首つり自殺をしたこともあった．

(b) 中学生の場合は

友人のいじめによって悩み，自殺する生徒が増えた．最近は，陰湿ないじめがあって，遊びかいじめかわからなかったり，プロレスごっこで特定の子をいじめて，敏感な子が自殺することもある．

また，学業不振とか，高校入試に失敗したとか，仲間はずれにされたなどで自殺する子もいる．

そのほか，両親の不和，別居，離婚，親子げんかなどが原因で自殺する生徒もいる．特に中学生では，教師や親の不用意な叱責や発言が，子どもを死に追いやることもあるので，中学生の心理を十分理解して発言することが大切である．

(c) 高校生の場合は

不本意入学，学校になじめない，学級内で孤立している，いじめに遭っている，部活動がうまくいかなかったなどがある．また，このほか，異性関係のトラブルが原因の場合もある．大学受験に失敗したり，就職がうまくいかなくて，前途不安で自殺することもある．

(d) 大学生の場合は

自分の能力，性格など個人的な悩みから自己嫌悪に陥り，自殺する人もいる．特に，大学では思うような成績がとれないと，がっかりして死ぬ人もたまにいる．また，異性関係で，そのもつれから服毒自殺する人もいる．最近は女性より男性の方が多い．女性では妊娠中絶した場合などもある．

なお，うつ病や統合失調症，アルコール依存症，シンナー遊び，神経症，異常性格などで，友人関係がうまくいかなくて死ぬ人もいる．

(4) 自殺防止の方法
(a) 自殺念慮のある子は防止可能

いじめ，不登校，叱責，両親の不和，成績不振，受験の失敗，盗みの疑い……などいろいろな原因で自殺することがある．しかし，担任教師やカウ

ンセラー，友人，保護者などの温かい配慮，カウンセリングマインドなどで，十分防止できる．

(b) 自殺を防止する方法

①忍耐強く話を聞く

　自殺念慮のある子は，信頼できる人には，自分の悩みを何回も訴えて話す．そんな時，同じことをくどくど話す，面倒だ，忙しいなどを理由に，話をよく聞かないと，本人は「誰も相手にしてくれない」「自分は孤独だ」と思って自殺することがある．

　だから，担任，養護教諭，友人，保護者，カウンセラー，誰でもよいから話しかけられたら忍耐強く話を聞くことがキーポイントである．

②共感的理解を持つ

　もし自分も同じような立場，環境にあったら……と考え，共感的理解を言葉や態度で示すことが大切である．自殺念慮のある子は，この世の中で，自分を理解してくれる人がいると思うと，心の支えを得て，死を選ばないことが多い．批判したり，指示や命令をしないほうがよい．ただし，本当に死ぬための準備をしている子に対しては，自殺は絶対してはいけないことを約束させることも必要である．

③孤独にさせない

　死を訴える子がいたら，孤独にしないで，常に，友人，保護者が身近にいて，遊んだり，話し相手になったりする．かなりの落ち込み，自殺の危険のある時は，保護者とも相談して，病院（精神科）に「あなたは，大変疲れているから，入院して，ゆっくり静養しなさい．人生は長い．少し休んで，静養してからまた会いましょう」と言って，精神科医ともよく相談して入院させる．

④危機は2～3週間

　自殺念慮する子が，本当に自殺するかどうかの危険な期間は，1週間の人もいれば2～3週間の人もいる．比較的短い人が多い．だから，この時期に，最善の方策を考える必要がある．

　念慮者には必ず再開を予約するのも鉄則である．具体的に○月○日，○時に，どこどこで会おうと約束すると，大部分の人は来談する．自殺念慮者は，死にたい気持ちとともに，生きたい気持ちも強い．だから藁をもつかむような気持ちで来談する人が多い．

⑤生きる具体的な目標をもたせる

　転校，再受験，誤解を解く，就職……など具体的な目標を考え，話し合い目標を持つように仕向ける．

　生きる具体的な目標が見つかれば，人間は簡単に死なない．趣味，特技を持たせることも大切であるが，スポーツをしたりペットを飼ったり，料理，パソコン，デザイン，写真，英会話……など，なんでもよいから資格や職業につながる能力を持つと，自殺など考えなくなる．

⑥ボランティア活動をする

　ボランティア活動などもよい．老人養護施設，子ども保護施設，保育園などで，ボランティア活動することにより自分も社会に役立てる人間であることを自覚すると生きる力がついてくる．

［松原達哉］

【参考文献】

松原達哉（1994）．教育心理学　日本文化科学社
松原達哉（1996）．子どもの危険信号　日本教育新聞社
松原達哉（1997）．いじめっ子への処方箋　教育開発研究所
松原達哉（1997）．今いじめられている君へ　教育開発研究所
松原達哉（2001）．「いじめ」指導の手引　教育開発研究所
松原達哉（2001）．「不登校，ひきこもり」指導の手引　教育開発研究所
松原達哉（2001）．学校のトラブルに対応するカウンセリング　学事出版
松原達哉（2003）．臨床心理実習　培風館
松原達哉（2003）．臨床心理面接演習　培風館
松原達哉（2011）．心理学概論　培風館
松原達哉（2012）．臨床心理学のすべてがわかる本　ナツメ社
文部科学省（2012）．児童生徒の問題行動等生徒指導上の諸問題に関する調査

課題

1. いじめの実態を調べその原因や防止法について述べなさい．
2. 不登校の原因とその指導について述べなさい．
3. 中高校生に自殺はなぜ起こるのかその原因とその防止法について述べなさい．

第6章

学 習 理 論

6.1 学習の定義

(1) 生得的行動と習得的行動

人間や動物などの生活体は,環境に対してさまざまに反応している.このような環境に対する反応は総称して行動と呼ばれる.行動は,一般的にイメージされる環境に応じて生活体が能動的に働きかけること(たとえば,りんごを手に取り食べる)を指すだけでなく,環境により引き起こされる受身的な反応(たとえば,寒いところで鳥肌がたつ)も含まれる広義な概念である.行動によって,生活体は環境変化の影響から心身の恒常性(ホメオスタシス)を維持することが可能になる(たとえば,鳥肌が立つことによって熱放散を防ぎ,体温を一定に保つことができる).つまり,生活体は行動によってさまざまな環境変化に適応し,生命を維持している.

生活体の行動には,生まれつきに備わっているものと後天的に獲得されたものがある.前者は生得的行動と呼ばれ,種によって遺伝的に備わっている.この生得的行動は,その様式に合わせて反射(刺激に対する決まりきった単純な反応),走性(刺激に対して移動したり向きを変える反応),本能行動(反射と走性が組み合わさった複雑で合目的的な行動)など細分化されている.

生活体は,これらの生得的行動のレパートリーを駆使することで環境に適応し,個体や種を保存している.しかしながら,生得的行動だけでは,大きな環境変化が生じた際に適応が困難になる.人間や哺乳類のような高次な生活体は,生得的行動ばかりでなく,さまざまな経験を踏まえて,すでに備

わっている行動を変容させたり，新たな行動のレパートリーを生み出すことによって，柔軟に適応したり，心身をより良い状態にしている．このような経験により獲得された行動は習得的行動と呼ばれる．

(2) 学習とは？

学習とは，"経験による比較的永続的な行動変容の過程およびその操作"を指す．ここで重要なことは，時間経過に伴う発達や成熟といった身体的変化に伴う行動変容（たとえば，構音器官が発達することによって複雑な発声ができるようになること）や疲労などにより行動が変容するといった一時的な変化や，器質的な変化に伴う永続的な変化は除外されることである．

また，「比較的永続的」と表現しているように，経験によって変容した行動は，またさらなる別の経験によって変容しうる可能性を有している．学習による習得的行動は，行動変容を引き起こした経験場面においては適応的に機能していたとしても，別の環境下では適応的に機能するとは限らない．そのため，学習によってある程度行動を変容させることも重要である．新しい経験によって習得した行動がさらに変容したり（再学習），習得する前の行動様式に戻ったり（消去）する可能性がある．

6.2　学習が生じるメカニズム

(1) 古典的条件づけ

(a) 古典的条件づけとは？

学習が生じるメカニズムにはさまざまあるが，その一つである古典的条件づけは，ロシアの生理学者であるパブロフ（Pavlov, I. P.）の条件反射研究（Pavlov, 1927）に基礎をおいている．パブロフは，犬を対象に消化腺の研究を行っていたところ，給餌の際に食物を口にしていないにもかかわらず，給餌の際の音（給餌をする者の足音や食器の音）を聞くだけで唾液分泌が生じることを発見した．パブロフはこのような経験によって生まれた刺激に対する反射的な行動を条件反射と呼び，系統的に研究を行うようになった．パブロフは，その後，音叉を用いて音を鳴らし，数秒後に餌（肉粉）を提示するという手続きを何度もイヌに対して実験的に繰り返した．しばらくすると対象のイヌは音叉の音だけを聞かせても唾液分泌をし始めることが確認された

(64ページ参照).

　本来，食物が口に入ると消化のために唾液が分泌される．これは適応（食物を消化しやすくする）のための生得的行動である．この時の生得的な反射反応（唾液分泌）は無条件反応と呼ばれ，反応を導く刺激（食物）は無条件刺激と呼ばれる．このような無条件刺激-無条件反応の関係は一対一対応している．音叉の音は唾液分泌に関しては何の影響も与えない中性刺激であるが，食物と一緒に提示されることが繰り返されることによって，音叉の音だけで唾液分泌が生じるようになる（図6-1）．

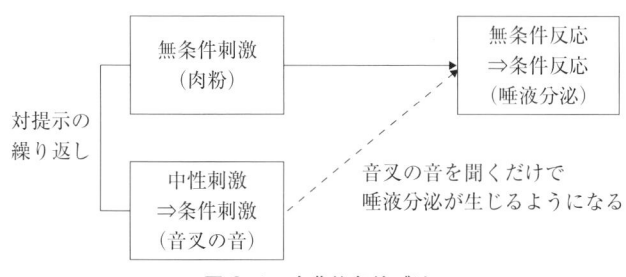

図6-1　古典的条件づけ

　このような学習様式は，古典的条件づけもしくはレスポンデント条件づけと呼ばれており，人間でもこの様式によって行動変容が生じる．ワトソンとレイナ（Watson, J. B. & Rayner, R.）はアルバートという生後11か月過ぎの男児を対象に恐怖条件づけの実験を行っている（Watson & Rayner, 1920）．アルバートは，普段から白いネズミを遊びの対象としていた．実験では，アルバートが白いネズミに触れると，金属の棒を金づちで叩き大きな音を立てるという手続きを繰り返し行った．不意の大きな音は，恐怖反応を導く（無条件刺激-無条件反応）．この対提示を繰り返すことによって，白いネズミはアルバートにとって本来遊びの対象であった（恐怖反応にとって中性刺激）が，白いネズミをみると恐怖反応が引き起こされるようになった（条件刺激-条件反応の成立）．

(b) 生活の中に見る古典的条件づけ

　古典的条件づけによる行動獲得の事実は，人間の生活の中でも広く確認される．たとえば，梅干しを食べたことがある人は梅干しを実際に口に入れなくてもそれを見るだけで唾液が出るということを経験したことがあるのでは

ないだろうか？　本来，梅干しに含まれている酸性成分は唾液分泌を引き起こす（無条件刺激-無条件反応）．そして，梅干しの視覚刺激（丸くて皺がある物体）は本来，唾液分泌にとっては中性刺激であるが，梅干しを食べて唾液分泌が生じた経験を繰り返すと，梅干しを見ただけで唾液が分泌されるようになる（条件刺激-条件反応の成立）．

　また，実際に条件刺激とまったく同じ刺激提示でなくても，類似した刺激提示によっても条件反応が誘発されたり（この現象を「般化」という），刺激をイメージしただけでも反応が生じるようになったりする．

（c）古典的条件づけによる学習の解除

　先述の通り，学習により変容した行動は，消去や再学習により解除することが可能である．古典的条件づけにおける消去とは，「無条件刺激が伴わずに条件刺激だけが提示され続けること」である．条件刺激になっている刺激は，本来は中性的であるため，無条件刺激との対提示がないと次第に条件反応を誘発する効力を失っていく．たとえば，上述のワトソンとレイナの実験であれば，アルバートがネズミを触っても金属音が生じないことを繰り返すことで，ネズミと恐怖反応の連合が弱まる．

　古典的条件づけにおける再学習による解除とは，「条件反応と同時に起きえない別の反応を導くことで，その別の反応と刺激を連合させていくことで置き換える」ことである．恐怖反応であれば，積極的に恐怖反応と相反する心地いい反応を引き起こす（食事やタッチングなどを用いて）ことになる．

（2）道具的条件づけ

（a）道具的条件づけとは？

　古典的条件づけは，本来備わっている無条件刺激-無条件反応の連合に刺激が提示され，新しい刺激-反応の連合形成が形成されるという「受動的」な反応の学習の様式であった．しかし，先述の通り，生活体は環境により柔軟に適応するために，自ら環境に働きかける「能動的」な行動も自発的にとり，それによる環境変化を元に行動様式を変容させている．日常生活のほとんどの行動はこの能動的で自発的な行動である．たとえば，エレベータで行きたい階のボタンを押したり，だれかに電話をかけたりという行動は自発的な行動である．

　このような環境に対して能動的・自発的に働きかける行動は，オペラント

行動と総称される．このようなオペラント行動の生起は，それが生起するための環境条件（先行条件）により生じる．この環境条件は個体内の条件（動因）と外的な環境の条件（誘因）に分類でき，それらの相互作用によって行動が生起する．たとえば，"バナナを食べる"という行動は，"空腹"という動因と"バナナが存在する"という誘因の両者があって生じる．そして，その行動によって環境に変化が生じることで行動は終了する．つまり行動の結果，空腹が収まったり（動因低減）・バナナがなくなってしまったり（誘因撤去）すれば，バナナを食べる行動はなくなる．このように，オペラント行動によって環境変化が生じ新しい環境（随伴結果）を経験する．

　この随伴結果は強化子とも呼ばれ，快をもたらす随伴結果事象は正の強化子（好子）と呼ばれ，不快をもたらす随伴結果事象を負の強化子（嫌子）と呼ばれる．さらに結果によって当該のオペラント行動の選択可能性が増大することは強化，選択可能性が減少することは罰（もしくは弱化）と呼ばれている．強化は，生活体にとって正の強化子が随伴することによって生じる正の強化と，負の強化子が除去されることによって生じる負の強化に分類される．一方，罰は，生活体にとって負の強化子が随伴することによって生じる正の罰と，正の強化子が除去されることによって生じる負の罰に分類される．たとえば，空腹時に部屋にあったバナナを食べて空腹が満たされた経験をすると，次にバナナを食べる行動は選択されやすくなることは想像できるだろう．これは，空腹が満たされた事象が正の強化子として機能し，強化が生じているということができる．

　このような，先行条件-オペラント行動-随伴結果の一連の経験（三項随伴性）に基づく学習様式は，道具的条件づけもしくはオペラント条件づけと呼ばれている（図 6-2）．

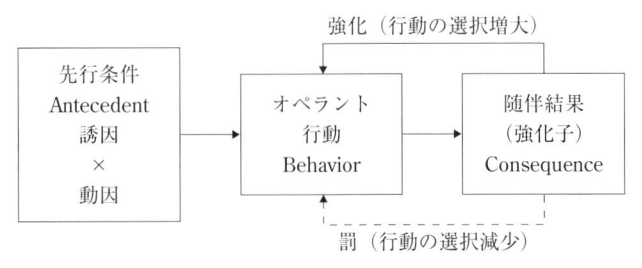

図 6-2　道具的条件づけ

(b) 道具的条件づけの基礎研究と現在

このような道具的条件づけは，教育心理学の祖とされ，客観的な教育評価の導入を推進したソーンダイク（Thorndike, E. L.）の試行錯誤に関する研究（Thorndike, 1898）が基礎となっている．ソーンダイクは，ネコを問題箱と呼ばれる実験環境に入れた際の観察研究を行っている．問題箱内には，ひもがあり，そのひもを引くと外に置いてあるエサが得られるように設定されている．最初のうちは，エサを取ろうと前足を伸ばすがとることはできない（誤反応）．そこで，ネコは環境を探索する中でいろいろと施行し，ヒモを引いてエサを得ることができるようになる（正反応）．そして，この施行を繰り返すと，誤反応数が減少し，正反応までの潜時が短縮することが確認されたことを報告している．

また，スキナー（Skinner, B. F.）は，試行錯誤研究を受けてハトを対象とした実験を行っている（Skinner, 1938）．スキナーは，スイッチをつつくとエサが出る仕組みを設置した実験用箱の中に空腹状態のハトを入れ，スイッチ押し行動の学習を検討した．ハトは，最初，箱の中を探索し始めるが，偶然にスイッチをつついて（オペラント行動），エサ（強化子の随伴）を得る．以降，一定時間内にスイッチをつつく行動の頻度が上昇したことが確認されている（学習の成立）．

スキナーは，パブロフの条件反射研究とソーンダイクの試行錯誤研究を整理し，学習という観点からすべての行動を説明しようとする行動分析学を体系化している．また，この行動分析学に基づく人間行動の理解と支援は応用

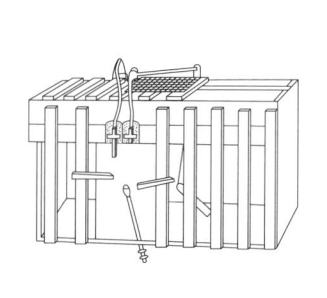

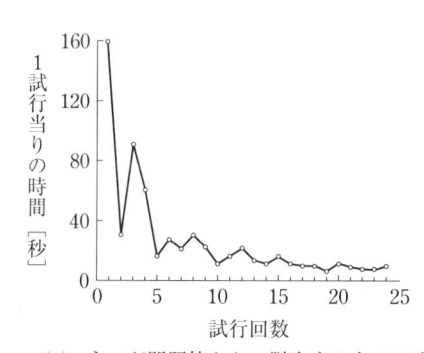

(a) ソーンダイクの問題箱　　(b) ネコが問題箱からの脱出するまでの時間

図6-3　ソーンダイクの問題箱の実験（辰野，1997）

行動分析や臨床行動分析と称され，学校現場でも特別支援教育や一斉教育の中での児童生徒の望ましい行動の形成に応用されている．

(c) 道具的条件づけによる学習の解除

道具的条件づけにおける再学習とは，随伴結果を操作すること，つまり強化と弱化の操作によりオペラント行動の選択可能性を変容することである．道具的条件づけにおける消去とは，オペラント行動によって環境変化が生じないことを経験することである．注目欲求の強い児童が授業中にふざける行動を行った際に，周囲の児童がはやし立てている場面があったとする．この場面で，強化子となっている周囲の児童に働きかけてはやし立てないようにする（ふざけても環境変化が生じない）というのが消去手続きになる．

(3) 観察学習

古典的条件づけ，道具的条件づけによる刺激-反応の連合に関する学習は直接経験に基づいて成立していることを基礎においている．しかし，このような直接体験のみでは，実際に行動を起こして，その行動が致命的な身体の危険を伴うものであったりする場合があっては，個体の保存が脅かされることになる．人間や高等動物では，実際に直接経験がなくとも，他者の行動（刺激-反応の連合）を見たり聞いたりすることで，学習が成立する．授業中，教師の投げかけた問題に，挙手をして回答した児童が教員からほめられ

●●● column ●

迷信やジンクス，言い伝え──直接経験も観察学習もない言葉による行動変容

近年では，直接経験による学習や間接経験による観察学習のみならず，経験の存在しない言葉による学習の成立に関する理解とそれに基づく援助の研究も進んでいる．たとえば，「霊柩車を見た時に親指を隠さないと親の死に目に会えない」「腹を出していると雷様がへそを取りに来る」といったように，こういった迷信やジンクス，言い伝えのような行動の随伴性を記述した言葉（タクト）が行動を誘発する刺激となって機能することをルールと呼び，ルールによって自発されるオペラント行動はルール支配行動と呼ばれている．こういった学習は言葉を使用できる人間のみに認められるもので，実際に経験したことも観察したこともない状況下での行動制御の役に立っている．しかしながら，われわれは情報化社会の中でいろいろな情報に触れ，直接体験に基づかないルール（実際は存在しないかもしれない随伴性）に縛られて窮屈になってはいないだろうか？

る姿を見てから，他児の挙手行動の選択可能性が変容する（児童によっては挙手頻度が増えたり，減ったりする）というのはこの好例である．

　バンデューラ（Bandura, A.）は，このような観察学習（モデリング）の成立を注意過程（観察者がモデルの行動へ注意を向ける段階），保持過程（観察したモデルの行動と環境との相互関係を記憶に取り込む過程），行動再生過程（記憶しているモデルの行動を再生する），動機づけと強化の過程（モデルが強化される代理強化や行動を再生した観察者が強化をされることで上記3過程が動機づけられる）の4つの過程から説明している．バンデューラは，観察学習を通じたこのような社会的な環境下での環境と個人との相互的影響により生じる学習の機序を社会的学習理論としてまとめている（Bandura, 1976）．

6.3　記憶：学習を支えるメカニズム

(1) 記憶とは？

　学習の成立は，新しい場面において過去経験が利用されていることで確認される．こういった過去経験を保存し，新しい場面で利用するための機能や機構は，記憶と呼ばれている．記憶は記銘（符号化）⇒保持（貯蔵）⇒想起（検索）の3段階過程からなる[注1]．

　記銘とは，脳の記憶領域に情報を取り込んでいく過程である．脳に記憶を取り込む際に環境のすべての情報をそのままの形で取り込むと大容量になってしまったり，今後の適応に重要でない部分も多いため，情報の中で重要と思われるところに選択的に注意を向けて，その情報を取り込む．

　保持とは，記銘された情報を脳の中に維持する過程である．記銘された情報はすべて保持されているわけではなく，特別な情報処理を施さないと長期間保存することができない．たとえば，初めて見る電話番号を見て覚えておきながら電話をかけても，しばらくするとその電話番号を思い出せなくなるといった経験などがあるだろう．しかしながら自宅の電話番号などは何度も電話をかける経験をしたり，覚えようと努力をするといった処理を行っているため思い出すことができる．こういった，初めての電話番号などを少しの時間とどめておく記憶を短期記憶といい，自宅の電話番号のような情報を長期間保存しておく記憶を長期記憶という．

再生とは，保持された情報の中から必要な情報を取り出し，利用可能にする過程である．長期記憶から短期記憶下へ情報を引き出したり，短期記憶下の情報を利用して行動を出力する．

(2) 記憶の過程

記憶の過程に関する代表的な理論として，アトキンソンとシフリン（Atkinson, R. C. & Shiffrin, R. M.）は短期記憶と長期記憶の二つの記憶貯蔵庫と記銘・保持・再生過程の統合的モデル（図6-4）を提唱している（Atkinson & Shiffrin, 1968）．

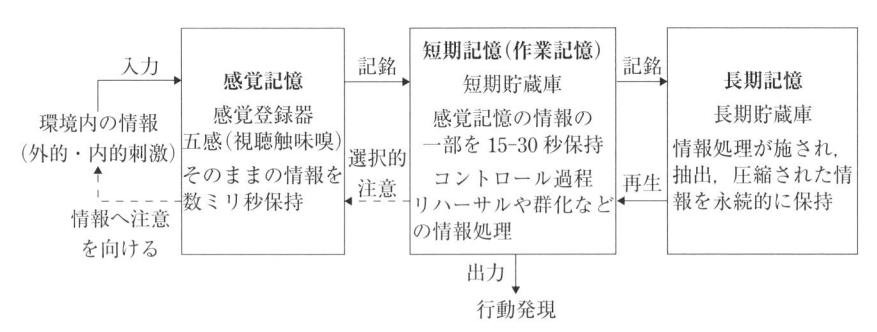

```
環境内の情報  入力  →  感覚記憶       記銘   短期記憶(作業記憶)   記銘    長期記憶
(外的・内的刺激)      感覚登録器            短期貯蔵庫                 長期貯蔵庫
                    五感(視聴触味嗅)  選択的  感覚記憶の情報の          情報処理が施され，
           情報へ注意  そのままの情報を  注意   一部を15-30秒保持  再生  抽出，圧縮された情
           を向ける   数ミリ秒保持           コントロール過程         報を永続的に保持
                                          リハーサルや群化など
                                          の情報処理
                                              ↓出力
                                           行動発現
```

図6-4　記憶の2過程（短期記憶・長期記憶）モデル

環境内の情報はいったん，感覚記憶に取り込まれる．外部からの情報が視覚・聴覚・触覚・味覚・嗅覚といった刺激受容器に取り込まれ，ごく短い時間そのままの状態で保持される．その情報の中で選択的に注意が向けられた一部の情報のみが短期記憶に記銘される．

短期記憶に入った情報を留めておくための容量は小さく，ある程度の時間保持されるものの，長期記憶内に記銘するために情報処理を施さなければ消滅してしまう．一度に短期記憶で保持できる容量は，相互に無関係な情報のまとまり（このまとまりの単位をチャンクと呼ぶ）で7 ± 2チャンク程度であるとされている．また，保持時間に関しては数十秒ほどであり，さらに別の情報が入力・記銘されると，その処理のために情報処理資源が奪われてしまい短くなる．このような短期記憶下の情報を短期記憶内に留めておいたり，長期記憶へ転送するためには情報処理を施さなければならない．その情報処理の代表的な方法としてリハーサルがある．リハーサルには，情報をそ

のままの形で反復し，短期記憶内にとどめておく維持リハーサル（例：電話番号を繰り返す）と，すでに保持している情報と結びつけるといった情報処理を施すことによって，長期記憶へ転送しやすくさせたり，後に想起しやすくする精緻化リハーサルがある（例：歴史の年号の語呂合わせ）．

その後，長期記憶に記銘された情報は，情報を貯蔵している領域が破壊されなければ永続的に保持されると考えられている．また，長期記憶の容量に関しては非常に莫大であると考えられている．長期記憶に記銘された情報は，必要に応じて再生され，それを用いて経験を反映した行動が発現すると考えられている．

(3) 記憶の分類

記憶に関する見方として，上述のような感覚記憶，短期記憶，長期記憶という3つの過程に分類した理論から，近年ではさまざまな観点から記憶の分類を再考，細分化し，研究が行われている．さまざまな記憶の分類をまとめたものを図6-5に示す．

感覚記憶は，感覚受容器ごとに分類されている．視覚の感覚記憶は500ミリ秒程度保持され，聴覚の感覚記憶は5秒ほどと比較的長い時間保持され

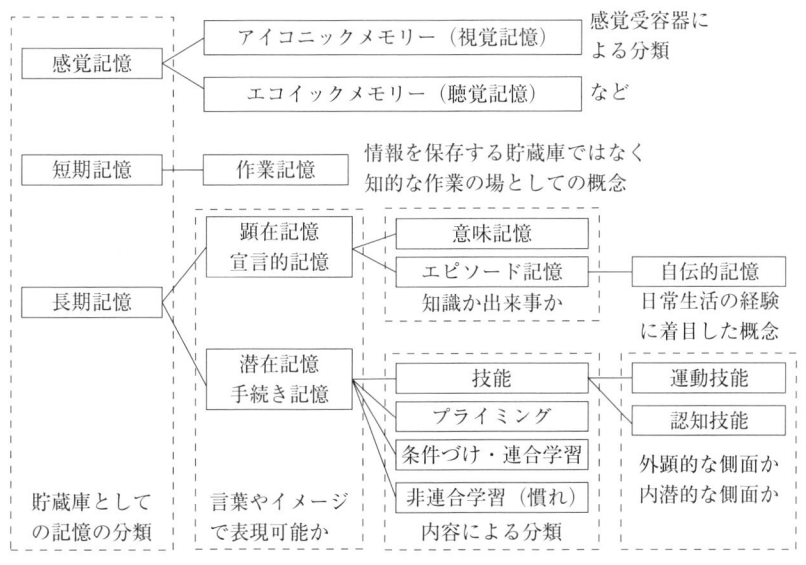

図6-5 記憶の分類

る．救急車が通った後にまだサイレンが聞こえているような感覚に陥ることがあるが，それは聴覚の感覚記憶が比較的長く保持されるためである．

短期記憶は，作業記憶とも呼ばれる．短期記憶という表現は記憶を貯蔵する装置としての側面に着目したものであるが，作業記憶は意識の場，情報処理を行う心的な作業場としての側面に着目した呼び方である．

長期記憶は，言葉やイメージによって表現することが可能である顕在記憶（宣言的記憶）と表現できない潜在記憶（手続き記憶）に分類される．また，顕在記憶は，物の名前や概念などの一般的知識に関する記憶である意味記憶と時間や空間に定位された事象に関する記憶であるエピソード記憶がある．特にエピソード記憶の日常生活経験に着目した呼称として自伝的記憶と呼ばれることもある．一方，潜在記憶は，効果器の運動の仕方（つまり外顕的な行動）や物事のとらえ方（つまり内潜的な行動）などの技能や，意識されていないが後の判断や行動に影響をおよぼすプライミング，条件づけなどで学習された連合に関する記憶，刺激を繰り返し経験することによって反応が生じにくくなる慣れなどがある．

(4) 忘却
(a) 忘却とは

記銘したはずの情報が想起できなくなる現象を忘却という．忘却は大別して，短期記憶における忘却と長期記憶における忘却の2種類が想定されている．前者は，短期記憶から長期記憶化されなかったため消滅したと考えられる．後者は，長期記憶は容量が莫大であり保存されている領域に障害が生じていないとすれば，なぜ想起できないのか？ということに関してさまざまな仮説が考えられている．

長期記憶（特に意味記憶）の忘却の記述に関する最も古典的な研究としては，エビングハウス（Ebbinghaus, H.）の実験が有名である．エビングハウスは，無意味綴り（意味のない単語）を一定の速度で暗記し，無意味綴りを全部暗唱できるまで繰り返し，全部できるまでに要した時間と反復回数を記録した．一定時間（日数）が経過した後に再び同じ綴りを記銘し，同様に全部できるまでの時間と反復回数を記録し，どの程度労力が節約できたかという保持率（節約率と言われる）を算出している．保持率は最初の短期間で急激に減少する（つまり，記銘したことはすぐに大きく忘れる）が，日が経つ

につれて，保持率はほぼ横ばいになる（数十日経つと再び記銘に必要とする時間や回数が一定になる）とされている（忘却曲線）．このことは，時間経過によって忘却が最初は急激に起こるが，以前の記憶の効果が残っていて，その後もある程度ずっと忘却は続くものの，最初よりは同じ材料であれば容易に記銘できるようになっていることを示している．

(b) 忘却がなぜ生じるか？

忘却が起こる理由の仮説として，自然減衰説，干渉説，検索失敗説，抑圧説，脳損傷説などがある．自然減衰説とは，記憶は，その記憶痕跡を使用しないと自然と消滅するという説である（さまざまな研究で反証されている）．干渉説とは，ある情報の記銘から再生までの間に，別の情報の記銘によって当該の情報の記憶が干渉されるという説である．検索失敗説とは，忘却は，記憶痕跡は消滅したことによるのではなく，手がかりがないために想起できない現象であるととらえる説である．記銘時の環境条件や体調など当該の情報と結びついた情報が手がかりとして与えられると再生成績が上がる．学校で記銘したことは，学校だと再生しやすいが，別の場面では再生しにくいといった現象はこの例である．抑圧説とは，精神分析における防衛機制論で忘却を説明する立場である．精神分析では，過去の外傷体験などは意識下にあると不快を感じるため，無意識下に追いやって思い出せなくすることで，こころの安定を図ろうとする規制（抑圧）が働くと考えている．脳損傷説は忘

●●● column ●

干渉説の再解釈——睡眠は記憶を固定化させる

忘却の干渉説の根拠を示す研究として，睡眠条件と覚醒条件での比較を示した研究は多く見られる．ジェンキンスとダレンバック（Jenkins & Dallenbach, 1924）は，無意味綴りの記銘再生課題を行っている．この課題中に睡眠をとった群と覚醒していた群で成績を比較したところ，睡眠群は覚醒群よりも再生成績が高かったことが報告されている．これは，睡眠時と比較して覚醒中は，いろいろな外的刺激による記憶の干渉が生じると説明され，最も古典的な干渉説の根拠となっている．しかし，近年ではこの解釈が疑問視されている．睡眠条件では再生率が単に維持しているだけでなく，大きく向上することが示されている．これは，意味記憶（Plihal & Born, 1997）だけでなく，運動技能（Tamaki et al., 2007）などでも確認されている．このことから，睡眠は情報処理をしていない時間ではなく，積極的にさまざまな記憶の固定が行っている時間であると考えられ，そのメカニズムに関する脳波や神経伝達物質の研究が世界中で行われている．勉強後や運動後はしっかり眠ることで学習したことがより身につくようである．

却の背景に長期記憶を司る脳の領域が何らかの器質的損傷（実際に確認できる損傷）ないし機能的問題（外見上の問題はないが機能に問題が生じている）があると仮定する説である．

● 6.4　技能学習：学習による複雑な行動の獲得

（1）練習による技能の獲得

　これまでは，おもに連合学習（刺激-反応関係に関する学習）と学習全般を支える記憶について概観した．人間は刺激に対応する反応を獲得するだけでなく，経験を繰り返し，反応の正確性を向上させたりやバリエーションを増やして環境適応能力を拡大させている．特に，感覚系と運動系を協応させて，習熟させていく技能学習は，教育の場においても重要なテーマである．感覚系と運動系を協応させる技能は，日常生活において基本的な行動（モノを投げたり，蹴ったり，箸を使ったりといった行動）から複雑な行動（楽器を演奏したり，器械体操をしたりといった行動）までさまざまある．

　このような技能は，繰り返し練習する（特定の協応動作を繰り返す）ことによって向上する．技能学習では，練習量を横軸に縦軸に遂行成績（正反応や誤反応の数や率）を示した学習曲線によって練習と遂行成績の関係を調べる．

　一般的に練習開始初期は練習量を重ねると大幅な遂行成績の向上が生じる．しかしながら，ある程度時間が経過してくると練習をしてもあまり遂行成績が変わらない時期が生じてくる．これは高原現象（プラトー）と呼ばれ，一般的にはスランプと呼ばれるものである．こういったスランプが生じる原因としては，ある程度遂行成績がよくなってくると次に成績をよくするために克服しなければならない課題が高かったり，疲労や飽きてくる（行動の新奇性が低くなる）ことでの一時的な興味の減退などが考えられる．そして，このような時期を乗り越えると，再び，練習により遂行成績が伸びてくる．このような高原現象は，ほとんどすべての技能学習で見受けられるが（特に，複雑な技能），児童生徒はこの伸び悩みを自分の能力に帰属することも少なくない．そのため，高原現象は能力の問題ではないことを伝えることが肝要であろう．

(2) 技能学習をより効果的にする方法

　このような技能学習を効率的に行う方法として，フィードバック，モデリング，ガイダンス，練習の条件設定，が挙げられる．

　練習によって試行を重ねても，自分の行動が正反応なのか誤反応なのかわからなければ，行動を修正することができない．このような結果を確認することはフィードバックと呼ばれる．自身の行動のどこが良くてどこが悪いかのフィードバックが正確に行われることで，どのように行動すれば良いかが明確化される．

　このような，練習後の状態からの知識獲得のほかにも練習前の情報提供が技能学習を向上させる．たとえば，実際に練習をする前に，当該技能を習得している手本の行動を確認するモデリングや練習前に正反応に近づくためにどのようにすれば良いか言語的に指示を与えるガイダンスなどが，反応成績を向上させる．

　これらの方法に共通して重要なことは，自分自身の技能遂行に対する理解を振り返り，修正・コントロールすることである．このような自分自身への認知活動に対する認知をメタ認知という．フィードバックなどを通じて，自分自身の理解を振り返ることが技能学習（知識学習においても）において重要であるとされている．

　また，練習の自体のやり方によっても技能成績の向上は影響を受ける．練習の仕方には，一定量の練習をまとめて行う集中法と練習をしない期間を小刻みにいれる分散法があり，概して分散法のほうが成績向上に効果的であるとされている．この理由としては，疲労や慣れが課題成績を下げることなどが考えられている．

(3) 学習の転移

　学習された技能は，手続き記憶として保持され，その後の同じ課題場面に用いられるが，それだけではない．複雑な技能の一部は，他の課題に転用される．たとえば，スケートボードの練習を日々している人は，未経験であってもスノーボードの学習も早いであろうことは想像に難くない．過去の経験や学習が後続学習に影響する現象を転移といい，上記の例のような後続学習に促進的に働く現象を正の転移，妨害的に働く現象を負の転移という．たとえば，外車から国産車に乗り換えたときにウインカーを出そうとして，間違

えてワイパーを出してしまい，初めて車に乗ったときの学習よりも技能の定着までに時間がかかるといった例が負の転移として挙げられる．

● 6.5 問題解決：未経験の課題への行動遂行と調整

(1) 問題解決とは

これまで，経験から新しい行動を獲得する学習とその背景にある記憶について学習した．学習によってさまざまな行動のレパートリーを拡大していくことで環境適応している．しかしながら，すでに獲得した行動では対処できない新たな場面（問題解決場面）も多々存在する．このような時に高次な生活体は，新たな手段を見つけてこれまでにない行動を産み出し対応している（問題解決）．このような，新たな行動を産み出し，支え，方向づける心的過程は思考と呼ばれる．この問題解決はどのように生じていたり，思考はどのようになっているだろうか？

(2) 問題解決過程・思考の理解

問題解決はこれまでおもに行動主義心理学・ゲシュタルト心理学・情報処理心理学の立場から理解されている．

(a) 行動主義心理学からの問題解決の理解：試行錯誤

先述した，ソーンダイクは試行錯誤学習の経験をする中で，問題解決は，問題解決場面において試行錯誤している間に"偶然"その場面を変化させる行動が生じる（そして，強化や弱化が起こることで次から同じ場面での反応

●●● column ●

行動コーチング——科学的根拠に基づくスポーツトレーニング

近年，学習理論や行動科学を複雑な技能学習であるスポーツに応用し，効果的で満足度を高めることを目的としたスポーツ心理学が新たな学際領域として注目されている．特に学習理論を応用し，スポーツパフォーマンスを向上させることを目的とした行動コーチング（Behavioral Coaching）に関する研究は，海外では長い歴史があるものの日本では浸透していない現状があり，日本での展開が期待されている（高山・加藤，2011）．行動コーチングでは，練習効果に影響する要因の検討とそれに基づく介入の提案がなされている．最近では，工学技術の発展に伴い，高解像度の映像を用いたビデオによるモデリングやフィードバックなどが提案され，技能学習の向上が確認されている．

潜時や反応頻度が変容する）ことによると考える．つまり，行動主義心理学では，問題解決は探索中に，環境にさまざまな働きかけを行う中での偶発的な正解に出くわした結果と考えるのである．

(b) ゲシュタルト心理学からの問題解決の理解：洞察

ゲシュタルト心理学とは，心理学の対象とする"こころ"を全体性という立場からとらえようとする考え方である．これに対し，行動主義心理学は"こころ"を一つひとつの観察可能な行動という要素に分解してとらえようとする立場（要素還元主義）である．このゲシュタルト心理学の代表的な研究者であるケーラーは，カナリア諸島の類人猿研究所でのチンパンジーの観察研究を報告している．

観察したのは，檻の中のチンパンジーが天井からぶら下がっているバナナを取ろうとする場面である．最初は手を伸ばして取ろうとするが，失敗する中で近くにあった箱と棒を使ってエサをとることに成功する．この観察において重要な点は，対象の類人猿が最初から"エサを取ろうとして手を伸ばす"という合目的的な行動をとっているという点（つまり，全然関係ない行動をしているわけではない）と，"突然"箱と棒を使い出すという行動が生じているという点である．このことは，組織化され，方向づけられた努力により，問題解決場面全体の構造を把握し，目的を達成するにはどのようにしたら良いかという目的-手段の観点から状況を正しくとらえ直すことをしているということである．このような，環境のとらえ直しを知覚の再体制化といい，こういった問題解決の見通しを洞察という．

(c) 情報処理心理学からの問題解決の理解

情報処理心理学の立場の研究者は，ゲシュタルト心理学の考え方は，どうして問題解決にいたったかという「心的過程」に言及されていないと指摘し，心的過程の解明を試みている．この立場では，問題解決場面を初期状態から目標状態にするための場面（初期状態から目標状態までにさまざまな状態変化がある）としてとらえる．そして，その場面を探索するプロセスを問題解決過程としてとらえ，その探索の仕方を調べている．

探索の仕方には，経験や他の情報を利用せずにあらゆる状態を想定して一つひとつ検証していく探索方法と，経験や他の情報からあたりをつけて試していく方法がある．前者の方法は，あらゆる生じうるパターンを計算し，行動し，その行動が目標へ近づいているかを検証，再計算することを繰り返し

ながら行っていく方法である．このような方法は演算規則的探索（アルゴリズム）と言われる．一方，後者の方法は，経験や他の情報から類推（アナロジー）し，その類推により生じる仮定に従って，一つの可能性を洗練化させていく方法であり，発見的探索（ヒューリスティック）と言われる．代表的な発見の仕方としては，「目標状態（A）に行くには，これがこうなる（B），こうなるためには，あれがああなる（C），そのためには……」と目標状態を（B），（C）といういくつかの下位目標に分解して連続的に分析していく手段-目的分析などがある．

● 6.6 学習理論を応用した行動の理解と支援

　本章で概説した学習理論は，人間行動の基本的な理解を提供するだけでなく，教育現場での児童生徒の理解や援助に応用されている．

　実践場面では，児童生徒の不適応（たとえば情緒的な問題やいじめ，非行，不登校といった行動的な問題）を学習された行動として理解し，それに基づく理解と支援が提供されている．こうした理論の有用点は，近代科学のパラダイムに基づいて演繹された理論から不適応を理解できると同時に，消去と再学習の視点から支援方略を提供できるところにある．こうした，学習理論に基づいた心理援助は行動療法，認知行動療法と呼ばれており，基礎理論の発展を受けてさまざまな援助技法が開発されている．

　さらに，これらの学習は，不適応のみならず，適応的な行動をよりいっそう促進することにも寄与できる．児童生徒の適応的な行動を促進するような教師の努力と成功は，学習理論から説明できることも多い．たとえば，教科学習場面において簡単な問題からステップアップし達成感を得ながらより難しい問題へ進んでいく工夫（プログラム学習）はオペラント条件づけで説明することができる．

　学習理論を理解することで，日々の教育活動を根拠に基づいて行うことができたり，根拠に基づいて修正できるようになる（少なくとも，そういった意識を持つことができる）．学習理論は，近年，よく聞かれるようになった教育活動のアカウンタビリティ（説明責任）の徹底の上でも重要な理論であろう．

[山本隆一郎]

(注1) 記銘・保持・再生という表現は，経験を保管する装置としての記憶の側面に着目した表現であり，符号化・貯蔵・検索という記憶の側面は情報処理システムとしての記憶に着目した表現である．

【引用文献】
Atkinson, R. C. & Shiffrin, R. M.（1968）. Human memory: A Proposed system and its control process. In Spence, K. W., & Spence, J. T.（Eds）, *The Psychology of learning and motivation: Adovances in research and theory. Vol.2.*, Academic Press.
Bandura, A.（1976）. *Social leaning theory.* Prentice Hall.
　（原野広太郎(監訳)（1979）. 社会的学習理論　金子書房）
Jenkis, J. G. & Dallenbach, K. M.（1924）. Obliviscene during sleep and waking. *The American Journal of Psychology*, Vol.35, pp.605-612.
Pavlov, I. P.（1927）. *Conditioned reflexes.* Oxford University Press
Plihal, W. & Born, J.（1997）. Effects of early and late nocturnal sleep on declarative and procedural memory. *Journal of Cognitive Neuroscience*, Vol.9, pp.534-547.
Skinner, B. F.（1938）. *The behavior of organisms.* Appleton Century-Crofts
高山智史・加藤哲文（2011）. スポーツパフォーマンスにおける行動コーチング（Behavioral Coaching）研究の現状と課題　上越教育大学心理教育相談研究　Vol.11, pp.83-96.
Tamaki, M., Nittono, H., & Hori, T.（2007）. Efficacy of overnight sleep for a newly acquired visuomotor skill. *Sleep and Biological Rhythms*, Vol.5, pp.110-115.
Thorndike, E. L.（1898）. Animal Intelligence -an experimental study of the associative process in animals-. *Psychological Review Monographs（Supplement）2, No.8.*
Watson, J. B. & Rayner, R.（1920）. Conditioned emotional reactions. *Journal of Experimental Psychology*, Vol.3, pp.1-14.

【参考文献】
金城辰夫(監修)　藤岡信治・山上精二(共編)（2006）. 図説　現代心理学入門［三訂版］　培風館
熊野宏昭（2011）. マインドフルネスそしてACTへ――二十一世紀の自分探しプロジェクト　星和書店
山内光哉・春木豊(編著)（2001）. グラフィック学習心理学　サイエンス社
辰野千寿（1997）. 学習方略の心理学――賢い学習者の育て方　図書文化社

課題

1 シナリオ：デパートのおもちゃ売り場で，おもちゃを買ってと子どもがねだっています．最初のうちは，保護者は買ってあげませんでしたが，子どもがその場でひっくり返り泣き出すと，保護者は根負けし，おもちゃを買ってあげました．

問1 子どもはどのようなことを学習したと考えられるだろうか？

問2 問1で答えたような学習が生じないようにするためにはどのような方法が考えられるだろうか？ できる限り多くの案を挙げてみなさい．

問3 問1で答えたような学習を解除するためには，今後同じ場面が生じた際に，保護者はどのように接することが効果的であると考えられるだろうか？ できる限り多くの案を挙げてみなさい．

2 次の空欄に当てはまる語句を答えなさい．

　記憶の過程は，保持時間の観点から3段階にわけて理解されることが多い．情報が感覚器から入力されると，（ ① ）において保持時間はごく短いものの，そのままの状態で保持される．その後，その情報の中で選択的に注意を向けられた情報は（ ② ）に送られ，保持時間は数十秒程度であり，保持される情報量は（ ③ ）チャンク程度であるとされている．その後の情報をそのままの形で反復する（ ④ ）と呼ばれる比較的単純な情報処理によって，（ ② ）に保持されたり，他の情報と結びつけたりといった（ ⑤ ）と呼ばれる深い情報処理によって，半永久的に情報を保持する（ ⑥ ）へ転送される．

3 次の空欄に当てはまる語句を答えなさい．

　人間は，元から備わっている（ ① ）行動だけでなく，学習によって獲得する（ ② ）行動によって適応している．さらに，これまでに経験をしたことのない場面においては，新たな手段を見つけてこれまでにない行動を産み出し対応する．このような問題解決を説明する理論の中でも，ゲシュタルト心理学の立場からは，問題解決は問題の場面を目的-手段の観点から正しくとらえ直すという（ ③ ）によって達成されると考える．一方，情報

処理心理学の立場では，情報処理過程に着目し，経験や他の情報を利用し，類推によって一つの可能性を打ち出しそれを洗練させていく（　④　）という過程と，あらゆる可能性を計算し，状況変化を検証しながら収束させていく（　⑤　）という過程から問題解決を説明している．

【2の正答】
①感覚記憶，②短期記憶，③7±2，④維持リハーサル，⑤精緻化リハーサル，⑥長期記憶
【3の正答】
①生得的，②習得的，③知覚の再体制化，④ヒューリスティック，⑤アルゴリズム

第7章

動機づけ

7.1 動機づけとは何か

　ある日の教室で，明彦と晴雄が殴り合いのけんかをしていた．そのクラスの担任は「どうしてけんかなんかしたの」と二人に聞くだろう．また，手を出した晴雄に対して「なぜ殴ったの」と問いかけるだろう．この「なぜ」や「どうして」という言葉は，教師としてその場を収拾しなければならないという役割欲求による「動機づけ」による言動であると説明することができる．動機づけ（motivation）とは「ある行動を引き起こし，特定の目標の方向に導く力」と定義されている．つまり，人がある行動を始め，その人の欲求が満たされる方向に向かって行動を続けることを意味しているのである．

　学校の日常として，楽しく学校に行ける子どもの姿，嫌がりながらも勉強している子どもの姿，休み時間に元気良く外で遊ぶ子どもの姿，友達と教室内でおしゃべりをしている子どもの姿などが思い浮かぶであろう．それぞれの子どもの背景にはさまざまな動機と目標があってそのような行動が続いているのである．

　以上のように，教育現場における動機づけは，特に子どもの学習プロセスにおいて多くの研究者により注目されてきた重要な概念であると言える．また，動機づけを検証していくうえで心理社会的要因が重要な要因であることが認められ，親子関係や対人関係のあり方も複雑に子どもの学習プロセスに影響していることが明らかになっている（杉浦，2000；石本ら，2009）．したがって，効果的な教師であるためには，子どもを学習に導き，学習目標に到達させるために動機づけのさまざまな要因を理解していることは非常に重

要である．

　本章では，子どもの「やる気」つまり動機づけとは何かを明らかにしていくが，その前に，どうして学習活動に対し意欲のない子がいるのか．また以前は優秀な生徒だった子が，なぜ勉強嫌いになってしまったのか．そのような問題の背景となる環境について説明を進める．

(1) 動機づけと諸問題

　学校における子どものいじめや不登校，非行や攻撃的行動，および子どもの自殺などに関する近年の問題は，ここ最近の特徴的な問題ではなく，20年以上も前から続いている現象である．また現代日本における社会的現象として，経済的格差が日常的に指摘されるようになった．学校においては給食費等の未納者の問題が指摘されているように，貧困の問題が教育現場で深刻な現実となってきている．このような問題に直面している子どもたちはどんなに高い能力を持っていても，多くの研究者が認めるように，自分を大切に思う自尊感情や学習に対する意欲の低下が認められている．では，どのような教育環境の問題が子どもの学習に対する動機づけを低下させているのか考えてみよう．

(2) 教育環境の問題

　教育環境の問題として，ここでは，社会経済的な背景による問題と，家庭や学校における他人関係の問題，子どもの性格特性と絡み合った内的な問題より子どもの教育環境を見ていきたい．

(a) 社会経済的な背景

　近年は世界的な経済不況に伴い両親が働く家庭の増加がみられる．親は家族のため子どものためと思い一生懸命に働いているのだが，親のそのような気持ちが子どもに伝わらず，子どもは親からの愛情に満たされず，自分が一生懸命にがんばったことに対して励まされたり，ほめられたりという認識がない子どもが多い．つまり，親の意図とは裏腹に自身の行動を肯定的に認めてもらえている子どもが少ないように思われる．これらの問題は，学習意欲に大きな影響を与えるものである．

　前述のとおり，近年の教育現場における貧困の問題は，明らかに子どもの動機づけモデルに影響を与えている．盛満（2011）は学校生活の中で貧困層

の子どもに特徴的に見られる課題を明らかにするために研究を実施し，対象となった生活保護世帯出身生徒の約半数が「脱落型」の不登校を経験し，学習資源の不足，および，子どもの将来に対する夢に関して，意識的・無意識的に職業水準の上限を感じとり，学校で努力する意義を見いだせないでいることが直接的に子どもたちの低学力に関係していることを指摘している．また，現代日本の家族形態として親の離婚による一人親家庭の増加に関しても，経済的に不利な状況で生活を強いられている子どもたちは，同じような問題にいたっている．

心配する気持ちや不安が高い状況では，人は自己防衛的になり学習の妨げになることが指摘されている．では，このような悪環境にいる子どもはどのようにして学校に楽しく通っているのだろうか．また，学習活動に対する動機づけはどうなのか，理解していることが望まれる．

(b) 対人関係の問題背景

教師の指導力不足や親の養育力の問題も，子どもを取り巻く環境的問題であり，子どもの学習意欲の低下に関わる他の要因として重要である．親密な友人関係や親との信頼関係など，対人関係が良好であるかないかが，学校適応に影響するばかりでなく，動機づけモデルにも影響するといえる．

今日の学校では「いじめ自殺」に代表されるように，多くの子どもはこのような対人関係の中で日々の生活を送っているのである．たとえば，「バイ菌ごっこ」や「プロレスごっこ」に代表される「遊び型いじめ」について中学生の認識を調査した研究結果では，被害経験のある生徒でさえ，遊び型いじめは「いじめではない」という認識を持ち，さらに傍観経験を有する子の方がその経験がない子よりも「いじめではない」という認識を持っていることを明らかにしている（谷口，2010）．この結果から，現代の子どもたちの深刻ないじめ環境における人間関係が複雑化していることを指摘しているものと考えられる．したがって，教育の専門家はまず，子どもの学習に対する動機づけを考える前に，積極的に子どもの教育環境を改善していくことが望まれる．

(c) 子どもの内的な問題

学校での生活が充実しているかどうかは，子どもの心理社会的適応にとって重要な要素である．学校で友達と仲良く遊べるか，仲間から孤立して教師に対して反抗的な態度を取らないか．このような行動を学校不適応という

が，学校不適応は子どもの社会性やパーソナリティの発達にネガティブな影響を与えることが明らかになっている．また，学校不適応を起こしている子どもは，必然的に学習意欲も低下すると言われる．したがって，子どもが成長していく過程で，信頼関係に基づく親子関係や対人関係は子どもの適応力や社会性を促し，その影響は学校における人間関係にプラスに影響を及ぼし，結果として学校不適応に陥ることもない．

たとえば，子どもの協調性などに代表される性格特性と親や先生を信頼している対人的信頼関係は，子どもの学校適応を予測する上で重要な要因であることが指摘されている（吉竹ら，2012）．言い換えれば，学校に良く適応している子どもは，親および教師や友人との信頼関係が良好であり，子どもの自己効力感および自己統制感も高いことが理解できる．したがって，子どもを取り巻く環境は子どもの内的要因と相互作用し子ども自身の特定の目標に対する欲求と動機づけを決定するのである．近年の子どもに見られる人間関係を形成していく力の低下は，弱い自尊感情や低い自己効力感を形成し，学童期における不登校，いじめや学習不適応をはじめ，うつ病，ひきこもりなどの問題を青年期に引き起こすことにもなるであろう．

このように学習に対する動機づけのプロセスを可能にする要因として，家庭がおかれている経済的状況と人間関係の質がある．現代の子どもたちの動機づけの問題解決は，この環境問題や子どもの内的問題に対処することが重要であると思われる．

7.2 動機づけの理論

教育現場で子どもたちの学習に対する意欲を効果的に高められる教員はどのようなことをしているのだろうか．あるいは，学習に対して意欲を持って取り組んでいる子どもたちはどのような特性があるのだろうか．また，そのような子どもたちはどのような教育環境や家庭環境で育っているのだろうか．学習意欲は「達成欲求」とも言われ，高いレベルの学習を追求する欲求を意味する．このような欲求が高い子どもは学校で良い成績を維持できるであろう．アトキンソン（Atkinson, 1983）によると，高い成績を得ることに成功する人は高い達成動機を持っているといえる．したがって高い達成欲求がある人は，低い達成欲求の人よりも一般的には内発的動機づけによって行

動し，野心的で，自立心が高く主体的に学習活動ができると見ることができる．心理学の分野では長年にわたり，実証研究に基づきさまざまな理論が構築されてきている．ここでは動機づけに関係する主要な理論を学習する．

(1) 外発的動機づけ・内発的動機づけ

　一般的に動機づけの分野の研究者は主として二つのタイプの動機づけを指摘している．外発的動機づけと内発的動機づけである．外発的動機づけとは，報酬や罰などの個人の外にある要因にもとづく動機づけであり，その行動は結果が得られることにより終結するものである．たとえば，友達と旅行に行きたいがそのための預金がないときは，アルバイトをしてお金を貯めることになるだろう．その場合，人はできるだけ短時間で多額な収入を得られる仕事を探すであろう．つまり，目的は目標の金額を貯めることで，仕事の内容はどうでもいいと考えられる．

　教育現場においても子どもの動機づけは，先生の花丸，がんばり賞，自由時間の特典など，外発的動機づけに基づいて学習行動を起こす例を思いつくであろう．また，親が子どもに「次の算数のテストで100点をとったら1000円あげるよ」と言い，子どもは，算数を理解したいという気持ちよりも，1000円が欲しいと思い勉強をがんばることなどである．

　一方，内発的動機づけとは，ある行動を行うこと自体に価値があり，結果がどうであれ，その行動をとることに目標をおいている場合である．つまり，その行動の背景に明白な報酬が認められないような行動を指す．人は外部の価値観や報酬に関係なく，純粋に個人内の関心・欲求に基づいて何かを達成しようとがんばり，成功に導こうとする．このような行動が内発的動機づけにもとづいた行動なのである．

　しかし，複雑な生活場面で起こる人の行動は，その行動が内発的動機づけに基づくものであるか，外発的動機づけに基づくものであるかを厳密に区分することは非常に困難なことである．たとえば，がんばったことに対して母親に「良くがんばったね」と笑顔でほめてもらうことが，ある子どもにとってすごく嬉しいこととする．すると，その子は学校の勉強をしっかりと理解してテストでも良い点をとりたいとがんばるようになる．彼の動機づけはたしかに母親のほめ言葉と笑顔という報酬に基づいている．しかし，一方でしっかり理解しようという気持ちはあり，内発的動機づけでもありうるのである．

したがって，基本的な原因の所在は外的であるが，自分の興味，関心に従って学習を行っていれば原因の所在は内的といえ，内発的動機づけとなる．

デッシーとライアン（Deci & Ryan, 1985）によれば，内発的動機づけに基づいて行動している人は結果が重要なのではなく，その行動の過程に集中し力を尽くすことに動機づけられているとしている．また，ゴットフレッド（Gottfried, 1985）は小学生と中学生を対象に質問紙を使って研究し，結果として内発的動機づけに基づいて学習している子どもはそうでない子どもよりも学校の成績が良かったとしている．学校では実際多くの子どもたちが知的好奇心から学習に対し意欲的に取り組んでいるのではないか．しかし，教師が授業を進める上で必ずしも教師の役割欲求とクラスの学習進度やカリキュラムの目的と，子どもの欲求が一致するとは限らない．さらに外的報酬が使われることによって，そのような生徒の動機づけを刺激するどころか逆効果になることすらある．

以上のように，教育場面で重要なことは，いずれの動機づけも行動に影響を与えるという事実と，最終的に内発的動機づけに到達できれば，はじめは外発的なスタートであっても良いのではないかということである．したがって，教師は内発的動機づけにつながる学習の支援をすることを常に念頭に置いて取り組む必要がある．

(2) 価値・期待モデル

伝統的に，動機づけは期待（expectancy）と価値（value）という主観的な信念によって構成され，期待とは成功可能性に関する信念であり，価値とは活動に対する価値づけである．この考え方は，社会的認知理論の範疇にはいる．バンデューラの「自己効力感」はその代表的な概念である．

価値・期待モデルによれば，次の二つの結果を出すために人は進んで力を注ぐというものである．一つは，その活動を終えたときに得られる報酬にどれだけ価値があるか，もう一つは，その活動をするときにどれだけ成功に導くことができるかという期待によるものである．たとえば，地面に植木を植える穴を掘ることはたいていだれでもできるが，植木を植える必要がない場合，その行動を起こすことはないであろう．また，走ることは得意でも，今は運動する必要もない場合，その活動に動機づけが起きることはない．さらに，学生にとって，ある課題に挑戦することは高い価値があるとする．しか

しその課題に対して達成できる自信がないとき、上の例と同様にその課題に動機づけが生まれることはないであろう。この理論で強調されている点は、動機づけが成立する条件は活動の結果に価値があることと、その活動を成功できる期待が同時にあることである。

(a) 自己効力感

アルバート・バンデューラ (Bandura, 1982) は、1963年に個人の要因、個人を取り巻く状況、自己および他者の行動、の相互関係の中で人の行動をとらえている社会的学習理論（近年では社会的認知理論）を提唱した。そして、後にこの概念をもとに自己効力感（self-efficacy）の理論を構築した。

自己効力感とは、目標に到達できる力があるかどうかの個人の信念（期待）がどの程度努力を費やす必要があり、その努力をどのくらい継続できるかを決定する力である。よって、行動の結果をどのように予測するかが動機づけの原点であると考えているのである。また、特定のことに対する個人の能力に関する信念であることに加え、この信念の正確性は問わないものであることに注目する必要がある。しかしながら自己効力感は目標に到達できる力であり、行動の選択に影響を与えるものであると理解できる。

バンデューラによると、高い自己効力感のある子どもの予測できる行動として次の二つをあげている。一つは目標に到達できるように行動し、確実にその目標を成し遂げることができること。二つ目は望む目標に対し結果を導きだすことができることである。一方、低い自己効力感をもつ子どもは次のようになる。自分の力では、勉強や宿題などの課題を達成できないと信じるか、自分にはその行動を取る力はあるが、望む結果を導くことはないだろうと信じる場合である。

このように、自己効力感は教師にとって理論的にも実践的にも重要な概念である。シャンク（Schunk, 1982）によれば、学校で良くできるという効力感は、学習における高度な発展課題に対して子どもが継続的に努力することを促し、子どもがその学習の進歩を認識することによって、さらに動機づけを維持させるのである。

バンデューラとシャンク（Bandura & Schunk, 1981）は、アメリカの6つの小学校から算数に問題がある子ども40人を選び、1回の介入で6ページの練習問題を目標とする近い目標群と、練習問題全部を終わらせる目標の遠い目標群、目標がないが練習問題をするのみの目標無し群、そして統制群に

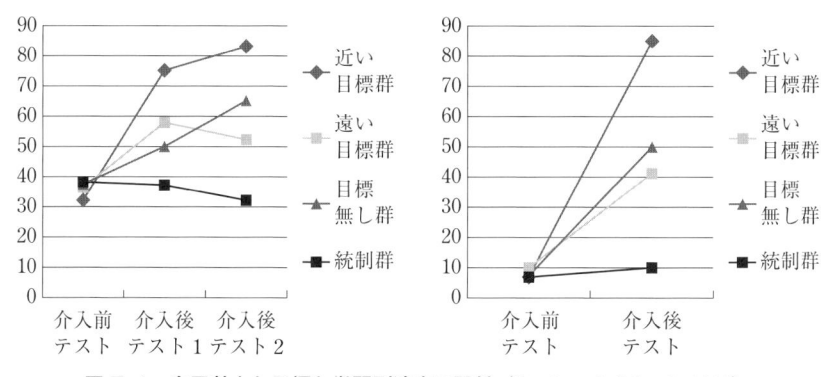

図 7-1 自己効力と目標と学習到達度の関係（Bandura & Schunk, 1981）

分けて引き算の問題を練習させる実験を行った．図 7-1 の左側は，引き算のテストを介入前と介入直前と介入後に実施し，算数に対する子どもの効力感がどの程度変化したかを測った結果である．右側は自主的な学習活動として提供された引き算のテストの達成度を介入の前と後に測った結果である．これらの結果より，子どもの動機づけに近い目標を設定した場合に効力感は高くなることを検証し，効力感は高くなると内発的動機づけによって活動するようになることを実証した．よって，子どもの動機に近い課題に取り組ませ，課題に集中できる力を促すことが重要であると指摘している．

(3) 欲求と動機モデル

心理学の分野で比較的初期に人間の欲求と動機の関係を研究した研究者はヘンリー・マーレーであった．マーレー（Murray, 1938）は欲求の概念を，有機体を目標に向かって動かす，力動と緊張として説明している．この概念では目標を達成できた時，その緊張感を和らげることができるとしている．欲求が生まれると人は欲求を軽減させるか満たす行動をとるが，この行動に移す欲求を動機と呼ぶ．強い欲求になればなるほどこの力動も大きくなり，人を目標に向けた行動に駆り立てる．さらに，欲求は通常，二つの段階に分けられる．一次欲求と二次欲求である．一次欲求は生存するために必要な基本的な欲求である．したがって，食物，水，酸素などが含まれる．二次欲求は，生理的な生存のためには基本的で重要なものではないが，明らかに心理的な健康と幸福感のためには必要なものである．つまり，仲間関係，名声，

社会階級,確約などが含まれる.

　これらの理論により,学習の動機づけが乏しい子どもの背景を考えてみると,一つはある活動に対して単純に欲求が低いことがあげられる.つまり,その子どもは今の状況に満足していてその活動をする意味を見つけられない.二つ目に,子どもは欲求に対して強く反発するか,他の欲求が強いことがいえる.たとえば,男子と女子が互いの想いを伝えることの方が勉強よりも強く,勉強が手につかないことなどである.三つ目は,子どもは欲求を達成する動機はあるが,単純に欲求を達成するためのスキルに欠けることがあげられる.この場合,子どもはその活動に参加したいという欲求を持っているだけでなく,その活動に参加できていない自分に対して欲求不満に陥っている可能性がある.したがって,教育現場では学習に動機づけを促す際に,その活動に必要なスキル・トレーニングを実施し,子どもが何に関心を持ち,どのような欲求が存在しているのかを理解し,また対抗する欲求を減少させる方法を理解しておく必要がある.

(a) マズローの動機の階層性

　マズロー(Maslow, 1970)は,動機づけを「自己実現」という概念を用いて説明し,人間の最高の目標はこの「自己実現」であると考えた.自己実現とは,成長し,本来あるべき人間存在になろうと努力する力を意味し,私たちが社会生活を営む上で必要な欲求といえる.この自己実現傾向は,人間が固有に持つものであると考えられ,自己実現の力が働くことによって動機づけられ,能力,技能,感情の発達が促される.

　図7-2のように,マズローは,人間の欲求には「生理的欲求」を基礎とし,下位の欲求の実現が上位の欲求の実現の基礎となるという概念的枠組み

自己実現の欲求	成長動機
審美的欲求	
知識・理解の欲求	
承認・評価の欲求	欠乏動機
愛情・所属の欲求	
安全・不安回避の欲求	
生理的欲求	

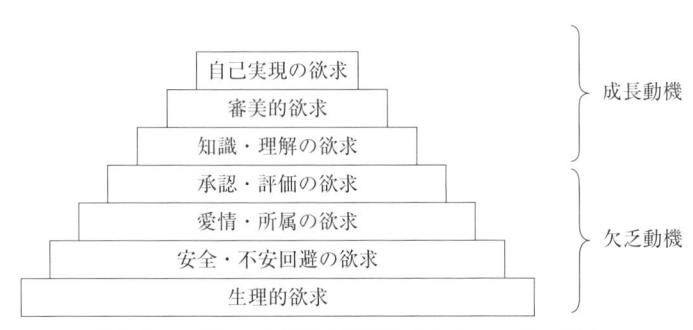

図7-2 マズローの動機の階層性 (Maslow, A. H., 1971)

を構築した．欠乏動機とは，食物，水，睡眠，痛みの軽減を身体が必要としていてそれが足りていない状態の時に，心理的および生理的なバランスが崩壊することにより起こる欲求である．また，「安全・不安回避の欲求」「愛情・所属の欲求」と自尊感情を高める「承認・評価の欲求」もこのグループに入る．マズローによれば，「安全の欲求」とは身の安全のほか心理的な安全も含み，下位の欲求が満たされない状態では，それより上位の欲求が働き始めることはないとする．

たとえば，不登校児を例にとると，成長動機である学習意欲より「愛情・所属の欲求」や「承認・評価の欲求」など下の階層の欲求が満たされないために学校活動に意欲的に取り組めない子どもの姿が見えてくる．不登校を繰り返す子どもたちは，親や先生からの評価が低く，承認欲求が満たされていない状態に長くおかれていることが原因であることが多い．したがって，成功体験を通して自尊感情を高め，子どもにとって大切な人（たいていは母親，父親であることが多い）から小さな努力を認めてもらうことで欠乏動機が満たされると，学校に行き友達と遊びたいという動機づけが生まれてくるのである．

教育者や子どもの保護者は効果的に学習意欲を高める指導方法に関心が強いが，マズローの概念によれば，子どもの欠乏動機である基本的欲求をまず確認する必要がある．そして，上三段階の成長動機に向かうべきである．成長動機は貪欲に成長を追求するもので，欲求を満足させることに無限の力を持っているといえ，「知識・理解の欲求」「審美的欲求」（美に対し感謝できる）を経て自己成長へいたる．これらの欲求は，欠乏動機のように本当の意味で満たされることはないが，むしろこの欲求は継続的に発展し経験とともに新しい方向性も広がるものである．

マズローの動機の階層性についてさまざまな議論がなされているが，その主たる批判として，人の欲求を単純化しすぎていることが指摘されている．しかしながら，そのような限定的な理論であっても多くのことを理解する手がかりを与えてくれることは見逃せない．

(4) 原因帰属理論

人は行動の結果を引き起こした原因をどのように見ているのか．また，その後に続く行動に対し人の信念はどのように影響するのかを，原因帰属理論

は発見しようと試みている．つまり原因帰属理論は，人が成功や失敗の原因を何に帰属させ，将来の成功に対する期待，つまり動機づけに影響を与える要因と目標を概念化しているといえる．

表 7-1 ワイナーの原因帰属理論による動機づけの分類 （Weiner, 1979）

	内的		外的	
	安定	不安定	安定	不安定
統制不可能性	能力	気分	課題の困難度	運
統制可能性	日頃の努力	直前の努力	教師の偏見	他人からの援助

表 7-1 に示すように，ワイナー（Weiner, 1979）は，成功や失敗の原因は統制の位置（Locus of control），安定性（Stability），統制可能性（Controllability）の三つの次元によって分類している．つまり，統制の位置とは，その原因が個人内にあるのか，個人外にあるのかを意味し，安定性とは，時間的に変化しやすい不安定な要因であるかそうでないか，そして統制可能性とは，個人で原因をコントロールができるかできないかという次元である．ワイナーの研究によれば，学習到達度の低い子どもは失敗の原因として，自分自身を責め，能力が低いことを強調する傾向があることを指摘している．一方，学習到達度の高い子どもは，成功に関しては自己の内的な安定した要因に原因を帰属させ，失敗については試験の問題が不当に難しかったとする外的な要因，あるいは，十分に勉強する時間がなかったとする内的で統制が可能な要因に原因を帰属させていた．すなわち，自尊感情に伴う感情が動機づけを左右することになる．

(5) 学習性無力感と学業不振

学習性無力感とは，成功する可能性がまったくない状態と信じるために起こる失敗の期待である．つまり，学習場面で繰り返し失敗を経験している人に見られる現象で，いくらがんばっても無駄だと思い込んでしまうことである．この状態で子どもを放置しておくと，恥の感情や自己疑心が子どものこころに残り，成功するための動機がなくなってしまう．

セリグマン（Seligman, 1975）は，学習性無力感の実験をはじめに犬に行い，次にネズミに対して行っている．基本的には 3 回ノブを押して箱から逃

げることが課題であるが，失敗すると電気ショックを与えるという伝統的な実験スタイルである．80匹のネズミは5つの実験群と5つの統制群に分けられ，箱から逃げるトレーニングを受ける．その後，実験群のネズミは，逃げられない条件で電気ショックを与えられ，そして統制群と同様の条件で逃げられる条件の箱に入れられ実験は進行した．図7-3に示されるように，結果は逃げられない条件で電気ショックを受けているネズミは学習性無力感が生じ，逃げられる条件下でも逃げることをあきらめたのである．

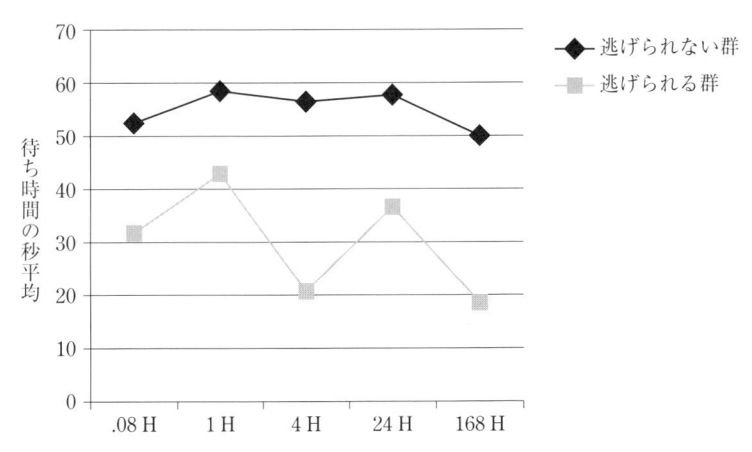

図7-3 合計20試行における，ノブを押して逃げるかじっとして待つ時間の秒平均
(Seligman, 1975)

ドウェック (Dweck, 1975) は，学習性無力感に陥っている子どもの失敗に対する帰属を変容させるためにはどうしたら良いのかを検証するために，12名の学習性無力感に陥っている小学生を，努力に原因を帰属させ成功を経験させる群と成功のみを強調した群に分け，算数の練習問題を解く介入指導を長期間にわたって実施している．図7-4に示すように，これらの2群を比較すると，努力に原因を帰属させ成功を経験させる群は，算数の問題に対する不正解率が明らかに減少していた．ドウェックは努力を強調することによって学習性無力感に陥っている子どもの動機づけを高めることに成功したと報告している．また学習性無力感に陥った子どもは継続的に頑張る子どもと比較し，結果に対して自分をふり返ることはなく，成功か失敗の結果に対する努力の役割について軽視している傾向があるとしている．一方，成功の

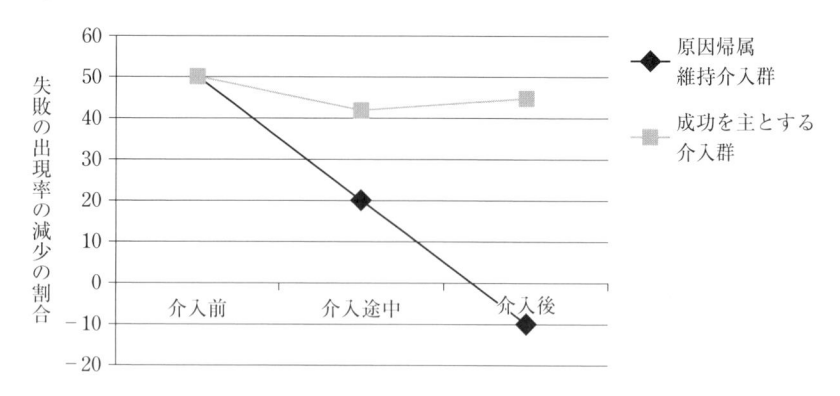

図 7-4　原因帰属維持介入と成功を主とする介入の失敗の出現率に関する得点
（Dweck, 1975）

みを強調した群は，テストの回数を重ねるごとに失敗に対して敏感になっていった．

以上の実験から明らかな教育上の問題点として次の三つがあげられる．

① 自己の能力に希望を失った子どもは動機づけが低下し課題に取り組まなくなる．それは，また失敗するだろうと考えるため，課題に取り組むことは無意味だと考えてしまうからである．

② 子どもは学習に悲観的になると，知識や技能を習得したり改善したりしようとしなくなる．

③ 失敗体験が重なると，うつや不安といった情緒的な問題を引き起こすこともあり，一度生じた無力感を取り除くことが難しくなる．

また，対応としては一貫して「努力」に原因を帰属させることを促す指導が中心であるが，学校の活動において，適度な柔軟性を持つことによって子どもの動機のレベルに合った対応ができると思われる．

7.3　動機づけの応用

(1)　達成動機を高めるために

他人との比較ではなく個人の努力や成果が認められるとき，子どもは強く動機づけられるといわれている．よって，学習活動を効果的に進めるためには，教師は子どもの多面的な力を理解していることが重要である．評価のあ

り方についても深く関係があるのである．

(a) 自己能力の信念

多くの研究が，子どもの自己の能力と達成結果に対する，「できる，できない」に関する信念と動機づけには関係があるということを検証してきた．ここでは，二つの異なる能力の見方を考えてみよう．ドウェック（Dweck, 1986）は，最も動機づけに影響を与えるものとして，通常人がもっている自己の能力の見方をあげている．一つは，知能は安定していて統制不可能なものであるという考え方で，固定的知能観である．もう一つはこれとは反対に知能は安定的なものではなく，統制可能なものであるという考え方で，拡張的知能観である．さらに，学業達成場面における2種類の達成目標（achievement goal）として成果目標と学習目標を考え，その目標が学習行動に影響するというものである．

表7-2に示すように固定的知能観をもっている子どもは，自分の現在の能力が高いと考えている場合には意欲的に行動するが，低いと考えている場合は意欲を失う．ところが，拡張的知能観をもっている子どもは，どちらであっても意欲的に行動し，自分の技能を磨こうとするし，失敗しても訓練が十分でなかったと考える．このように自己の能力に対する信念が行動パターンに大きな影響を与えるというモデルである．

表7-2　達成目標と達成行動（Dweck, 1986）

知能観	目標志向	現在の自信	行動パターン
固定的知能観 （知能は固定している）	⇒ 成果目標	高い → 低い →	熟達志向 挑戦を続ける・高い持続力 無力感 挑戦を回避・低い持続力
拡張的知能観 （知能は拡張する）	⇒ 学習目標	高い → （または） 低い	熟達志向 挑戦を続ける（学習を促進） 高い持続力

学習目標とは努力して新しいことを学ぶことに価値をおく目標で，成果目標とは，良い成績をとり，まわりの人から自分の能力の高さを認められることに価値をおく目標である．したがって，学習目標をもつ人は無気力になり

にくく，成果目標をもつ人は無気力になりやすいと言われる．

(b) 自己価値感

コビントン (Covington, 1984) は，達成動機と自己価値感と能力の関係を研究し自己価値感の理論を構築した．この考え方は，達成行動は自己価値と自信を維持するためになされる行動であると仮定している．つまり，人は達成や成功の欲求があっても自分の自信を保とうとする強い欲求があり，そのために動機づけられる行動は真の動機とは言えず，低い能力と見られたり，自信が低下することを避ける働きを自己価値感の特徴的な機能として強調している．したがって，成功が見込めない場合に人が優先することは，失敗の可能性と自分の能力に対する反映を最小限にすることである．

また，この理論には，修得志向 (mastery-oriented)，失敗回避 (failure-avoiding)，失敗容認 (failure-accepting) という三つの動機づけの構えが生じるとしている (Covington, 1992)．人はだれでも自分の価値を高く見せようとする欲求があるが，能力を固定的にみなす場合には，失敗を回避する方向に行動する．したがって，子どもの学習を指導する際には，能力についての考え方を「能力は改善可能なもの」という認識に導き，失敗しても課題の修得に集中できるように支援をしていく必要がある．

表 7-3　3つの動機づけの構え (Covington, 1984)

動機づけの構え	思考プロセス	行動パターン
修得志向	目標の達成に価値をおき能力は改善可能なものと考える．	自分の技能や能力を培おうとする修得目標に焦点を合わせようする．したがい，学校で出されたことを必ず修得することに焦点を置く．
失敗回避	固定的な知能観を持つため，失敗から自己や自己イメージを守らなくてはならず，リスクをとろうとしない傾向がある．	極端に低い目標または高い目標を設定し，結果を気にしないというふりをするなどの方略を使う．よって，成功を試みることよりも失敗を避ける傾向が強い．
失敗容認	失敗が続くと自分が無能であると考え，あきらめてしまう傾向がある．	子どもの失敗体験は低い能力に反映し，成功はありえないと信じてしまう．

7.4 学習への動機づけのアプローチ

動機づけの概念については，今まで大変多くの研究がおこなわれている分野である．反面，非常に多くの誤った情報も含まれると指摘されている．これは，一般的に言われている「失敗は成功のもと」という言葉と関連がある．動機づけにおいては，「失敗は動機づけを促す」ということに対し多くの研究者より批判がなされている．つまり突き詰めて考えれば，子どもの知能観，自己価値感や安定した自尊感情がどの程度あるかによって「失敗」の意味づけが変化するといえる．

ここでは，近年の動機づけの研究をもとに動機づけのあり方を深めていきたい．

(1) 自尊感情と失敗体験

心理学の分野ではこれまで伝統的に，自尊感情が高い人は，対人関係を円滑に築くことができ，よって人格形成に有利に働くことや，教育現場では，自尊感情が高い子どもは，学校適応が高く学習意欲も高いという報告が多かった（Winer, 1979；Covington, 1984；Dweck, 1986）．しかし近年では，適応の度合いを越えて自分を殺して他者のいう通りにする「過剰適応」や他者の期待に応えられるよい子の自分がいる「随伴性自尊感情」などのように，高い適応や高い自尊感情でも心理社会的に見て否定的な側面があることが指摘されるようになった（石本，2010；益子，2010）．したがって，自尊感情には人にとってプラスに働くよい自尊感情とマイナスに働く自尊感情があるということになる．

また近年は，人間ばかりではなくペットまでがうつ病になるという現象にわれわれは直面している．これに対し，ポジティブ心理学や健康心理学の分野では，人のウェルビーイング（well-being）を心理的健康の指標として扱うストレス研究が発展している．well-beingとは「人が心理的に最良の状態で機能していること」を意味し，言い換えれば，自分がおかれている場に自然体でいられることを意味している．

これらの流れの延長線上にある，人のオーセンティシティ（Authenticity）が社会的認知理論の領域で注目されるようになった．オーセンティシティの日本語訳でもっともイメージしやすい表現は「自分らしくある感覚

(本来感)」(伊藤・児玉,2005)がある．また，この定義は，「日常生活における自己の中核にある本当の自分であり誰にも邪魔されることがないもの」とされている (Kernis, 2003).

表7-4に示すように，カーニス (Kernis, 2003) は人の自尊感情をさまざまな角度より検証し，8つのバリエーションに分けている．これらは「防衛的に高い」「本当に高い」「明確に高い」「明確に前向き」「条件つきで高い」「真に高い」「不安定に高い」「安定的に高い」である．中でも人が目指すべきものとしては，「本当に高い」「安定的に高い」と「真に高い」自尊感情である．また，カーニスはこれらの自尊感情を「最良の自尊感情（optimal self-esteem)」と呼び，別の言葉でいえば Authenticity としているのである．

表7-4 高い自尊感情のバリエーション (Kernis, 2003)

バリエーション	説明
防衛的に高い	前向きな自己価値感を報告するが，否定的な感情を自己内に秘めている．
本当に高い	前向きな自己価値感を報告する．
明確に高い	前向きな自己価値感を意識している．
明確に前向き	前向きな自己価値感に意識がない．
条件つきで高い	特定の結果を達成したり，期待に応えられたり，基準に到達することに前向きな自己価値感が依存している．
真に高い	安全で前向きな自己価値感であるため継続的な確認は必要ない．
不安定に高い	典型的で前向きな自己価値感は短期間で変動する直感を伴う．
安定的に高い	典型的で前向きな自己価値感は短期間の変動はなく自己価値感を直感することを伴う．

さらにカーニスは，この高い自尊感情の枠組みで動機づけにとって悪い影響を与えるものとして，「不安定に高い」自尊感情を指摘している．つまり，彼がいうところの「壊れそうで高い自尊感情」なのである．例としては，一般的な自尊感情は高いが本当の意味で高いとはいえない場合は，不安定に高い自尊感情といえる．その場合，不安定で高い自尊感情が高ければ高いほど，失敗することで自己のプライドを傷つけたくないがあまり，難しい課題に消極的になると説明ができる．この概念において特に注目したい点は，「壊れそうで高い自尊感情が自分を傷つけないために自己防衛的な行動をとらせる」ということである．このように，本来感（自分らしくあること）に基づく自尊感情 (optimal self-esteem) は人のウェルビーイングにポ

ジティブに影響し，またこのような人は強い自己感覚があり「静かな自我（quiet ego）」を持つ人であるとカーニスは結論づけている．

(2) ストレスと動機づけ

学校ストレスという言葉に代表されるように，子どもたちは学校にいて多くのストレスと直面しているのである．すでに前述してきているが競争主義に陥りやすい教育環境は子どもの心理的健康に大きく影響を与えている．ここでは，ストレスがどのように動機づけに関係しているか考えてみよう．

それでは，子どもにとってストレスフルな状況はどのような時か．その代表的なものはテストとその結果（評価）である．また，親子関係や友人関係など対人関係は，特に思春期の子どもたちにとっては重要かつ大きなストレッサーであることが理解できる（石本ら，2009；杉浦，2000）．対人関係

●●● column ●

本来感と知恵

2011年の東日本大震災による大津波の悲惨な状況を目撃した私たちは，人生にとって究極の経験をした．しかし，この非日常の経験によって，家族の絆，思いやり，助け合いなど今までの生き方を見直し，見過ごされていたものの価値を再確認することができた．また，人がもつ本来の生きる力として困難な状況を奮起し，知恵を持って多くの問題に前向きに対応する人々の姿を見ることができた．一方，近年「心を病む」人が多くなっているが，ポジティブ心理学や健康心理学の分野で，人が潜在的に持つ力であるAuthenticityが注目されるようになった（伊東・児玉，2005；石本，2010；益子，2010）．また，同じ心理学の分野で，この概念より前にWisdom（知恵）の研究が発展していった．

その歴史的背景は，1970年頃よりアメリカでは子どもたちの問題行動の増加やうつ病に悩む人口が多くなった．また，アメリカの子どもたちの学習到達度は世界的にも低く，教育改善が求められていた．そのような要請を受けて，動機づけ心理学者達は日本の教育システムからその答えを得ようとし，自尊感情（自己価値）や自己効力の観点より研究を推し進めたのである．

元来，知恵の研究は伝統的に哲学や宗教学，そして文化学の分野で議論されているが，心理学では，高齢者の研究から1970年頃よりはじまり，1990年には教育現場での応用研究に発展し，動機づけの側面から知恵を検証する試みが進められていった（Sternberg,1998）．Authenticity（本来感）は自尊感情を追求した結果生まれた概念であり，そのような動機づけの研究の延長線にあるといえる．現在では知恵と動機づけの関係から，殺伐とした社会を前向きに生きていく鍵がAuthenticityやWisdomにあると研究者は期待している（Kernis & Heppner, 2008；Crocker, Canevello & Breines, 2010）．

など学校ストレスが攻撃性や抑うつ，不安など心理的なストレス反応を起こし，さらに不登校やいじめ，学級崩壊，校内暴力などの問題行動へ波及しているのである（岡田，2002；Kernis & Heppner, 2008；Canevello & Breines, 2010）．

石本ら（2009）は，青年期女子の友人関係スタイルと心理的適応および学校適応の関連を検証するために，女子中学生・女子高校生（218名）の友人関係スタイルと自己肯定感と学校享受感を比較した．図7-5に示されるように，同調と心理的距離の二つの指標を用いて「表面群」「密着群」「孤立群」「尊重群」の四つの友人関係スタイルに分類した．そして4群の自己肯定感と学校享受感を多重比較した．中学生・高校生ともに「尊重群」は心理的適応，学校適応ともに良好であったが，現代青年の特徴として友人との心理的距離の遠さと同調性の高さに特長をもつ「表面群」に関して，全体的に心理的適応は良くなく，高校生においては学校適応も良くないことが明らかになった．これは現代青年の希薄な友人関係が精神的健康や発達に対してネガティブな影響を与えるという点を実証的に検証した結果と言える．また，希薄な友人関係は心理的適応のみならず学校適応においても望ましくないことが明らかになった．

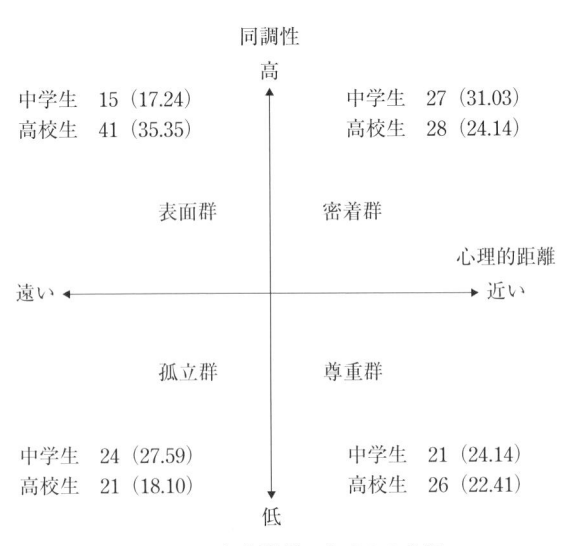

	同調性 高	
中学生 15（17.24） 高校生 41（35.35）		中学生 27（31.03） 高校生 28（24.14）
表面群		密着群
		心理的距離
遠い ←		→ 近い
孤立群		尊重群
中学生 24（27.59） 高校生 21（18.10）		中学生 21（24.14） 高校生 26（22.41）
	低	

図 7-5 友人関係スタイルの分類
（図中の数字は人数を，（ ）内は％を示す．）

一方，杉浦（2000）は，図7-6と図7-7に示すように，中学生，高校生，大学生の親和動機と対人的疎外感の関係を発達段階的に分析した．親和動機の下位因子である「親和傾向」「拒否不安」と「対人的疎外感」要因それぞれに女子の方が男子よりも高く，大学生になると「拒否不安」得点はさらに減少することがわかった．特に中学生においては違いが顕著に表れ，大学生になるとその差が減少している．この結果から，中学生は他者と親しい関係を築き維持したいと思うと同時に，自分らしさも出したいという欲求も抱え，葛藤を生じると解釈できる．しかし，大学生に向けてしだいにその葛藤を克服していくように見ることができる．また，教育環境としての人間関係は，常に自分らしくいられる場であるべきで，ストレスが最も低い状態であると言える．

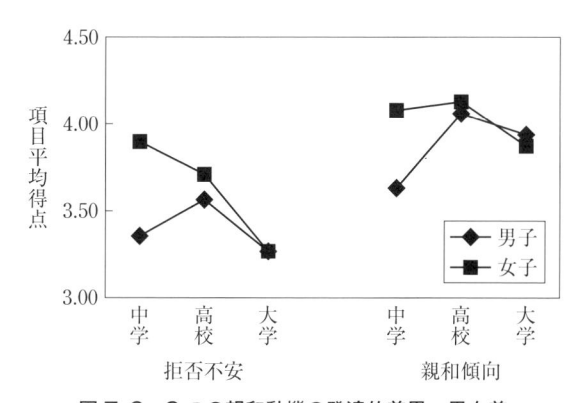

図7-6 2つの親和動機の発達的差異・男女差

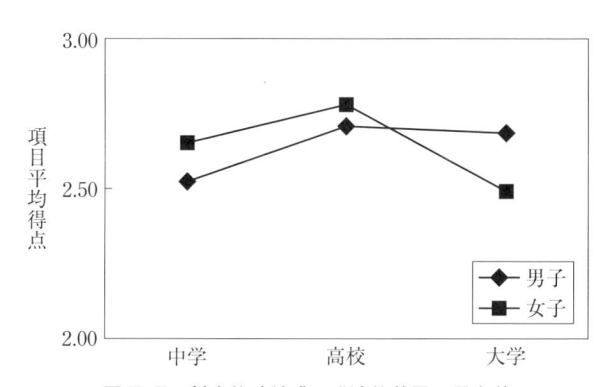

図7-7 対人的疎外感の発達的差異・男女差

次に親の期待から来るストレスについて見てみよう．市毛・大河原（2009）は，大学生（306名）を対象に親の良い子願望が子どもの自尊感情に与える影響について検証している．親の良い子願望には性差は見られなかったが，特に図7-8と図7-9からも明らかなように，自尊感情得点の比較では，男子は女子よりも本来感が高く，女子は自己価値の随伴性の方が男子よりも高かった．また，親への依存欲求得点では女子の方が男子よりも高く，独立欲求はどちらも同等のレベルであった．また，重回帰分析の結果より，親から良い子願望を受けたと感じている青年ほど，自己価値の随伴性が高く本来感

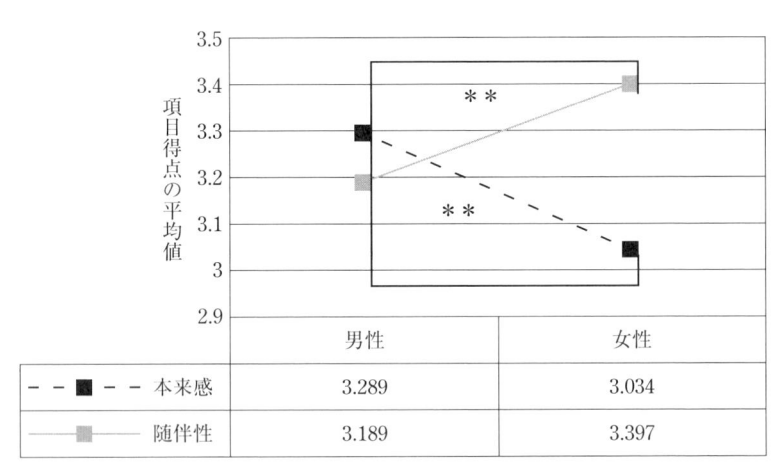

項目得点の平均値	男性	女性
- - ■ - - 本来感	3.289	3.034
── ■ ── 随伴性	3.189	3.397

図 7-8　男女別にみた自尊感情得点

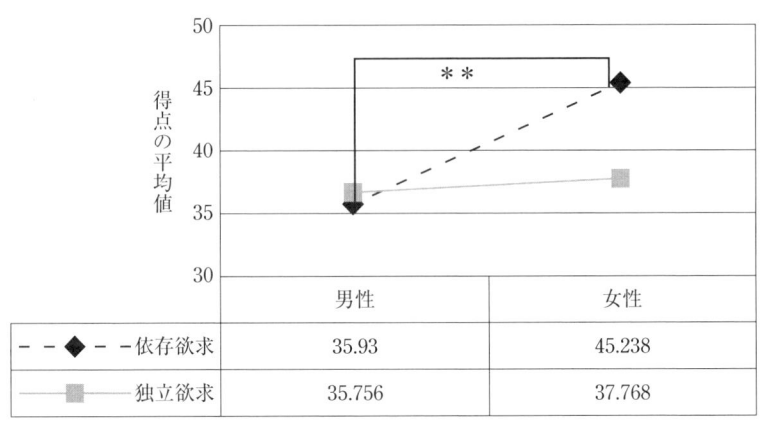

得点の平均値	男性	女性
- - ◆ - - 依存欲求	35.93	45.238
── ■ ── 独立欲求	35.756	37.768

図 7-9　男女別にみた依存・独立欲求得点

を減少させ，親との心理的な葛藤がある青年は本来感が低い傾向があり，依存欲求と独立欲求が高い葛藤状態にあった．したがって，自立を獲得していない青年ほど自己価値の随伴性が高く，本来感を持てずストレスが高いと思われる．

このように，発達段階的に変化する対人関係のストレスを減らし，学校における子どものウェルビーイングを維持することは，子どもの学校適応を促し学習に対する内発的な動機づけに影響を与えると考えられ，さらなる研究が必要である．しかし教師ができることは，社会文化的背景を視野に入れ，特に性差や発達段階に応じて異なる対応を取ることが望まれる．

(3) 教師としてできること

教室はたしかに非常に特別な環境ともいえる．そのような場所に身を置く子どもの心理社会的な特性がどういう状態であるかによって，子どもたちの動機を促進または妨害もするのである．動機づけの理論や概念は，基本的に海外の研究結果が先行しているため，日本の教育現場に適した対応が必要である．

(a) 内発的な動機づけを促すために

教師としてまず，子どもの学習への準備ができていることを見極めることが重要である．つまり，子どもの学習に対する意識が明晰で，子どもが学習対象に対して敏感に注意を向けることができることであり，生理的および心理的な準備状態ができていることである．また，一般的に，競争的な環境よりは協同学習のほうが達成感を高めることが認められており，学習意欲を促す教育環境として人間関係ストレスを軽減することは重要な課題である．したがって，教育環境から子どもの不安や心配を取り除き心理的にも身体的にもおびえることのない環境を作る必要がある．よって，いじめのないクラス環境や学校環境を教師は第一に確保しなければならない．

(b) 努力帰属を増やすためにできること

認知・感情・行動面で問題をもつ子どもは，勉強することに関心が低いため，教室で行われる活動を楽しめないなどの状態が起こる場合が多い．そのような状態では，はじめはものによる報酬を与えることも必要なことであると思われる．しかし基本的には，子どもの現実的な目標にあわせ，短期的に必要最低限の報酬を設定し，長期目標としては，内発的動機づけが起こるよ

うに指導する必要がある.

また,当然のことであるが努力帰属ができるようにするには,子どもの成功体験を増加させ,行動に対しフィードバックを送ることが重要なポイントである.つまり,努力そのものをほめるのではなく,子どもの人格を含めて努力をほめる.たとえば,「君はこの課題をよくがんばったね」と言葉かけをするよりは「あなたは何でもよくがんばる人ですね」という方が良い.

[石川清子]

【引用文献】

Atkinson, J. (1980). Motivational effects in so-called tests of ability and educational achievement. In L. Fyans (Ed.) *Achievement motivation: Recent trends in theory and research.* New York: Plenum Press.

Bandura, A. (1982). Self-Efficacy Mechanism in Human Agency. *American Psychologist*, 37, 122-147.

Bandura, A. & Schunk, D. H. (1981). Cultivating Competence, Self-Efficacy, and Intrinsic Interest Through Proximal Self-Motivation. *Journal of Personality and Social Psychology*, 41, pp.586-598.

Covington, M. (1984). The self-worth theory of achievement motivation. *Elementary School Journal*, 85, pp.5-20.

Deci, E., & Ryan, R. (1985). *Intrinsic motivation and self-determination in human behavior.* New York: Plenum Press.

Crocker, J., Canevello, A. & Breines, J. G. (2010). Interpersonal Goals and Change in Anxiety and Dysphoria in First-Semester College Students, *Journal of Personality and Social Psychology*, 98, pp.1009-1024.

Dweck, C. S. (1975). The Role of Expectations and Attributions in the Alleviation of Learned Helplessness. *Journal of Personality and Social Psychology*, 31, pp.674-685.

Dweck, C. S. (1986). Motivational Processes Affecting Learning. *American Psychologist*, 41, pp.1040-1048.

吉竹尚美・松本聡子・室橋弘人・古荘純一・菅原ますみ (2012). 中高的の生活満足度に対するポジティブな個人内特性と対人関係の関連 発達心理学研究. 23(2), pp.180-190.

Gottfried, A. (1985). Academic intrinsic motivation in elementary and junior high students. *Journal of Educational Psychology*, 82, pp.525-538.

石本雄真・久川真帆・齊藤誠一・上長 然・則定百合子・日潟淳子・森口竜平 (2009). 青年期女子の友人関係スタイルと心理的適応および学校適応との関連 発達心理学研究, 20, pp.125-133.

伊藤正哉・小玉正博 (2005). 自分らしくある感覚(本来感)と自尊感情が well-being に及ぼす影響の検討 教育心理学研究 53, pp.74-85.

市毛 睦・大河原美以 (2009) 親のよい子願望が子どもの自尊感情に与える影響 東京学芸大学紀要 総合教育学系, 60, pp.149-158.

Kernis, M. H. (2003). High self-esteem: *A differentiated perspective.* Chang, Edward C., Sanna, Lawrence J. (Eds.) Virtue, vice, and personality: The complexity of behavior. pp.3-22. Washington, DC, US: American Psychological Association, xxi, 189pp.

Kernis, M. H. & Heppner, W. L. (2008). Individual Differences in Quiet Ego Functioning: Authenticity, Mindfulness, and Secure Self-Esteem. Wayment, Heidi A. Bauer, Jack J. (Ed.), (2008). *Transcending self-interest: Psychological explorations of the quiet ego. Decade of behavior.* pp.85-93. Washington, DC, US: American Psychological Association, xx, 263pp.

Lepper, M., & Hoddell, M. (1989). Intrinsic motivation in the classroom. In C. Ames & R. Ames (Eds.), *Research in motivation in education.* Vol.3: Goals and cognitions. San Diego: Academic Press.

Maslow, A. (1970). Motivation and personality (2d Ed.). New York: Harper & Row.

益子洋人 (2010). 大学生の過剰な外的適応行動と内省傾向が本来感におよぼす影響 学校メンタルヘルス，13，pp.19-26.

Murray, H. (1938). Explorations in personality. New York: Oxford University Press.

岡田佳子 (2002) 中学生の心理的ストレス・プロセスに関する研究 教育心理学研究，50，pp.193-203.

盛満弥生 (2011). 学校における貧困の表れと不可視化：生活保護世帯出身生徒の学校生活を事例に 教育社会学研究，88，pp.273-294.

Schunk, D. H. (1982). Effects of Effort Attributional Feedback on Children's Perceived Self-Efficacy and Achievement. *Journal of Educational Psychology,* 74, pp.548-556.

Seligman, D. (1975). *Helplessness: On depression, development and death.* San Francisco, Freeman.

Sternberg, R. J. (1998). A balance theory of wisdom. *Review of general Psychology,* 2, pp.347-365.

杉浦 健 (2000). 2つの親和動機と対人的疎外感との関係：その発達的変化 教育心理学研究，48，pp.352-360.

谷口明子 (2010). 中学生のいじめ認識 教育実践学研究，15，pp.193-202.

Weiner, B. (1979). Theory of motivation for some classroom experiences. *Journal of Educational Psychology,* 71, pp.3-25.

課 題

1. 学習意欲の中心的な理論についてまとめなさい．
2. 学習意欲と自尊感情の関係をまとめなさい．
3. 無気力な子どもに意欲をもたせる対応をまとめなさい．
4. 次の記述は子どもの教室での学習状態を述べたものである．内発的動機づけと外発的動機づけを分けた場合の組み合わせとして，もっとも適当なものを下の①～⑤の中から選びなさい．

子どもA：この児童は小さいころから良いことをすると親からご褒美をもらっていて，勉強をするときも賞状や賞品をもらえるときはすごくがんばる子である．

子どもB：この児童はAさんとは逆でやったことを褒められるのではなく，やらないことに対して叱られる子でした．厳しい先生の授業では授業中に指されるのがこわいので良く勉強をする子である．

子どもC：この児童はいろいろなことに関心を持ち，自ら図書館やインターネットを使って知りたいことを調べる子である．

子どもD：この児童は先生や親から褒められることが嬉しくて，どんなことにも積極的に関わってあきらめずに最後までがんばる子である．

	①	②	③	④	⑤
内発的動機づけ	AとB	CとD	AとC	BとD	C
外発的動機づけ	CとD	AとB	AとC	AとC	AとBとD

【4の正答】 ②

第8章

授 業 法

8.1 授業と授業法

(1) 授業とは

　「授業」と聞くと，自分の小・中学校時代の授業風景が脳裏に浮かぶ人が多いのではないだろうか．その授業の一コマは1年間の年間教育計画の中に位置づけられたもので，その年間授業計画は小学校6年間・中学校3年間の義務教育の中に位置づけられたものである．これを実感しながら学んだという人はどれくらいいるだろうか．

　教師は，こういう長期的な視野や展望の下に，学習者の反応を見ながら授業を工夫し改善していく努力を続けなければならない．授業は，このような長期的な視野や展望を持ちつつ，ある教育目的のもとに営まれる意図的，計画的な教育活動であるともいえる．

　この章ではおもな授業法についての紹介を目指しているが，その前に，まず「授業」という言葉の意味するものを確認しておきたい．

　『授業研究大辞典』では，「授業」について，「実務的な言葉であって，教師および学習者を一定時間一定の場所に拘束して活動させることである」という説明から始めている．

　石黒釤二（1981）はこれを踏まえた上で，「授業」について，実務的な用語として古くから使われてきたが，授業に対する組織的・科学的研究が進められるに従って，「教授」または「学習指導」と同じような意味をもって用いられるようになった，と述べ，「教授」については，「教授ということばは戦前から訓育と対置して使われ，教師中心の教育活動という語感をもつため

に，戦後アメリカの教育が紹介される中で，児童中心的な語感を持つ学習指導ということばがその代わりに好んで使われるようになったという経緯がある」と説明している．さらに「教授・学習過程」については，授業研究の発展に伴って，その実態をあらわすものとして用いられ，授業が教師の教授活動と生徒の学習活動と相互に関連し合って展開する全体的・統合的過程であることを強調したものである，と説明している．

(2) 授業と授業法およびそれに関わる諸要因

学校教育における授業の目的は，学習者に授業の内容をよく理解させ習得させることのみではなく，集団の中での学びを通してのよりよい人間形成でもあろう．授業はそれらを目指して努力する営みであり，授業法はその目的を達成するための手だてともいえる．

授業にはさまざまな要因が関わっている．それらは大きくは「教師」「学習者」「教材」「授業環境」に分けられる．だが，たとえば「学習者」とひとことで言っても，それにはさらに学習者の「人格特性」「目的意識」「教材に関するレディネス」「学習への動機づけ」「学習方法に関する知識・スキル・態度・習慣」「学校や教師に対する態度と感情傾向」などの諸要因が関わっている．これを見ても，授業には多くの要因が複雑に関わることがわかる．授業法においてもこれらをはじめとするさまざまな要因が複雑に関係し錯綜するので，実際の授業やそこで用いられている授業法に焦点を当てた精緻かつ正鵠を射た分析は困難を極める．だが，親や教師だけでなく広い意味での教育に関わる人にも，さまざまな授業法が考えられるにいたった経緯や，個々の授業法のポイントを理解しておくことは，いろいろな場面に応用でき有益であろう．

そこで，次に，先人たちがよりよい授業を目指して開発してきた授業法についての努力と工夫の軌跡をたどってみよう．

● 8.2　さまざまな授業法──先人たちの努力と工夫の軌跡

(1) 講義法

講義法は，最も古くから用いられており，教師が黒板やホワイトボードに板書しながらテキストの内容を説明しつつ進めていく方法である．杉村健

(1981)があげている講義法の長所と短所を以下にまとめてみる．

〈講義法の長所〉
① 指導過程について，全体の見通しが立てられる．
② 教科書やその他の必要な教材を準備し，あらかじめ研究できる．
③ 計画的，系統的に授業を進められ，むだな時間を使わなくてすむ．
④ 必要な部分を集中的に教えたり，最後に全体をまとめたりできる．
⑤ 多数の学習者をいっしょに教えることができる．

〈講義法の短所〉
① 教師が主導権をもって一方的に授業を進めていくので，学習者が消極的になり，積極的，自発的な学習活動が行われにくい．
② 知識の教授に重点がおかれるので，自ら考えて問題を解決する能力や創造しようとする能力が形成されにくい．
③ 言語中心の授業なので，実践的な技能や態度が身につきにくい．
④ 全員が同時に同じ内容を学習する一斉学習の形態をとるので，学習者の個人差に応じる指導がしにくい．

杉村健（1981）は，講義法の短所を改善するために考えられた授業法のおもな特徴を取り上げた場合に，講義法の短所と授業法がどう対応するかを，図8-1のようにまとめている．

今は，講義法だけしか使わない授業は，実際にはそれほど多くはないかもしれない．これまでに考案されている授業法のほとんどのものは，講義法の短所を改善しようとしたものであるとも言え，現在は教師が生徒の反応を見

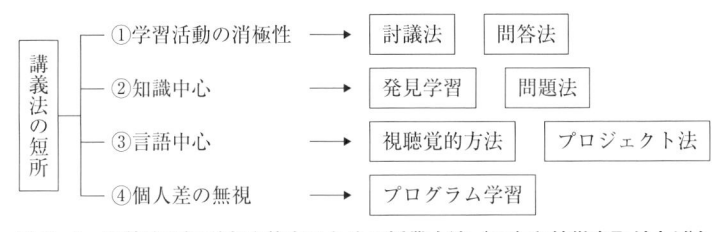

```
              ┌─ ①学習活動の消極性 ──→ [討議法]  [問答法]
講義法の短所 ─┼─ ②知識中心       ──→ [発見学習] [問題法]
              ├─ ③言語中心       ──→ [視聴覚的方法] [プロジェクト法]
              └─ ④個人差の無視   ──→ [プログラム学習]
```

図8-1 講義法の短所を改善するための授業方法（の主な特徴を取り上げた場合の対応図）

＊（ ）内は筆者が加筆
　杉村（1981）は，「この図では，ある授業方法がひとつの短所だけを改善するために考案されたように描かれているが，視聴覚的方法は学習活動を積極的にし，動機づけを高める効果があるというように，ひとつに限られるものではない．それぞれの授業方法の主な特徴を取り出してみると図のような対応があるといえる」と述べていることに留意してこの図を見る必要がある

ながら，さまざまな授業法を取り入れつつ授業を進めている場合が多い．杉村健（1981）は，講義法の短所を改善するために考えられた授業法それぞれの長所や短所についてもまとめている．杉村健（1981）や松田伯彦・松田文子（1984）などを参考に，講義法以外のおもな授業法やそれに関わる学習法についても見ていこう．

(2) 討議法

討議法は，授業に「学習者同士の言語的な相互作用」という対人的な相互作用を取り入れたものである．

一定の問題について，学習者が相互に意見を述べ，討論を重ねながら学習を進め，積極的・自発的に問題解決に取り組む態度や民主的・協調的な態度を養うことをねらいとしている．問題提起→意見発表→意見調整→結論という展開だが，①学習者にとって共通に関心のある問題，②全員が協力的，③共通の理解に達するための努力，の3つが必要である．

討議法における教師の役割は，討議に直接参加したり，運営の中心になるのではなく，問題のとり上げ方や討議の進め方について指導・助言を与え，全員が討議に積極的に参加するように工夫し，決定事項を実行するように導くことである．杉村（1981）は，指導上の留意点として「参加者の協力度・対立度」「発言した学習者の数」「少数意見が尊重されているか」「討議が目標や課題解決に向かっているか」「決定されようとしている事項が実行可能か」をあげている．

(3) 問答法

問答法は，授業に「教師と学習者の言語的相互作用」という対人的な相互作用を取り入れたものである．

講義法の「教師が一方的に授業を進め，学習者との間に相互作用がない」という短所を改善するために，「教師と学習者の間で，発問，応答，質問をくり返しながら授業を進め，学習者の積極的，自発的な学習活動の促進」をねらったものである．

留意すべき点としては，以下があげられる．

① 教師は学習者の学習意欲を高め，問題意識を持たせ，問題の解決を暗示するような発問を心がける．

② 学習者が自由に応答でき質問できる雰囲気を作る．
③ 教師の発問によって授業が進められるが，教師の枠にはめ込むのではなく，学習者の主体性，積極性を促す．

(4) 問題解決学習

　問題解決学習は，デューイ（Dewey, J.）の児童中心（生活経験）主義の中核をなすもので，「知識中心で問題解決能力を養うことができず，言語中心で実践的な能力が身につかない」という講義法の短所を改善するために考案されたもので，学習者の生活環境に生じる具体的で身近な問題を解決していく中で，知識・理解・問題解決能力を習得させようとするものである．問題法とプロジェクト法があるが，学習者の問題解決能力を高めるためには，それぞれの段階における教師の適切な指導・助言が必要である．

　(a) 問題法

　問題法はどちらかというと知的・精神的な問題解決に重点を置いているとされている．

　問題解決の過程は，「問題の設定」→「資料の収集」→「仮説の発見」→「仮説の検証・評価」である．

　(b) プロジェクト法

　プロジェクト法は実際の作業や体験を通しての問題解決をめざすとされている．

　問題解決の過程は，「目的の設定」→「計画の立案」→「計画の実行と修正」→「結果の評価」である．この過程をたどりながら，学習が進められる．

　プロジェクト法には，以下のような長所と短所が指摘されている．これは，問題法にもほぼあてはまるものである．

〈プロジェクト法の長所〉
① 学習者の積極的，自発的な学習活動を促す．
② 実践的な知識や問題解決の技術や能力を身につけさせる．
③ 責任感，協調性，主導性など好ましい態度を育てる．

〈プロジェクト法の短所〉
① 知識を系統的に教授することが困難である．
② 教師の指導性が発揮できず，学習活動を統制しにくい．

③ 基礎的な事項の習得や訓練がおろそかになる．

(5) 発見学習（仮説検証授業）

発見学習は，ブルーナー（Bruner, J. S.）によって提唱されたものである．教師が講義や説明をするのではなく，学習者が自分自身の力で新しい知識を習得し，問題解決の方法や能力を身につける方法で，仮説検証授業ともいう．

〈発見学習の長所〉
① 学習者が自ら学ぼうとする内発的動機づけが高められる．
② 発見的な学習方法や探求する態度が身につく．
③ 問題解決能力や創造性が養われる．

〈発見学習の短所〉
① 適用範囲が限られ，基礎的知識が不十分な低学年の児童や動機づけが弱い者には適さない．
② 学習者自身によって問題を発見させ解決させるのに時間がかかる．

〈オーズベルによる発見学習への批判〉

オーズベル（Ausubel, D. P.）は，発見学習が教師にとって使用可能な技術のレパートリーとしての固有の価値を持っていることは認めた上で，発見学習が万能なわけではないとして，以下の点をあげて批判している（Ausubel, 1964）．

① 言語的説明が必ずしも無意味な機械的暗記を強いるわけではなく，問題解決学習は必ずしも有意味ではない．
② 学習者が認知的発達の具体的操作の段階（ほぼ小学校期全体）にある時以外は，発見法は教材内容の教授には不必要・不適切である．
③ 問題解決能力の獲得が教材の獲得より基本的であるとする発見学習では，教材内容の教授のための時間が少なくなり，学習者はあらゆる科目の初歩以上のものを得ることはできない．
④ 発見の方法が訓練の範囲を超えて転移可能であるとは思われないし，子どもの直観的思考と学者や科学者の直観的思考は同じではなく，両者の間には多くの違いがある．
⑤ 問題解決に対するおおげさな強調が，「文化の伝達」と教育の問題解決の目標との間の自然なバランスを妨げている．

⑥ 発見学習だけが内発的動機づけをするものではなく,すぐれた説明的教授も,知的興奮と純粋な質問への動機づけができる.
⑦ 発見学習ではすべての子どもは創造的で批判的な思考家であると考えるが,「言語的に提示された材料を理解するための能力」と同様に「問題を解決するための能力」が,学習者の母集団に広く分配されているわけではない.

(6) 有意味学習と有意味受容学習

　オーズベルが,発見学習が教師にとって使用可能な技術のレパートリーとしての固有の価値を持っていることは認めた上で,発見学習が万能なわけではないと批判した点については,前項で紹介した.有意味受容学習は,このような発見学習に対する批判としてオーズベルが推奨した教授方法で,藤生英行(1996)は,①オーズベルは,発見学習への批判として以前に学習した知識と新しい情報との結びつきを探そうとする生徒の心的過程としての有意味学習(meaningful learning)の重要性を主張したこと,②事実やそれに関するものをただ暗記する機械的学習(rote learning)とは異なり,意味がわかる情報や自分にとって重要な情報が有意味受容学習の対象となること,③講義法のように学習すべき内容が学習者にそのままの形で示されることから受容学習ともよばれること,を紹介している.松田伯彦(1984)は,「有意味受容学習(meaningful reception learning)は,意味(meaning)のある学習材料を受容(recept)することによって学習することをさす.受容的学習であるという点で発見学習と対照的である.すなわち,受容学習においては,学習されるべきすべての内容が,最終的形態で学習者に提示される.学習者は,ただ提示された材料を,有意味に理解し,内面化しあるいは将来必要な時に使ったり機能的に再生したりできるようにすることだけを要求される.意味的な学習であるという点で機械的暗記学習と対照的である」と紹介している.また有意味受容学習では動機づけをあまり重視しないとして,「動機づけがあれば学習や保持が促進されることは否定しないが,なくても有意味受容学習は可能である.なぜなら,有意味受容学習は,それ自身,認知的動因(知ることそれ自体を目的とする知識欲)にもとづく賞を与え,そのことが次の有意味受容学習をつづけさせる動機づけとなる.したがって学習者が動機づけられていなくても,まず有意味受容学習を行えばよい,動機づけ

られていなくても学習は進むし，ある程度進むと動機づけられてくる，ということになる」と説明している．

(7) 完全習得学習

大川一郎（1996）は完全習得学習（mastery learning）について，「どんな学習者でも十分な時間さえかければ学習課題を達成できる」という考えのもとブルーム（Bloom, B. S.）によって提唱されたもので，①教授者は徹底した教材研究を行い，教育目標を明確に設定し，さらに，その下位の目標群をもつ小さな学習単元を定め，目標が達成されない場合の治療的な措置（補助教材の準備等）もあらかじめ計画しておく，②実際の授業は，一斉指導と個別指導を組み合わせた形で進められる，③学習者は，基本的には自分のペースに合わせて，適宜，評価されながら，自分のつまずきなどを確認し，教師の指示のもと，治療学習を行っていく，と紹介している．

松田伯彦（1984）は，完全学習について以下のように説明している．

「1960年代の終わりごろから，アメリカでブルーム（Bloom）とその一派が発表し発展させた完全習得学習（Mastery learning）の理論は，今教壇に立っている教師に，すぐにでも実践可能な手順を含んだ形で述べられており，そこには現状の教育形態を見かけ上大きく変更する要素が含まれておらず，しかも，すべての学習者が教材を完全に習得するというヒューマニスティックな理想を現実にしようとするものであったから，内外で多くの実践研究を呼び，また成果を上げている．

すなわち，完全学習は，
1. どの教師も一定の授業時間内に一定のきまった教材（カリキュラム）を教える．
2. 教材は主として教科書教材である．
3. 教師は一斉指導を用いて，この教科書教材を教える．
4. 学習者は一人ひとり異なった学習条件を持っている．

という，現実の教育実践の場で，もっとも普遍的な事実を前提として，一定の授業時間内に教科書を使った完全学習を目指す指導を生み出すために，一斉指導の技術の質をどう高めたらよいか，より個別的指導をどう進めたらいいのかについての方法を示唆するものである（Block, et al., 1975）．

このように，外見上は大きな変革をもたらさないが，他方，教育に対する考え方，その方法については，伝統的教授法からの大きな方向転換をせまるものである．

中等教育あるいは高等教育が，ほんの一握りのエリートのものであった時には，学校は選択のためのものであってもよかったが，大多数の青少年にそれらの教育が与えられるようになった時，教育は個人の発達を第一の機能としてみるべきであり，各個人が自己の学習可能性を最高レベルにまで到達させ得るような学習条件を追求することが学校の責任であり，教育の視点をそのように転換することが必要であると，ブルーム(Bloom, et al., 1971)は力説する」．

そして，ブルームは「『学力は正規分布する』というのは誤った考え方だ」と指摘しており，「正規分布というのは，偶然やランダムな活動に最もふさわしい分布曲線であり，他方，教育は意図的な活動であり，したがって，教授活動が効果的であればあるほど，学力の分布は正規曲線とは異なってしかるべきである」というブルームの主張には説得力がある，と松田伯彦(1984)は述べつつ，以下のような完全習得学習に対する批判も紹介している．

〈完全習得学習に対する批判〉
① 「目標をあらかじめ明確にして階層化する」ので，学習者の自由な思考過程を損ない，型にはまった受動的な思考態度を身につけさせるという批判である．これは，同様の方向をとるプログラム学習に対する批判と同じものでもある．
② プログラム学習の場合は，学習者が一人ひとり自分のペースで学習を進めるので問題にならなかったが，完全習得学習ではあくまで一斉集団指導を基本にするので，適性の差を学習に要する時間差とした時に，適性の劣る学習者には詰め込みとなり，適性の高い学習者には足踏み状態を強制することになる，という批判である（日比，1978）．

(8) オープン・エデュケーション

大川一郎（1996）は，「オープン・エデュケーションは子どもの本来の姿を尊重し，その興味・関心を重視する教育法です．この理念のもと，学校，あるいは教室で実践がなされている場合，オープン・スクール，オープン・クラスルームといわれます」と説明し，松田伯彦（1984）は，次のように

表 8-1　オープン・エデュケーションの諸変数に共通する特徴

【教育目標の特徴】①～③

①情動的目標（自己概念，自己指導，好奇心，ゆたかな心，創造性，責任感，感受性）を認知的目標より優先する．

②認知的目標の中では，「学び方を学ぶ」「問題解決」「批判的思考」「社会的技能」「コミュニケーション技能」などの高次の認知スキルが，「知識の獲得」といった低次の認知的成果より重視される．

③学習の成果よりも，その過程を大切にするので，あらかじめ細かく教育目標を設定しない．学習活動の中で次第に目標が決まってくるというゴール・フリーのあり方．

【教授法の統制に関する特徴】④～⑨

④学習者たちがいろいろな活動を多様な時間制限の中で行えるような，柔軟性のある時間割．

⑤多様な活動が同時に進行．

⑥学習者が動き回り，会話し，共に作業し，互いに助けを求め合える自由がある．

⑦教師は，学習者が自分で教育目標を立て，それに合う学習について決断し責任感を養う機会を与える．学習者は，自分の学習について意思決定するよう勇気づけられる．

⑧教師は，学習者が決定を行う責任をさらに引き受ける能力を伸ばす．

⑨学習の過程と内容の決定に，教師と学習者の双方が深く関わる．学習は主体的・自発的に行われるが，決して自由放任ではない．

【教授方法や教材提示方法の特徴】⑩～⑯

⑩技能や知識を教科に区分するという伝統的なやり方とは対照的に，それらを統合した形で取り扱う．

⑪望ましい行動変容があらかじめ教師やカリキュラム内容によって決定されている教え方とは対照的に，教師は個々の学習者の行動を手がかりに学習者の興味や技能や既に獲得しているものをさらに伸ばそうとする．

⑫実験や経験を重視し，活発に教材にとりくませる．

⑬市販教材，手製の教材等，豊富な教材環境を整え，量と質をそろえ，よく整理し，外部資料（博物館，地域の人々など）も積極的に利用する．

⑭学習者の進路別・能力別編成とは対照的に，ランダムな集団や異質な集団を作って，学習者が相互に学びあえるようにする．

⑮学級全体のための授業は最小限にし，ほとんどの指導は，小集団または個人に合わせる．

⑯学習者と教師の双方により，興味や学究的要求を中心に，柔軟な学習グループが組織される．

【動機づけの特徴】⑰～⑲

⑰規定通りのカリキュラムをなくし，学習者に関心のある事柄を探求させる．

⑱学習者の知的，情動的，身体的，社会的要求に配慮する．

⑲採点と評価は最小限にする．評価は学習者に役立ように，学習者を援助しようとする教師に役立つためにのみなされる．学習者による自己評価が強調される．

【教師の特性】⑳～㉓

⑳教師には，心から教育を変革したいと願っていて，オープン・エデュケーションを堅く信頼しており，かつそのために時間とエネルギーを捧げる強い意志を持っていることが求められる．

㉑教師は学習者を信頼して誠実に受容的に接し，自己開示する．

㉒学校経験が，学習者の教育上の発達の役立つのみでなく，教師の成長にも役立つものでなければならない．

㉓しばしばティーム・ティーチングが行われ，両親，ボランティア，教員助手等がティーム・ティーチングに加わることがある．

【学習者の特性】㉔～㉖

㉔どちらかと言えば，幼児や児童といった低学年の学習者に適する．

㉕しばしば，学級や学年の枠が取り払われる．

㉖正直でオープンな，かつ各個人を尊重する雰囲気が学級を支配する．

(出典：松田伯彦・松田文子（1984）．教授心理学　増補改訂版　p.141, 115, 117 の記述を表にしたもの)

紹介している．

　「アメリカの 1950 年代後半から 1960 年代にかけての，いわゆる教育の現代化運動，具体的には新教育課程改革計画が，相対的に学習者の側を軽視する結果に陥り，また教育現場の実態を無視したものであったために，学校が荒廃したことに対する反省を含めて，1960 年代後半から 1970 年代前半にかけ，人間中心の教育が叫ばれるようになった．その理論的支柱の一つとなったのが，先述のロジャーズの学生中心法である．

　さて，さまざまな人間回復の教育的試みの中で，急速に，流行とも言うべき普及をみせたのが，オープン・エデュケーションである．これは，イギリスの幼児学校（5～7歳）において，第二次世界大戦後静かに発展し，1960 年代に広く普及したインフォーマル・エデュケーションの移入であった．インフォーマル・エデュケーションは，教育実践の

場から自然発生的にはじまり広がった教授法であるので、インフォーマル・エデュケーションにしろ、オープン・エデュケーションにしろ、明確な原理や理論にもとづいたものではない。その実践の形態や質は多様で、かつたえず変革しており、そのことがまたこの教育運動の特徴でもある」。

そして、松田伯彦（1984）は、スポデークら（Spodek, et al., 1975）とスティーブンス（Stephens, 1974）の著書およびハニフら（Hanif, et al., 1979）の論文にもとづき、教授心理学の諸変数について、共通すると思われる特徴をあげている。松田（1984）は、これらの特徴について「独立変数と従属変数が入りまじっており、操作できるものと、単なる推測や希望が混合しているが、オープン・エデュケーションの理解には役立つであろう」と述べているので、それらをまとめながら紹介したい（表8-1）。

オープン・エデュケーションの教育効果について、松田（1984）は、「教育効果についての評価は、かならずしも一致していない」として次のように述べている。「これは、オープン・エデュケーションが一つの教授法ではなく、多様な教育運動を含んでおり、その操作的定義を明らかにしないまま研究を行っていることの、当然の結果といえよう。しかし、きわめて一般的に言うならば、「読み、書き、計算」といわれるような基礎学力については、伝統的教授法より劣るか差がないことが多く、創造的、好奇心、責任性、自己価値感というような情動的側面については、オープン・エデュケーションがすぐれているか、差がない結果が多い」と述べ、さらに「アメリカでは、オープン・エデュケーションは、教師の負担増、基礎学力の低下などを主な原因として、1970年代の後半から急速に衰退していったが、わが国では、1973年以降、明らかに新しいプログラムの実施を意図して、オープン・スペースを持つ学校が建てられてきている。……しかしオープン・エデュケーションをかなり広範囲にとり入れている所はまれで、多くはオープン・スペースを学内に持って、時にオープン・エデュケーション的なものをとり入れる、という程度であり、全然本来の目的に利用されていないところも少なくないようである」としている。

(9) 視聴覚的方法

講義法の「教科書や教師の解説によって授業が進められる言語中心の授業

では，学習者が興味を失いやすく，教育効果もあがりにくい」という点を改善するために，「視覚や聴覚に直接訴えるような教材を用いて，学習者に直接的，具体的経験をさせることにより，学習を効果的に行おうとする」ものである．

(10) IPI（個別処方教授）

　藤生英行（1996）は，IPI（Individually Prescribed Instruction）について，「ピッツバーグ大学のグレーサー（Glaser, R.）らが主張した教授法であり，個々の生徒にあった目標を達成していくうちに，最終的に全体の目標となっているレベルまで引き上げようとする方法です．それぞれの個人は，時間的には異なった速度で課題を実施します．教授内容に生徒を合わせるのではなく，生徒に教授内容を合わせるのです」と説明している．

　また，丸栄一（1984）は，IPIについて，「グレーザー（Glaser）（ピッツバーグ大学）を中心として，1960年代に入ってから開発されはじめたアメリカにおける代表的な個別学習プロジェクトである．学校全体のシステム化を含み，無学年制やティーム・ティーチングとも結びつく」と紹介している．その教育過程は，「①学習内容を行動目標として細密なリスト化→②それぞれの目標に達するステップの分析と形成的テストのうめこみ→③学習者の個人的諸特性を個人ファイルで調べ，事前テストにより測定・診断→④その診断にもとづき教師が学習者個々人の処方箋を作成し，学習者に学習課題と学習方法を提示」となるが，丸栄一（1984）は「学習者一人一人についてのこのような教育過程の計画・管理・運営を学校全体でシステム化するため，コンピューターが導入され，CMI（Computer Managed Instruction）の代表的なシステムとなった．また，IPIそのものの研究・開発は1970年代の半ばで終わったが，IPI用に開発された教材を利用し，教授方法そのものにコンピューターを使用することによって，CAIとCMIの一体化をはかる方向に発展している」と述べている．

(11) プログラム学習

　藤生英行（1996）は，プログラム学習の原理を表8-2のようにまとめながら，プログラム学習について次のように説明している．

　　「スキナー（Skinner, B. F.）は，オペラント条件付けの原理を応用し

表 8-2 プログラム学習の原理

①スモールステップの原理	誤反応を少なくするために，前に答えたことがつぎの質問の答の基礎となるように最終目標に向けて作られ，ヒントは徐々に少なくなる．
②積極的反応の原理	わかっているという主観的なもので次のステップに進まず，正しい答が出るまで積極的に解答させる．
③即時フィードバックの原理	学習者が解答したら即座に正誤を伝える．
④自己ペースの原理	学習者の個人差に応じて，最適のペースで進められる．
⑤学習者検証の原理	多数の学習者が誤る箇所については，プログラムを修正する．プログラム自体は絶対ではなく柔軟に改善する．

（出典：杉原一昭・新井邦二郎・大川一郎・藤生英行・濱口佳和・笠井仁（1996）．よくわかる発達と学習　福村出版　p.141）

　て，学習者に個人差に対応した教育プログラムであるプログラム学習を提起しました．プログラム学習には，表のように5つの原理があります．プログラム学習には，スキナーが考案した「直線型」プログラム学習とクラウダー（Crowder, N. A.）の考案した「枝分かれ型」プログラム学習があります．これらのプログラムを組むときには，課題の階層構造を明らかにする課題分析（task analysis）を用います」．

　杉村健（1981）は，「プログラム学習とは，ティーチング・マシンやプログラム・テキストで与えられる学習材料を，学習者自身の速さで，確実に学習することができるように工夫された，個別学習の方法である」とし，「すべての問題をとばさずに学習しなくてはならない」直線型プログラムについて，「直線型プログラム学習では，能力の高い者は速く目標に達するが，能力の低い者でも，時間をかければ目標に達することができる．そして，問題がこきざみに変化しているので，学習につまずきがなく，だれでも最後の目標に達することができる．したがって，学習能力の差は学習時間の差であると考えられている」とし，「直線型プログラムでは，こきざみに配列された問題を，すべての者が同じように学習していく．これに対して，クラウダー（Crowder, N. A.）が作ったプログラムは，答えのしかたによって異なる道を進むことができるようになっているので，枝分かれ（複線）型プログラムとよばれる」として，以下をクラウダーのプログラムの特徴としてあげている．①枝分かれ型プログラムを用いる．②誤答にも積極的な意義を認める．③多義選択法を用いる．

杉村（1981）は，「以上の特徴からみて，スキナーのプログラム学習が反応（正答）に対する強化によって学習を進めるという強化説に基づいているのに対し，クラウダーのプログラム学習はむしろ認知説に近い．すなわち，学習を認知構造の変化としてとらえ，反応そのものよりも反応に応じた適切な情報を与えることが大切であると考えられている．だれにでも同じプログラムを与えるよりも，学習者の能力，学力，認知構造などに応じて異なるプログラムを用意するほうが，個人差に応じる教育という観点からは望ましいといえる」とし，プログラム学習の利用については，「直線型プログラムは，すべての学習者にとって教材が新しいものである場合や，学習者の知識が初歩的な水準にあって，詳しい説明が必要な場合に適し，他方，枝分かれ型プログラムは，学習者の能力差が大きい場合や，教材に対する基礎的知識に大きな個人差がある場合に適している．一般に，枝分かれ型のほうが直線型よりも学習を促進するといわれているが，枝分かれ型プログラムを作ることはかなり難しいという欠点がある」と述べている．

松田伯彦（1984）は，プログラム学習の原理として，「①教育目標を行動目標のかたちで表す．②学習者が積極的に反応することが必要条件．③漸進原理にもとづいて目標行動を系列化する．④即時強化．⑤学習速度には個人差があるので，学習は個別的に自己のペースで行われなければならない」をあげ，またプログラム学習に対する批判として，「①教材を一定の道筋にしたがって配列し，教育する側であらかじめ思考過程を規定してしまうので，学習者の自由な思考過程を損ない，型にはまった受動的な思考態度を身につけさせる．また，やさしい問題項目への正答を積み重ねて，教育目標に到達するのでは，学習者の思考能力がきたえられず，難問にぶつかるとすぐへこたれたり，難しい教材に取り組んで思考することができなくなる．②学習者集団の人間関係を無視している．③プログラム学習擁護者は「教師を授業という雑務から解放することにより，個々の学習者との人間的付き合いや教材研究により多くの時間が使え，個々の学習者によりあうプログラムを考えることができる」と主張するが，教師が忙しいのは教授過程とはまったく関係のない雑務のためであり，授業は雑務ではなく，むしろ教師の最大の仕事である．④教育目標をすべて目標行動として言葉化することはできない」を紹介している．

また，松田（1984）は，「スキナー流のプログラム学習そのものは，1960

表 8-3 種々の教授方法の特徴の比較

			発 見 学 習	プログラム学習	有意味受容学習	学生中心法
教育目標			発見する能力の学習	知識，技能の効率のよい習得．（教育の自動化・個別化・効率化）	文化遺産の伝達．莫大な有意味言語教材の習得と保持．	学習方法を学習する．発見の過程を学習する．全人格的発達．自己実現．
教 材			教材の選択にあたり教科の構造を強調．教材の現代化．	教材の分析が徹底的になされ，ヒエラルキーが作られる．知的行為の多段階形成説では，ある分野内のあらゆる特殊な現象に共通する教材の選択．	教材は潜在的に有意味でなければならない．	教材の選択にあたって，学習者の興味・関心を重視．
教材方法	統制	内的活動	発見を経験させようとする．	知的行為の多段階形成説にもとづくものが最も強い．スピードに関しては弱い．	有意味に受容させようとする．	弱い．
		外的活動	比較的弱い．	強い．	かなり強い．	弱い．
	教材提示	方向	個別的事例─仮説─帰納的推理─ルール．	課題のヒエラルキーに従い，下位課題から順次上位課題へ．	まず先行オルガナイザーの提示．その後個別的事例や概念（演繹的方向）．	学習者がきめる．
		不確定性	大きい．	小さい．	比較的小さい．	大きい．
		提示者	主に教師．	ティーチング・マシン．	教師．	学習者が中心．
		提示媒体	教材の翻案のために種々の教具が工夫される．	視聴覚機器をしばしば利用．	すべて言語による．	学習者の具体的経験を通すようにする．
		提示対象	一斉・集団．	個別的．	一斉・集団．	集団あるいは小集団．
	動機づけ	欲求	自発的欲求．		認知的な内発的欲求．	内発的欲求．
		誘因	学習者の発達段階に適した思考形態に教材を翻案することにより，教材固有の魅力をます．			
		強化	自己強化．	即時・直接強化．	自己強化．	自己評価．自己強化．

(出典：松田伯彦・松田文子（1984）．教授心理学増補改訂版　明治図書　p.158, 159)

小集団学習	オープン・エデュケーション	完全習得学習	教育工学	伝統的教授法
良い態度・人格の形成がしばしば強調される.	認知的目標より情動的目標を重視. 学習方法の学習. ゴールフリー.	学校教材のすべての学習者による完全な習得と高い保持.	いかなる教育目標も前提条件として認めうる.（教育の自動化・個別化・効率化）	知識・技能の習得と保持.
	教材の選択にあたって，学習者の興味・関心を重視. カリキュラムは固定しない.	教材は，教育目標細目表として徹底的に分析される.	教材の分析が徹底的になされ，下位目標が明確化される.	
弱い.	弱い.	かならず完全に習得. させる.	他の変数も考慮して最も効率の高いシステムを作る.	弱い.
かなり弱い.	弱い.	かなり強い.		強い.
学習者集団が討論によって，しばしばきめる.	学習者が責任をもって決めることができるよう教師が助ける.	累積的ヒエラルキーに従い，下位目標から上位目標へ.		一貫性にかける
大きい.	大きい.	比較的小さい.		かなり大きい.
教師と学習者集団.	学習者が中心.	主に教師.		主に教師.
討論が重視される.	学習者の具体的経験を重視.	教育機器をしばしば利用.	しばしば教育機器を利用.	言語中心.
小集団.	個別的あるいは小集団.	まず一斉・集団，ついで個別あるいは小集団.	しばしば個別化をもくろむ.	一斉・集団.
集団の生産性・凝集性を利用.	内発的欲求.	しだいに内発的欲求の育つことを期待.		外発的欲求.
	豊富な教材環境をととのえる.			教材は魅力にとぼしい.
	自己評価を強調.	形成的評価による頻繁なフィードバック.	しばしば教育機器により，自動的に即時強化.	不規則. 罰の多用.

年代の前半をピークに教育の現場からしだいに姿を消していくが，それは行動主義から認知論や情報処理論への学習心理学の移り変わりと対応し，プログラム学習は，CAI や教育工学の流れに吸収されていく」と述べている．

(12) CAI

藤生英行（1996）は，「CAI（Computer Assisted Instruction）は，コンピュータ支援学習と訳されますが，コンピュータを教具として利用した学習や教育を意味します．そのプログラムは学習理論が基盤となって作成されています」とし，教師がコンピュータを利用する場面については，対象となる教科によって，さまざまな利用の仕方があり，①記憶させたりかけ算九九などを練習させるような訓練練習型，②新しい知識を得させるような教授型，③恐竜図鑑など蓄積された情報を自由に調べることが可能となるデータベース型，④ゲームやシミュレーションを通して学習させるゲームシミュレーション型，⑤学習者自身がプログラムしたり操作し課題を解決する問題解決型の5つの形態をあげている．

さまざまな授業法や教授法のいくつかに触れたものは多いが，たとえば，表8-3はおもな教授法の特徴を「教育目標」「教材」「教授方法」という大きく3つの観点から比較してまとめた表である．おもな教授法を概観し，その違いや特徴を理解するために参考になる点が多い．これまでの説明を念頭に眺めてほしい．

● 8.3 授業法と，時代や社会の要請

(1) 学習者・教師の相互作用と，時代・社会の要請

これまでおもな授業法を見てきたが，教師がどれほど準備を重ねて授業法を磨いて授業に臨んでも，授業をする対象がいなくては成り立たない．授業をさせてもらう経験を重ねなくては，工夫を凝らして授業を改善する機会もないし，その成果を発揮する機会もない．授業は，学習者の成長を促す営みであるだけでなく，教師にとっても成長の糧になる．授業も授業法も，学習者と教師の相互作用により改善されていくものであるが，時代や社会の要請にも応える必要もある．学習者が卒業後もよりよく生きていけるように，従

来の枠にとらわれない授業や授業法を開発していく必要があろう．

　たとえば，「いじめ」や「ネット犯罪」の被害者にも加害者にも傍観者にもならない教育は，喫緊の課題である．また，「いじめ」や「ネット犯罪」の被害に遭った場合の効果的な対応や，被害に遭わないための注意点なども，1回限りの特別授業だけでなく，その内容を最新のものに更新しつつ，繰り返し教えていく必要がある（山田順子，2008，2010）．

　これらの内容は，後回しにせずに，その内容をいかに実効あるものとして習得してもらえるか，という点を最優先に，どの授業法を使うかに関わらず，すぐに展開されなければならないものであることを最後に指摘しておきたい．

(2)「いじめ」と「ネットトラブル」

　ネット上のものも含めた初めは軽い気持ちだった行動が，被害者やその家族のみでなく，加害者やその家族も巻き込んで長い裁判になり，損害賠償請求に応えなければならないだけでなく，どんなに後悔しても謝罪しても，なかったことにすることはできない重大な結果を招く場合があることを，児童生徒が実例から学ぶことも必要である．教師よりも被害者の両親や成人した被害者が直接語りかける授業展開の方が，問題への理解が深まる場合もあろう．従来の授業の枠にとらわれない実効性のある展開が求められている．

　IPアドレスを証拠として過信したために誤認逮捕をしてしまうなど，年々巧妙になるサイバー犯罪に，犯罪捜査のプロですら追いつけないという現実がある．学校教育の中でますます忙しくなっている教師が，インターネットに関するトラブル（いじめを含む）に，知識不足から充分に対応できなくても不思議ではない．

　だが，普通の中学生や高校生が，事実無根の中傷をネットの掲示板に書き込まれたり，偽の自己紹介サイトを作られたり，友人のメールアドレスを使ってのなりすましメールにより被害にあったりすることもまれではない（読売新聞，2012年8月25日，10月24日）．携帯をなりすましメールを受け付けない設定にする方法をはじめ，被害にあった際には証拠保全のために，中傷する書き込みや偽のプロフィールサイトの画像を保存し印刷しておくことや，嫌がらせメールも保存し印刷しておくことなどを，具体的手順とともに教える授業も必要だろう．ネット犯罪に詳しい専門家に，日々新たに

なる犯罪手口への対応とともに保護者も対象に授業をしてもらう必要がある．これまでの枠にとらわれない工夫が課題である．

[山田順子]

【引用文献・参考文献】
重松　鷹（1975）．授業　広岡亮蔵（編）授業研究大辞典　明治図書
石黒釤二（1981）．教育心理学からみた授業　辰野千寿・高野清純・加藤隆勝・福沢周亮（編）授業の心理　教育出版
杉村　健（1981）．授業の方法　辰野千寿・高野清純・加藤隆勝・福沢周亮（編）授業の心理　教育出版
松田伯彦・松田文子（1984）．教授心理学　増補改訂版　明治図書
Ausubel, D. P. (1964). Some psychological and educational Imitations of learning by discovery. *Arith.Teacher*, 11, pp.290-302.
杉原一昭・新井邦二郎・大川一郎・藤生英行・濱口佳和・笠井仁（1996）．よくわかる発達と学習　福村出版
Block, J. H. et al. (1975). *Mastery learning in classroom instruction*. Macmillan Pub.
　（稲葉宏雄ほか(訳)（1982）．教科指導法における完全習得学習　明治図書）
Bloom, B. S. et al. (1971). *Handbook on formative and summative evaluation of student learning. Part* I. McGraw-Hill.
　（渋谷憲一ほか(訳)（1973）．「教育評価法ハンドブック」「学習評価法ハンドブック〈上・下〉」第一法規）
日比　裕（1987）．『完全習得学習』はツメ込み授業に陥らないか　授業研究，16．pp.88-95.
丸栄一は，松田伯彦・松田文子（1984）．の「あとがき」にあるように，同書の用語解説執筆者．
山田順子（2008）．情報モラル　國分康孝(監修) カウンセリング心理学事典　誠信書房
山田順子（2010）．生徒理解　日本特別活動学会(監修) 小学校・中学校・高等学校学習指導要領対応　新訂　キーワードで拓く新しい特別活動　東洋館出版社
読売新聞（2012）．8月25日　朝刊
読売新聞（2012）．10月24日　朝刊

課 題

1. この章で取り上げた授業法一つひとつについて，あなた自身の体験も交えながら，授業法についての基礎知識がない高校生にそのポイントがよくわかるように，その生徒があなたの前にいるつもりで，実際に声に出して，説明しなさい．
2. あなたが，大学の「教育心理学」の授業で，「授業法」について，先人たちの努力と工夫の軌跡についても触れながら授業をすることになったと仮定して，「授業法」について特に関心がない学生たちも惹きつけるような授業内容や授業展開を考えなさい．
3. 3人1グループになって，自分が考えた授業内容や授業展開を披露し合い，さらによいものにするにはどうしたらよいかを，3人でよく話し合ってみなさい．そして話し合い後，それぞれのグループの代表者の発表を，クラス全体で聞き，さらによいもののする工夫はないかを全員で考えてみなさい．

第9章

学級の心理

本章では学級の心理について，まず日本文化における学級の特徴を踏まえ，これを支える学級集団の要因を概観する．次に，現代日本の学級を取り巻く社会問題に焦点を当て，おもに社会心理学や感情心理学の立場から，それらを説明する一つの枠組みを紹介する．次に，最新の文化心理学的知見を用い，それらを，変わりゆく現代の日本文化に位置づけた検討を行う．最終的に，今とこれからの日本の学級が直面する国際化のうねりの中で，児童生徒の心理に影響するであろう社会の系統的な変化について論考する．

9.1　現代日本の学級

(1) 日本の学級

世界の学校は，おもに教育する内容について3つのタイプに分けられるという．欧州やラテンアメリカにみられる「教科学習のみ」行う学校（課外活動を行わない）と，旧社会主義国や中国にみられる「思想」や「労働」の教育を行う学校，そして旧英連邦国家であったアメリカや，戦後その影響を受けた日本にみられる「教科学習と課外活動を積極的に実施する」学校である．

さらに，英米の学級は児童生徒個人の学力向上を達成することに焦点が置かれており，この契約にもとづいて運営されているため，児童生徒がこれに違反した場合には厳格な懲罰で対応するべきものとされる．一方，日本の学級は，学力向上のみでなく，家族や地域社会の縮図としての小さな社会の成員として，共同体での生活を行う場とされている．そのため，日本の教師たちが望ましいと考える学級集団の特徴には，①集団内の規律，共有された行

動様式があり，②集団内の子ども同士の良好な人間関係，役割交流だけではなく，感情交流や内面的なかかわりを含んだ親和的な人間関係，③一人ひとりの子どもが学習や学級活動に意欲的に取り組もうとする意欲と行動する習慣，同時に，子ども同士で学び合う姿勢と行動する習慣，④集団内に，子どもたちのなかから自主的に活動しようとする意欲，行動するシステムがあること，が挙げられる（河村，2010）．

　これらを成立させる学級集団には，次の要因が存在することが重要である．第一に，学級集団に所属する子どもたちの間に生じる意見や行動が一致する「集団斉一性」が高いことである．児童生徒の生活の幅広い領域で，集団規範が学級の成員に共有されており，習慣的な行動（挨拶など）がよくみられる学級では集団斉一性が高い．第二に，学級で「自己開示」と「愛他性」が高まっていることである．自己開示とは，自分の思い，考え，プライベートな内容を，飾らず率直に語ることである．愛他性とは，外的な報酬を期待せず他者を助けようとすることである．これらは，一般的には気の置けない親しい関係でみられる行動である．第三に，「集団凝集性」が高いことである．児童生徒が学級集団に魅力を感じ，自発的に集団にとどまろうとすることを集団凝集性という．学級以外の集団に参加するほど，集団凝集性は低くなる．第四に，「集団機能」が子どもたち側から強く発揮されていることである．集団機能とは，集団の崩壊を防ぎ，存続と結束を強化促進する機能であり，学習指導や生徒指導の遂行に関するP（Performance）機能と，人間関係を維持するM（Maintenance）機能の両方の高さで定義される．学級では，学業や課外活動といったルールに基づく行動を遂行することにP機能が，先生や友人との対人関係の維持にM機能が用いられる．第五に，集団機能を強化するための「集団圧」が高いことである．集団圧とは，集団が児童生徒個人を拘束する力である．第六は，「集団同一視」である．これは児童生徒が学級集団の利害と自己の利害が一致していると感じることである．これらの要因を高く保つことが，日本型学級集団を形成する上で重要であるとされている（河村，2010）．

　ところが近年，上記のような特徴を備えた学級を維持することが困難になってきている．つまり，日本の教師たちが理想と考える学級を支える集団斉一性，自己開示と愛他性，集団凝集性，集団機能，集団圧と集団同一視が，何らかの理由により低下していると考えられる．いじめをはじめとする

今日の学級における問題は，このような社会の変化と関連しているのだろうか．

(2) いじめの変遷

「いじめ」の定義は，その日本文化における本質をとらえるために更新されてきた．平成5年度までは，いじめは「①自分より弱いものに対して一方的に，②身体的・心理的な攻撃を継続的に加え，③相手が深刻な苦痛を感じているものであって，学校としてその事実（関係児童生徒，いじめの内容等）を確認しているもの．なお，起こった場所は学校の内外を問わないもの」であった．平成6年度から平成17年度までは，「①自分より弱いものに対して一方的に，②身体的・心理的な攻撃を継続的に加え，③相手が深刻な苦痛を感じているもの．なお，起こった場所は学校の内外を問わない」とされ，平成18年度からは「当該児童生徒が，一定の人間関係のある者から，心理的・物理的な攻撃を受けたことにより，精神的な苦痛を感じているもの．なお，起こった場所は学校の内外を問わない」とされ現在にいたっている．つまり，現在のいじめの定義では，強いものから弱いものという力関係に基づいた方向性が問われず，継続性が無くとも精神的な苦痛があれば，これを被害に含めた定義となった．これらより，過去四半世紀の日本において「いじめ」は，より学生にとって私的な，身近な関係から生じる心理的な被害という点が注目されるようになったことがわかる（第5章参照）．

(3) 自殺の先行状況

悲しい事実ではあるが，「自殺」も，日本の児童生徒にとっては大きな社会問題といえる．平成23年度の9月速報値によれば，自殺した生徒が置かれていた状況として多いのは，家庭不和（父母や兄弟等との関係がうまくいかずに悩んでいた，等）が6％，父母等の叱責（父母等から叱られ落ち込んでいた，等）が9％，学業不振（成績が以前と比べて大幅に落ち込んでいた，授業についていけず悩んでいた，等）が5％，進路問題（卒業後の進路について悩んでいた，受験や就職試験に失敗した，面接等で志望校への受験が困難である旨を告げられた，等）が7％，友人関係での悩み（友人と喧嘩をし，その後，関係がうまくいかずに悩んでいた，クラスになじむことができずに悩んでいた，等）が3％，いじめの問題（いじめられ，辛い思いをし

ていた，保護者から自殺した児童生徒に対していじめがあったのではないかとの訴えがあった，自殺した児童生徒に対するいじめがあったと他の児童生徒が証言していた，等）が2％，病弱等による悲観（病気や病弱であることについて悩んでいた，等）が2％，厭世（世の中を嫌なもの，価値のないものと思って悩んでいた，等）が6％，異性問題（異性問題について悩んでいた，等）が4％，精神障害（精神障害で専門家による治療を受けていた，等）が6％であり，わかっている状況の半分を占めている．自ら命を絶った児童生徒にはそれぞれの苦境があり，状況の種類の多寡を論じることには意味が無いものの，これらを概観すると，やはり「関係」の問題が見え隠れする．すなわち，実におよそ4分の1の自殺に先行する状況が，関係が絶たれること（家庭不和，父母等の叱責，友人関係での悩み，いじめの問題，異性問題）に関している．命は，関係によって支えられているのである．

(4) 社会的ひきこもりのきっかけ

「ひきこもり」の問題も，看過はできない．「ひきこもり」は，内閣府の定義に基づけば「普段は家にいるが自分の趣味に関する用事のときだけ外出する」という広義のひきこもり，「普段は家にいるが近所のコンビニなどにはでかける」「自室からは出るが家からは出ない」「自室からほとんど出ない」という狭義のひきこもりがあり，これらの状態が6ヵ月以上続き，そのうち統合失調症または身体的な病気を持つ人，自宅で仕事をしている人，家事育児をしている人を除いて15歳以上から39歳以下の年齢範囲の者を数える．

広義から狭義のひきこもりまで含めると，およそ70万人名以上の若者が，現在ひきこもりであるという推計もある．成人以上を含む内閣府の調査において，「現在の状態になったきっかけ」として挙げられたものは，「職場になじめなかった」「病気」を筆頭に，「就職活動の失敗」「小中高での不登校」「人間関係」「大学になじめなかった」と続く．また，ひきこもりは男性に多い．

ジャーナリストのマイケル・ジーレンジガー（2007）は，その著書『ひきこもりの国』の中で，この社会現象が，急速に変わりつつある現代の日本の時代的特徴を現すものとしている．もちろん，ひきこもりの要因には個人的，経済的，対人的，あるいは地域的なものなど，ほかにも多くのものが存在しており，真の原因はいまだ不明だが，超高齢社会にもかかわらず若者の

ひきこもりが問題視される今日，学級を中心に渦巻くこれらの社会問題に対し，あらゆる視点から取り組む必要があることは言うまでもない．以下では，心理学的観点に立って，現代の学級の問題を考察する．

● 9.2　集団の心理

(1) 対人不安

　義務教育を布く国において，人は小学校でおもに児童期を，中学校から高校にかけてはおもに思春期を過ごす．思春期と，それに続く青年期では，「対人不安」が平均的に高まる時期である．対人不安とは，「現実，あるいは想像上の対人場面において，他者からの評価に直面したり，もしくはそれを予測したりすることから生じる不安状態」である．家族から自立を始める思春期に，児童生徒はより広い社会の中で家族とは異なる自分自身の対人関係を作り始める．そのため，身近な他者に受け入れられることは基本的な発達課題であり，他者に受け入れられない場合は心理的な危機となる．思春期や青年期に差しかかると，この対人不安が，やや女性が上回りつつも全体的に高くなる．つまり，児童生徒は発達的にも関係を必要とし，それゆえに関係を失うことに不安をいだきやすい年頃である．そのため，場合によっては，一般社会が否定するような集団でも，自分を受け入れてくれるのであれば，それに所属する者も出てくる．

(2) 孤独感

　このように関係づくりが重要になる年頃があることは，人間，あるいは社会的な動物としての基本的な社会性の存在を物語っている．われわれ人間や，その先祖に当たる社会的な動物は，基本的に孤独を避け，集団で生き延びることで現在のような，経験の累積と，数え切れない他者との出会いを伴った複雑な社会を築いてきた．そのため，孤独を感じる気持ち，すなわち「孤独感」は，われわれにとって直感的な危機を知らせる警報であると言われている．

　孤独感を感じている者は，そうでない者に比べ，高血圧で，風邪を引きやすく，睡眠の質が著しく低下することが，ジョン・カシオポら（2010）の研究で示されている．よく眠れないのは，身体を活性化させて行動を促すこと

で，失いかけている社会的な資源，すなわち他者との関係を求めさせようとする働きが，われわれの心に内在しているためである．もちろんこれは児童生徒に限らない現象なのであるが，他者との関係はわれわれの気づかないところで健康を保っている．

(3) 規範的同調

人間の社会は，このように関係を求める心を持つ個人が集まって集団を形成して生活が営まれている．そのため，他者の存在によってわれわれ個人の行動は著しく影響を受け，その結果，一人では生じない行動が集団の中では生じることがある．

ソロモン・アッシュの古典的な実験では（藤原，2009），複数の参加者がいるテーブルに招かれた参加者が，ごく単純な間違い探し課題を与えられる．その課題とは，見本線分の長さと同じ長さの線分を横に並ぶ3本の線分から一つ選ぶという課題で，3本の線分のうち2本は明らかに見本線分と異なる長さをしており，誤答であった．

一人でこの課題を行った場合は誤答を選ぶものは誰もいないにもかかわらず，回答者一名以外は全員サクラを用い，参加者から見て自分以外の多くの他者が誤答を選ぶ状況に直面すると，参加者は周囲の誤答に合わせて誤答を選んでしまう．これは，周囲の他者から自分が逸脱することを人は億劫に感じ，それゆえに周囲に規範的に「同調」してしまうことを示している．同調は，関係を保つ心性のゆえに存在している．

(4) 責任の分散

規範的同調のように，明らかに誤ったことであっても，われわれはそのこと自体の良し悪しについての個人的な判断より，関係を乱すか否かということに基づいて行動してしまう．それほどわれわれの社会性は基礎的であり，それゆえ他者の存在が人間性の最良の面と最悪の面を引き出す契機にもなる．キティ・ジェノビーズの事件は，人間性の最悪の面が引き出されたものの一つであろう（藤原，2009）．

この事件の被害者キティ・ジェノビーズは，不幸にも夜道で暴漢に襲われ，複数回の刺傷を受け死亡した．仰天すべきは，彼女が数十メートルにわたり逃げては刺される間，何軒もの家々の前を叫び声をあげながら通り抜け

ていたことである．住民は，自らが助けなければならないという責任を感じず，ついに助けは来なかったのである．キティ・ジェノビーズの事件は，われわれが皆，明らかな悪を見過ごす傍観者になる可能性をもつことを教えてくれる．

「責任の分散」と呼ばれるこの現象は，匿名性が高い状況ほど現れることがわかっており，たとえばハロウィンでお菓子を受け取りに家々を訪れる子どもたちで，一度に大人数に紛れて訪問し，訪問先の大人が名前を尋ねなかった子どもたちでは，この条件に当てはまらない子どもたちに比べ，玄関先に置いた硬貨をより多く盗むことを示した研究もある．また，自殺行為を野次馬に紛れて促す「自殺誘惑」という行為は，野次馬が大人数で，夕方6時以降の場合により多くなることも知られている．つまり，われわれは顔を隠されるなどして，「私は〇〇〇〇だ」といった認識を失い集団に埋没する形で個人性を失うことで，最悪の面を引き出されてしまう．

個人性を失うことの問題は，特に日本のいじめのあり方と関係が深い．たとえば森田洋司（2001）らは，欧州諸国のいじめと日本のそれを比較する調査を行い，日本のいじめには「観衆」や「傍観者」と呼ばれる種類の児童生徒が多いことを示した．これらの児童生徒は，いじめの加害者本人でも，被害者本人でもない．いじめを止めずにはやし立てたり，見過ごす大半の児童生徒なのである．イギリスやオランダの同年齢に比べて日本では，特に中学1年生から2年生にかけて横断的に，この種類の児童生徒が増えていくことがわかっている．また，人数は少ないがいじめを止める傾向がある「仲裁者」が，同じ時期に欧州では増え始める，あるいは下げ止まるのに対し，日本では減り続ける．この学年はいじめの被害が最も多く報告されている学年でもあり，観衆や傍観者の増加と仲裁者の減少という文化的特徴と，不気味な一致を見せている．

9.3 学級における感情と動機づけ

(1) 妬み感情

自分が欲するものをすでに持っている他者に対し（そして，その他者が不当にそれを手に入れたという場合には特に），われわれはその他者に対して「妬み」を抱く．澤田匡人（2006）の研究によれば，妬みを抱きやすい小学

生は，担任の評定で，学校における問題行動が多いことが示されている．この妬みという感情には，否定的な種類と肯定的な種類が存在し，欲するものを手に入れられるよう努力し，建設的な自己の向上に努める場合は「良性妬み（benign envy）」であるが，他者や，他者の持つ物を傷つけるなどして価値を低下させ，他者と自己との間に開いた相対的な差を埋めようとした場合は「悪性妬み（malicious envy）」となる．

　日本の学級のように，人間関係が固定的な社会環境では，優れて突出した他者を悪性妬みにより社会的に制裁することがある．たとえば，ガーナとアメリカを比較した研究では，閉鎖的な社会において新たな対人関係を構築するのに役立つ個人特性（外見の魅力）が，悪性妬みの対象になる可能性が示されている．良性妬みの機能を発揮した場合でも，このように閉鎖的な関係の中では依然自分が突出してしまうことの懸念が伴うとすれば，集団の調和を保つことが絶対条件であるほど悪性妬みの脅威は避けがたい．たとえば，北山・内田・新谷（2007）では，日本人学生とアメリカ人学生を対象に「幸せ」から連想する言葉を列挙させた．これによれば，アメリカ人学生の連想語はその大半が肯定的な言葉であるのに対し，日本人学生では肯定的な言葉はアメリカより少なく，その分，「（幸せだと）妬まれる」という社会関係への否定的影響を懸念する連想語が一群挙げられた．多くの人が望むものが幸せだとして，日本人学生にとって自分が幸せを手に入れることは自らに被害が及ぶ可能性を孕むこと，つまり悪性妬みを他者が抱くことによって周囲の関係に不調和が生じることに対して懸念があるという含意が，幸せの意味づけにあったとみることができる．

　社会関係への否定的影響を懸念するように，対人関係を維持するために否定的感情の働きを利用する日本の文化的な価値観は，GDPで予測されるものよりも著しく低い日本人の幸福感と無関係ではない．経済的な成長が必ずしも人々の幸福感の上昇と関連しないことを指摘した「イースターリンのパラドックス」に端を発し，日本人が国際比較調査で繰り返し示す低い幸福感はなぜなのか，研究者の関心を集めてきた．これに対し大石とサリヴァンは（大石，2009），アメリカ人学生に比べて著しく低い日本人学生の幸福感は，後者が前者よりも「親からの期待が具体的」であり，それに対して「応えられていない」という意識が高いことで説明できることを示した．身近な他者の期待に応えることは，他者との関係性の中で生きていく人間のあり方とし

ては基本的なものであると考えられ，それゆえ，日本人の幸福感が低いという国際比較研究には，日本文化における関係の文化的価値づけとあり方を踏まえた理解が必要である．

(2) 自己改善動機

東 洋（あずまひろし）は，日本文化の初等教育にアメリカ文化のそれとは明確に異なる特徴があるとし，日本文化で共有される道徳観や人間観を前提とした発達心理学の重要性を説いた（東，1994）．彼の著書『日本人のしつけと教育』によれば，日本の教育には戦前から「受容的勤勉性」を養う教育文化があるとされ，いかに暗黙のうちに小学校教育が，それを取り巻く文化的な価値観に基づいているかが示されている．小学校に入学する前の段階で母子を遊戯室に呼び，部屋のおもちゃで遊ぶ行動を観察した東らの研究が，この考えを端的に現している．

東らは，たくさんの穴のあいた板に色釘をさして絵やデザインを作る道具を母親とその4歳児に与え，自由に遊ばせた．子どもが母親の提案に従って，あるいは手本のとおりに絵やデザインを描こうとする「従順辛抱性」と，親の提案を拒んだり手本から離れたりして自分の思うとおりにやろうとする「独立独創性」の両方を子どもごとに測定した．この実験は，アメリカでも同様の設定で同年齢の子どもの行動が観察された．それから7年後，小学校中学年になった各児童の学校での成績と，この自由遊び場面での特徴の相関係数（比例関係を示す統計量）を検討した．

その結果，アメリカでは独立独創性が成績と正の相関（比例関係）を示したが，日本では従順辛抱性が成績と正の相関を示したのである．すなわち，アメリカの小学校では自ら選択し，創造的な行動を起こす子どもはそうでない子どもよりも評価されていること，また，日本の小学校では身近な他者の言うことや手本に従い，それを受け入れて勤勉に応える子どもは，そうでない子どもよりも評価されていることを示していると考えられる．ここで重要なのは，人の行動のどの側面（独立か，従順か）が育まれるかが，それぞれの小学校の教育文化に繰り返し接することで異なってくる可能性があるということである．従順で受容的な態度，あるいは他者との調和を保とうとして自らがその規範的な目標に忍従的で勤勉に応じることは，日本文化の根底に流れる人間形成に関した意味づけに拠っている文化的心性であると考えるこ

とができるだろう．

　日本の学級の心理を説明する上で，受容的勤勉性は必ずしも学生の自尊心の高さには現れないことを踏まえる必要がある．アメリカと同様に日本の教育でも自尊心を育むことは重視されているが，幸福感と並んで自尊心は，しばしば日本人が平均的に低いことを示す国際比較研究が少なくない．その背後には，身近な他者の期待に対して自己の改善点を探す，日本文化の勤勉性があると指摘されている．

　スティーブ・ハインは，日本人学生とヨーロッパ系カナダ人学生を対象に，ある程度面白そうなパズル課題をさせ，それぞれの国で半数の参加者に，どれほど早く解けたかという，成果についての偽の結果報告をするという実験を行った（増田・山岸，2010）．無作為に選ばれた半数は他の参加者より良い成績で，もう半数は他の参加者より悪い成績だったということを知らされ，それぞれ成功条件と失敗条件に振り分けられた．その後で，あらためて同種のパズル課題の前に置かれた参加者は，好きなことをしてしばらく待つよう告げられる．このとき，どの程度自発的に課題に取り組んだかが隠しカメラで観察して測定された．明確な指示のないこの状況で課題に取り組む場合，その行動は，自らの内に生じた課題に取り組みたいという動機づけによる自発的な行動だと見なす．すると，ヨーロッパ系カナダ人学生は成功条件で，日本人学生は失敗条件でより課題に取り組んだ．つまり，ヨーロッパ系カナダ人学生は自己の有能性を伸長するように自発的な行動を起こしたのに対し，日本人学生は自己の反省点を改めるような行動を自発的に起こしたのである．おそらく，日本では学校教育を通してこのような自己を改善したいという動機づけが育まれてきたのであろう．毎日の反省会や，間違えた課題を中心に復習させるといった習慣が，学生のやる気を自己改善的に形成しているのである．

　この「自己改善動機」は，東らの受容的勤勉性と重なるものである．東らの研究で，見本の絵と同じものをよく似た選択肢の中から探すという課題に取り組んだ日本の児童が，アメリカの児童よりも慎重に時間をかけて答えを出したことが報告されている．東はこの結果を，日本の児童が間違いを犯さないように課題に取り組んだためと考察している．失敗に焦点を当てる習慣は，本質的に反省会と同じ動機づけで支えられており，他者の期待に応えるために，あるいはその拡張としての規範（そうするよう他者によって決めら

れていること）に沿うために自己を改善する動機づけが背後にある．

(3) 相互協調的人間観

　周囲との協調性を保つよう日常生活を送ることは，単に対人関係を意識的に重要だと認識できることではない．そのような認識がなくとも，個人個人が集まり，社会全体として示す感情や考え方，行動のパターンが結果的に織りなすシステムが，転じて，そこで暮らす人々の感情や考え方，行動のパターンをある程度方向づけている．したがって，われわれは普段，個人の幸せが周囲との軋轢を孕むことを知らずのうちに「幸せ」の意味づけに含めているが，個人の意識の上では，なぜそのような含意であるのか理解することは容易ではない．人間の文化的な生活は，われわれの深くに流れる社会的動物としての戦略と，それゆえに重要な文化的な意味づけに囲まれた世界観や人間観の中で営まれているのである．

　上記のような，日本文化における身近な他者との関係に従う形での自己を前提とした協調的な人間観を踏まえると，日本文化における学級の問題に一つの解釈の枠組みを提供できる．つまり，同調や責任の分散という現象，または妬みという感情自体は普遍的な社会心理だが，それらがこの「相互協調的人間観」を共有する児童生徒，学校に位置づけられるとどうなるかを考察することで，日本を悩ます問題の理解を進め，日本の学級に真に適した対応を行うことができよう．

　高田利武（2004）の研究によれば，自分が協調的な人間であるという認識は，小学校から中学校，高等学校にかけて男女ともに上昇していくことがわかっており，束らの知見も踏まえると，日本の教育は相互協調性を養う効果があると考えられる．そこでは，学生は固定的で，多人数のクラスで生活するといった環境の特徴がある．規範的同調は他者の人数が多くなると強くなるため，日本のクラスは，たとえば1学級あたり20名程度の学級が多い欧米圏に比べると同調がより生じやすい環境といえる．実際，集団主義文化ほど1学級あたりの児童生徒数が多いことや，集団主義文化ほどアッシュの同調実験の効果が大きいことが知られている．

　また，共同体の一員として生活することを教える日本の学級では，児童生徒は集団の一員としての自己認識をもって生活する．集団主義文化ほど教師は個人ではなくクラス全体に話しかける傾向があるが，そのように個人性が

集団に埋没しやすい集団生活で，児童生徒は役割の範囲で責任ある行動を起こすよう学ぶものの，いったん役割を離れ，クラスメートなど，親友ではない程度の友人関係の文脈になると，自分が被害を被りたくないための傍観者に転じやすい．実際，いじめの傍観者は，いつ自分が被害に合う順番になるか懸念しているが，これはキティ・ジェノビーズの叫び声を聞いた住民の状況に似ている．

さらに，学力などは学校で奨励される個人特性であり，それが努力によって増大できると信じられていることでより進学意識の高い学生を中心に競争と社会的比較が日常的に行われる．もちろん，学力のほかにも運動能力，外見や所有物といったさまざまな観点で社会的比較を生じるのだが，やはり調和を乱すことが究極的に避けられる相互協調性のもとでは，個人が突出することは避けられ，調和を乱す他者には悪性妬みによる制裁が生じる．

これらの文化的心性の結果，日本の児童生徒にとって友人関係は助け合い成長し合うものと同時に，競争し合い，互いに気をつけるべきものと意味づけられる．児童生徒によっては，その「しがらみ」から逃れるために学校を避ける者が現れてもおかしくはないだろう．実際，森田らの調査研究では，不登校の児童生徒は対人関係上の問題を懸念していることが指摘されている．また，不登校のきっかけとなる時期は進学後，あるいは進級した後であることが多く，新しい関係の構築に関わる時期が多いこともこの一端と考えられる．

このように，相互協調的な文脈における学校生活では，他者との足並みをそろえていくことが必要不可欠な課題となる．同調や責任の分散の脅威から身を守り，他者の悪性妬みを避けて調和を維持するには，自己を周囲の水準に合わせ，そこから逸脱しないこと，あるいは「人並み」であることが重要となる．こうして保たれる他者との相互協調性は，日本文化において関係を保ち，孤独を避けて発達していくための鍵であると考えられる．佐野予理子らの研究により（佐野・黒石，2009），人並みであることが「安心感」をもたらすことが知られているが，日本人学生が「安心」を求め，これを幸せに感じることは，アメリカ人学生が「興奮」を求め，これを幸せに感じることに比べて異なることはこれまでの論考に矛盾するものではないだろう．

9.4 日本文化の変化と学級

(1) グローバル化

シルクロードが東ヨーロッパと中国を結んだ紀元前50年頃より，洋の東西の古代文明を超えた大規模の異文化交流が始まったとされている．異なる文化を超えて物資の交換や情報の伝達，人の交流や移動が進むことで，人間の社会は異文化交流を行ってきた．かつて古代ギリシャの歴史家ヘロドトスが著作『歴史』で残したように，人々は自らの暮らす文化が優れていると思い込む「自文化中心主義」を持ちながら生活し，それゆえ，異なる文化間の出会いはしばしば誤解と偏見，理解不足による思い込みと無益な衝突を伴ってきた．

そして今日の世界は，音楽を1曲購入するためにも，あるいは車1台組み立てるのにも数カ国が関わるほど，かつてない大規模な相互依存関係を築いている．それにもかかわらず戦争，内戦，民族紛争，文化的差別，難民や移民，領土問題，環境問題といった，国際間協調が不可欠な葛藤の問題を完全に解決できずにいることは，文化の隔たりについてより根本的な理解が必要であることを物語っている．

この時代において，日本の学級もグローバル化の影響を多大に受けている．例えば，平成23年度に小学校から開始された新学習指導要領によれば，小学5年生から英語の授業が始まり，その目的は，「外国語を通じて，言語や文化について体験的に理解を深め，積極的にコミュニケーションを図ろうとする態度の育成を図り，外国語の音声や基本的な表現に慣れ親しませながら，コミュニケーション能力の素地を養う」こととされている．国際協調が必要な時代に，「ゆとり」や「詰め込み」に代わって打ち出された「生きる力」を養うためのこの指導要領は，これまで以上に異文化との交流に実際に役立つ人材育成に力を入れはじめたものと言えるだろう．また，2011年に発表された「グローバル人材育成推進会議中間まとめ」では，世界で共通の学習カリキュラムである国際バカロレア資格を取得可能な学校を5年以内に200校程度へ増加させるなど，具体的な施策が提案されている．

これに従い，外国人教師のさらなる起用や，海外出身の児童生徒をより多く受け入れるシステムの完備が急がれており，近い将来は，海外出身の児童生徒，または帰国児童生徒の受け入れやフォローの体制も，より個人個人に

行き渡るような，きめ細かい整備が必要になるだろう．

　日本の学級では，帰国児童・生徒が増加している．重要なのは，日本の伝統的な文化的価値観から変化している地域ほど，このような児童生徒が多いことである．筆者らは，都道府県を単位として日本国内の集団主義の地域差を測定している（一言，2012）．すべての県においてほぼ同様に，過去四半世紀の間に集団主義から個人主義への文化的変化が見られている．そのため，現在でも比較的集団主義得点が高い県などは，便宜的に「伝統的」な日本の文化的特徴を比較的保っている県と考えることができる．

　図9-1は，この集団主義の地域差と，小学校帰国児童数，または中学校帰国生徒数の標準得点との相関関係を示している．小学校と中学校の両方で，伝統的な集団主義の得点が低くなっている県では，帰国児童生徒が多い．つまり，文化が変わりゆく地域ほど，学級の国際化が求められているのである．

　新学習指導要領による，英語科目の早期導入に困難を感じている小学校も少なくないが，学術機関との連携により，地域的な取り組みとしてこの動きに応じる小学校もある．たとえば筆者は，小学校の英語教育の時間に教師らと連携し，大学の留学生との交流授業（中学年の学級では英語を用いたグループ遊び，高学年の学級では共同授業）を設けた．授業に参加した児童生徒，留学生の満足度は非常に高かった．このような実践活動は，日本における実質的な制約や個人差なども含めて，その効果を科学的に検証し，有効活用される必要がある．

写真9-1，9-2　小学校と大学共同による，英語学習授業の一事例

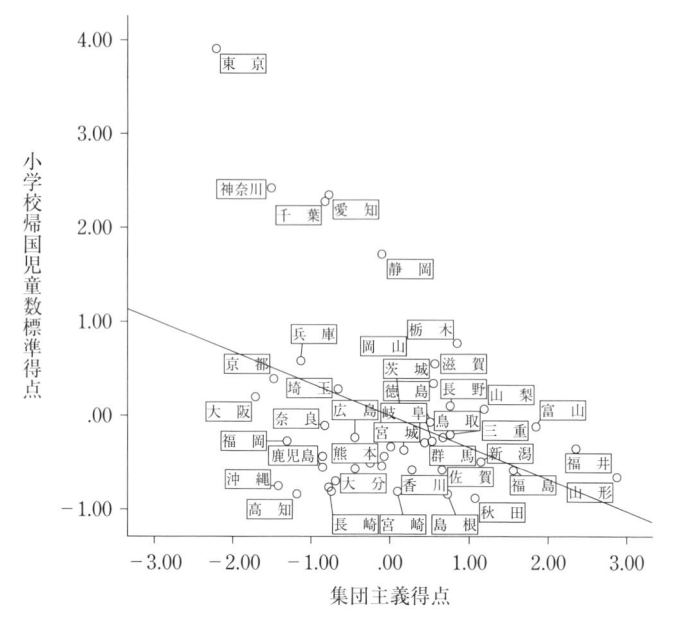

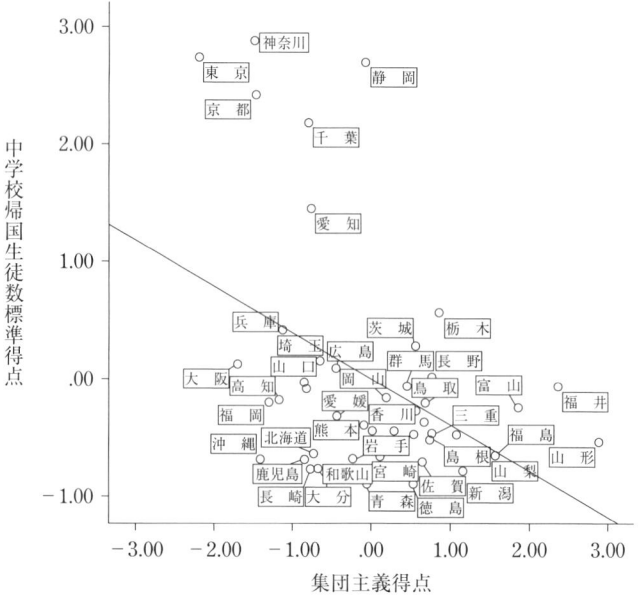

図 9-1 集団主義の地域差と小・中学校帰国生徒数標準得点（生徒数あたりの帰国児童・生徒数を標準化した得点）の相関関係．
※縦軸と横軸共に「.00」は全国平均値を表している．

文化の時代的な変化は，渦中の人々には認識することが難しい．浜村武の研究によれば（Hamamura, 2012），過去30年の間，日本では家族の人数や一人暮らし，離婚など社会的な制度が個人主義文化のそれに近くなったこと，しかし同じ間，人々が報告する文化的な価値観は変化していないことが示された．つまり日本人は，身の回りの文化的環境に自主性や選択をもって望むべき制度が増えているにもかかわらず，主観的には同じような価値観でいるということである．このことは，制度など客観的な文化の変化を人が認識することができないことを示すと同時に，わずか一世代にも満たない時間で，日本の日常で経験する文化的環境は急速に個人主義化したことを示している．意識の上では集団の一員として組織に頼る認識を持ちながら，日常的な行動環境ではより多くの選択と流動的な関係に開かれている．他者との関係を懸念しながらも，自己の能力を磨かなければ仕事がない．ユニークであることを求められながら，調和は乱してはならないと感じる．日本人の心に根ざす相互協調性は，社会制度の個人主義化の中で混乱期を迎えているのかもしれない．

　これまでの論考では，いじめなど学級の問題を対象に，それが普遍的な社会心理と伝統的な日本文化の相互協調性の掛け合わせで生じている部分について論じた．実際，相互協調性を社会的に維持するためには，個人個人が身近な対人関係で懸念しなければならないことがあるだろう．ただし，もしそれが日本の学級が直面する問題の全体像なのであれば，過去四半世紀のうちにいじめの問題が深刻化してきたことは説明がつかない．以下では，この点に対しグローバル化の影響を加えて考察する．

(2) 日本文化の変化と学級への影響

　文化的価値観の時代的変化を検討したロナルド・イングルハート（1993）の国際比較研究によれば，1981年より四半世紀の間に，世界の国々はより合理的で，自己表現を重視する価値観（個人主義的価値観）に変化してきている．ゲールト・ホフステッド（1995）によれば，国の経済的豊かさが上昇すると，それより後に，その国が個人主義文化になるという時間的順序がある．つまり，日本文化の個人主義化は，20世紀後半の経済発展によって先進国を中心に起こった時代的，価値的変化としてとらえることができる．国が経済的に豊かになることで個人個人の選択は増加し，自由と価値観の多様

性，関係の流動性は高まる．これが，過去四半世紀の間に日本で起きた文化の変化の本質である．

では，日本文化の変化は具体的に学級の心理にどのような影響を与えたのであろうか．ノラサクンキットらの研究では (Norasakkunkit, Uchida, & Toivonen, 2012)，ハインの自己改善動機に変化が生じている可能性を指摘している．彼らは，ジーレンジガーの論考に基づき，ひきこもりの心性にグローバル化の影響に由来するものがある可能性を探求した．ひきこもりの予備群と考えられる学生を対象に自己改善動機の実験を行い，彼らが失敗条件において成功条件よりも課題に取り組まないことを示した．条件間のパターンのみ見れば，予備群のそれはハインのヨーロッパ系カナダ人学生のそれに近い．また，比較対照として用意した一般の日本人学生は，失敗の後により課題を行なうというハインらの結果を追試してはいたものの，課題に取り組む総時間は10年前の学生より少なくなっていたのである．つまり現在の日本では，自己改善動機にもとづいた行動は，欧米文化に類似した動機づけを持つひきこもりを中心に減少している可能性がある．

帰国生徒の心理は，最も明確な形で日本文化の変化を示してくれる．一階こころ（執筆中）によれば，関西圏の帰国生徒受け入れ高校では，欧米的な価値観が日本的な価値観よりも高いことが報告されている．国際教育に名実共に教育の力点を置いているこの高校では，同時に，「文化的な知能（cultural intelligence）」と呼ばれる，異文化での共感と相互理解に不可欠な能力が非常に高いことも示されている．

上記のように，グローバル化の影響は日本に個人主義文化への移行をもたらしていると考えられ，それは国際化を進める一方で，日本にもともと存在した相互協調性の文化に変化をもたらしている．これらの変化の善悪については判断することはできないが，それが起きていないものとして旧来の文化に最適なシステムを敷き続けることはもはや難しい時代を迎えていると言えるだろう．これからの日本を担う児童生徒が学ぶ学校では，このような文化の変化を正しく認識する必要があると思われる．

(3) 個人主義化といじめ

日本文化に伝統的に存在した相互協調性は，本来は人間が集団で疫病を防ぎ，農業などの集団的で固定的な生活を送る中で，他者との創発的な課題に

取り組むことを繰り返して生み出された文化であったと考えられる。そこでは、関係が動かないからこそ構築された強い相互扶助の紐帯と関係の安定性があったはずである。たとえば大石らの研究によれば、個人主義文化のアメリカでも、地域的に引越しが少なく関係が固定的な州では、地元のためのボランティアに参加する人数や、地域の野球チームを、そのチームの成績に関係なく応援に出向く人数が多い傾向があることが示されている。同様に、筆者の研究では（一言，2012）、変わりゆく日本の中でも伝統的な集団主義を色濃く残す地域ほど、客観的な幸福度（坂本光司・幸福度指標研究会，2011）による、犯罪率の低さ、出生率の高さ、失業率の低さなどの合成）の得点が高いことが明らかになっている。つまり、相互協調性それ自体は、妬みや同調など集団による社会心理には留意する必要があるものの、人間社会のひとつのバランスのとれた適応形態であり、われわれの生存にとって利益となる文化的なシステムなのである。それにもかかわらず、グローバル化による混乱と急速な個人主義化は、日本文化とそこで生きる若者をはじめとした日本人に、サミュエル・ハンチントン（2000）のいう「文明の衝突」を引き起こしているのではないだろうか。

　日本は、過去四半世紀のうちに、都市部を先頭に全体が個人主義的な社会構造に変化してきている。伝統的な相互協調性が、その変化が生じる前の日本にあったとするならば、現在でも集団主義的な地域ほど、相互協調性の向社会的な側面、すなわち、関係を保ち、助け合う社会行動が優勢であると考えられる。一方、日本文化の変化の先頭にあって個人主義化を遂げている地域ほど、もとの相互協調性の向社会的な側面が失われはじめ、関係が崩壊するゆえの問題が生じていると考えられる。日本型学級の運営にとって重要な要因である集団斉一性、自己開示と愛他性、集団凝集性、集団機能と集団圧は（河村，2010）、すべて相互協調性に根ざし、日本の学級に馴染みのある、学級の肯定的な運営を下支えする学級集団の特徴であったはずである。

　この仮説は、近年の学級を取り巻く問題、すなわち関係の問題の地域差を比較することで、間接的にではあるが例証することができよう。この観点から集団主義の地域差と、児童数の違いを省いた各県のいじめの認知件数（平成23年度）との相関関係を検討したのが、図9-2である。

　これを見るとわかるように、いじめは日本で伝統的な集団主義を保つ地域では少なく、個人主義化している地域ほど多い。この傾向は小学校，中学

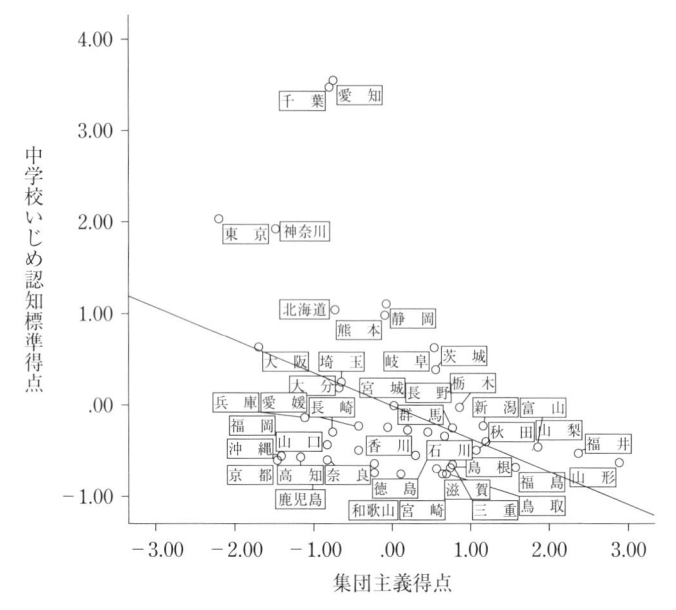

図 9-2 集団主義の地域差と中学校いじめ認知標準得点（生徒数あたりの認知件数を標準化した得点）の相関関係．
※縦軸と横軸共に「.00」は全国平均値を表している．

校，高等学校を通して存在し，特にいじめ被害報告の多い中学校ではこの相関関係が統計的にも明確に見られた．

　この結果は，日本においては個人主義化した地域から，学級における関係の問題が生じてきていることを示唆している．おそらく，その文化で長い年月の間に築かれた適応システムは，急速に変化した場合に，人々の文化的心性と社会制度との間に何らかの軋轢を生じ，もとの文化の否定的な側面を顕現させる，あるいは肯定的な側面をまず蝕んでしまうのであろう．特に，関係のあり方という人間にとって基本的な課題に関して大きく異なる文化からの影響は，われわれの深くに根ざす文化的心性と，行動を起こして利益を得る為に適応する対象である社会制度の食い違いから，社会的な問題を生ずる危険があると思われる．

9.5 まとめ

　本章では，日本の教師らが理想とする学級の特徴とそれを支える要因について論じ，近年の日本の学級における社会問題について普遍的な社会心理に基づく基礎的な要因と，日本文化の社会的な要因，および，日本文化を含む先進国で起きている文化の変化の要因という3つの要因から考察した．すなわち，孤独を避けて集団生活を営んできた人間は，規範的同調や責任の分散と言った社会心理に飲み込まれ，必ずしも正しくない行動を，個人的な要因のいかんによってではなく，社会的状況のゆえに起こしてしまう社会的動物であること．日本文化では，これらの社会心理が相互協調性を前提として生じるため，悪性妬みや，傍観者が増加する可能性を孕んでいること．しかし，関係の固定的な社会で適応するために機能する相互協調性は，本来は，偏狭ではあるが集団内の成員の相互扶助を保つ働きがあり，近年社会問題となっている学級におけるいじめなどは，グローバル化の影響で個人主義化した地域ほど多いこと，などについて本章では触れてきた．

　受容的勤勉性を説いた東は，近い将来，マニュアルどおりに仕事をこなす受容的勤勉性を発揮した労働スタイルや，ひたすら勉強して忍耐強く正解を頭におさめる教育は，これまでほど価値を持たなくなると示唆している．たしかに，自己改善動機は，既存の集団で正しいとされる規範を守るために自己の「短所」を改善したいという動機づけである．集団が流動的になり，見知らぬ文化の出身者と相互理解し，誤解があればそれを解き，新しいアイディアを先んじて世界中を相手に打ち出していかなければならない現代の社会では，自己改善動機だけでは対応できない速度と発想，多少楽観的な機動力で応じなければならないといっても過言ではないだろう．

　現代に「生きる力」はたしかに重要であるが，重要なのは「現代」とは何であるのかを理解することである．現代とは，伝統的な文化がこれまでにない速度で変わり，多様な文化が情報技術を介して瞬時に結びつき，しかしわれわれ自身は変わりにくい文化的心性を心のうちに堅く持ち続けている時代である．いまこそわれわれは，人間の文化的な心に改めて冷静な目を向け，自らの文化の得手不得手を国際的に判断し，われわれが何を本当に文化的に受け継いできたのか，近い将来はそのうちのどれを持ち続け，どれを更新しなければならないのかについて深く考え，未来を担う児童，生徒，学生に伝

えるべきことを選ばなければならない帰路に立たされている．

［一言英文］

【引用文献・参考文献】

東 洋（1994）．日本人のしつけと教育　東京大学出版会

一階こころ（執筆中）　国際教育を受けた若者の文化的自己および文化的知能の個人差に関する実証心理学研究（仮題）　関西学院大学大学院総合心理科学科平成24年度修士論文

イングルハート，R. 村山皓・武重雅文・富沢克(訳)（1993）．カルチャーシフトと政治変動　東経

大石繁宏（2009）．幸せを科学する――心理学からわかったこと　新曜社

カシオポ，J. 柴田裕之(訳)（2010）．孤独の科学　河出書房新社

河村茂雄（2010）．日本の学級集団と学級経営――集団の教育力を生かす学校システムの原理と展望　図書文化社

北山忍・内田由紀子・新谷優（2007）．文化と感情：現代日本に注目して　藤田和生（編）感情科学　京都大学学術出版会　pp.173-209.

坂本光司・幸福度指標研究会（2011）．日本でいちばん幸せな県民　PHP研究所

佐野予理子・黒石憲洋（2009）．「ふつう」であることの安心感（1）：集団内における関係性の観点から　教育研究．51. pp.35-42.

澤田匡人（2006）．子どもの妬み感情とその対処――感情心理学からのアプローチ　新曜社

ジーレンジガー，M. 河野純治(訳)（2007）．ひきこもりの国　光文社

高田利武（2004）．「日本人らしさ」の発達社会心理学――自己・社会的比較・文化　ナカニシヤ出版

Norasakkunkit, V., Uchida, Y., & Toivonen, T.（2012）. Caught between culture, society, and globalization: Youth marginalization in postindustrial *Japan. Social and Personality Psychology Compass, 6/5*, pp.361-378.

Hamamura, T.（2012）. Are cultures becoming individualistic? A cross-temporal comparison of individualism-collectivism in the U.S. and Japan. *Personality and Social Psychology Review*, 16, pp.3-24.

ハンチントン，S. 鈴木主税(訳)（2000）．文明の衝突と21世紀の日本　集英社

一言英文（2012）．文化と個人の機能的関係：現代日本におけるウェル・ビーイングの基盤　「現代の日本社会における心理と感情」国際シンポジウム　台湾中央研究院　台北

藤原武弘（2009）．社会心理学　晃洋書房

ホフステッド，G. 岩井紀子・岩井八郎(訳)（1995）．多文化世界――違いを学び共存への道を探る　有斐閣

増田貴彦・山岸俊男（2010）．文化心理学(上) 心がつくる文化，文化がつくる心　培風館

森田洋司（2001）．いじめの国際比較研究――日本・イギリス・オランダ・ノルウェーの調査分析　金子書房

課題

1. 日本の教師たちが理想とする学級の特徴と，それを支える要因を挙げなさい．
2. 日本の学級におけるいじめの特徴は，欧州に比べてどのようなものであるか述べなさい．
3. 「対人不安」の定義と，これが発達的に高まる時期はいつか述べなさい．
4. 「責任の分散」とは何か述べなさい．また，この社会心理が働いて起きたと考えられる日本における事件を挙げなさい．
5. ひきこもり傾向のある学生を対象に行われた動機づけの研究によると，彼または彼女らの示す特徴は，一般の学生と比べてどのようなものであるか述べなさい．
6. 「新学習指導要領」の主題と，英語教育に関するおもな変更点を述べなさい．
7. 帰国児童・生徒が多い県と，いじめの認知件数が多い県には共通性があるが，それはどのようなものか述べなさい．
8. 現代日本が直面する時代的な変化は，近い将来に学級の児童・生徒の間にどのような問題を生み出す可能性があるか考察しなさい．ただし，本章で論じていない問題について，考察しなさい．
9. 本章では「教師」の時代的変化については扱わなかった．教師の精神的健康も危ぶまれる今日，この社会問題が文化の変化で説明できるとしたら，どのような説明が可能か考察しなさい．

第10章

教育評価

10.1 教育評価のあり方

(1) 評価の目的

　教育評価のために使われるものの一つが試験である．われわれは子どもから成人にいたるまで数々の試験に追いまくられているような気がする．定期試験，実力検査，小テスト，センター試験，入試などさまざまな試験を一つひとつクリアしていかなければ，学習の成果を認められない仕組みになっている．さて，このような評価はどのような目的で実施されるのだろうか．学習は教育の目的と目標に従って努力していくわけだが，その到達度を測るのも評価の目的の一つであろう．課せられた課題を全部果たせたかを確認するといったものもある．また，実力テストのようにふだん教科書で学んだものを基礎として，応用力を試すものや，練習の成果を測るために，計算の速さなどを評価するものもある．これらのテストはいずれも自己の努力の成果をみるものであり，その到達度によって，次の目標を再評価し目標の修正と再設定を行なうためのものだろう．

　一方，センター試験などは母集団を受験者総数として平均と標準偏差と偏差値などを算出することにより，個人の得点と過去の合格者の得点とを照らし合わせ，合格得点の範囲を決めていく．このようにいわゆる相対評価に基づき，入学後の学習の成果を担保できる値として合格基準を決定し，個々の能力に合わせた進路選択のために評価が利用されるものもある．

　入試や採用試験などのように学校や企業の論理に従って実施される競争試験もあるが，試験の性質やその結果がどのように使われるかを十分了解した

上で，個人の意思で受験するという原則は共通している．

最近特に個人情報の流出や悪用など，プライバシーが侵害されるといった事件が後を絶たない．個人の評価はあくまでも受験者個人に帰属し，その管理については厳重になされることと，施行者は開示の要求に応じる義務も生じることを十分に認識した上で，受験者一人ひとりの権利や人格を害することのないよう，責任ある態度が求められる．

では，試験によって何がわかり，その結果が受験者の利益に繋がるような評価のあり方とはどのようなものなのだろうか．たとえば学期末に行う学科ごとの試験は何のために行ない，どのように役立て，試験結果をどのような方法でフィードバックするのか，評価の内容によって受験者の受け取り方は異なってくるだろう．試験結果が有効に利用され受験者の効力感や意欲の向上につながるならば，今後試験を受ける態度も変わってくるだろう．医療領域においては，検査結果はただちにフィードバックされ，異常を早期に発見し問題や症状が進行する前に何らかの対策や治療を施すといったシステムが形成されている．このような医療領域における評価システムが，心理教育領域においてはまだ確立されていない．そのために心理教育領域における検査のあり方については，今後さらに改善をしていかなければならないだろう．

(2) 教育評価の歴史

1905年にフランスで教育的に学業不振児の指導の目的でアルフレッド・ビネーとシモンに知能測定法の開発が託された．このビネー式知能検査が教育のアセスメントとして使用された最初の試みだった．

日本の教育界にビネーの検査を紹介したのは1912年の市川源三の「知能測定及個性之測定」であった．その後，三田谷治療教育院（兵庫県芦屋市）の創設者，三田谷啓がドイツへの留学の後1914年に帰国後「智力検査法」を発表し，彼が勤務する大阪市児童相談所で子どもの相談に利用した．その後1930年に鈴木治太郎がビネー法を日本で標準化し「実際的個別的智能測定法」として発表した．その他にも日本に導入された知能検査については，個別式のものや集団式の検査などがあり，1949年にはウェクスラーによって児童向けの知能検査としてWISCが，1955年に成人向けとしてWAISが発表された．このような検査が医療や福祉そして教育現場にも取り入れられるようになっていった．その後1970年代頃までは，知能指数が学習指導や

クラス編制などの資料として使用されていた時期もあった.

このほかにも，知能検査はさまざまな目的で使われてきた．教育の目的以外にも福祉や医療現場において福祉金の交付基準や診断の基礎資料として知能検査による評価の結果が使用されるようになった．また，特殊な利用としては，次のようなものがあった.

子どもたちの体力向上のために母子健康協会がスタートした翌年，1935年に大阪で健康優良児表彰が始まった．戦後もその主旨を引き継いで1951年6月に大阪地区健康優良幼児審査会が開催され，就学前の幼児を対象に健康優良児表彰が行われた．この活動は，1958年（昭和33年）の福岡地区を皮切りに，全国各地で実施されるようになり，1969年からは厚生省（当時）の後援を受けている.

この審査では，数百人の各地から選ばれた健康優良児の中から数名が選ばれ，最終的には知能検査と健康状態などから総合的に判断され，最優良児と準優良児の選出が行われた．ちなみに，著者は大学院生の時に実際にこの判定に携わっていたが，最終的には知能指数（IQ）が150～160もある子どもたちが選出された．この子たちの検査課題への応答はまさに模範解答を発し，「検査手引き書」の正答例そのものであることに，驚きと戸惑いをもってスコアリングしたのを忘れることができない．その頃から知能指数を上げる幼児教室などもみられ始めていた.

この健康優良幼児表彰は，さまざまな環境の変化に伴い幼児の健康状態が改善し，一方では所期の目的を達成したとして1986年に終了した．しかし，1960年代頃からこのような審査が不適切な競争や評価を生み，差別を助長し，劣等感をも生むものとして，知能検査の利用の方法が制限されるようになり，廃止されたという見解もある.

ここで，検査結果としての個人情報はあくまでも被験者個人に帰属するものとして，他人に勝手な利用をされてはならない．個人の利益を害する利用の仕方は，基本的人権に関わる問題を含むとして，検査実施と結果の利用については，被験者の承諾を必要とするとされるようになった．このような考えが後に，2003年の個人情報保護法として結実した．その背景には，世界の人権保護法案の成立と共に，部落差別や人種差別，障害者差別運動などの影響もあったものと思われる.

学校での成績評価について触れておかなければならない重要な事柄とし

て，次のようなことが挙げられる．

　1980年頃から始まった「教育ゆとり路線」はその成績評価においても変更がなされた．そして，2002年の「学習指導要領」のなかで，「集団に準拠した評価」（いわゆる相対評価）から，「目標に準拠した評価」（いわゆる絶対評価）に改められた．

　能力評価に用いられる検査は，個人の利益を守るものばかりではなく，ある種の検査のように個人を傷つけ利益を損なうものもあり，過去には適切な利用がされていたとは言いがたい歴史もあり，その利用の仕方は「諸刃の剣」にもたとえられるだろう．適切に使えば非常に有効で利益をもたらすが，一歩使い方を誤れば人を傷つける可能性もある．それゆえに，その使用目的および信頼性と妥当性については非常に重要な問題であると改めて認識しなければならない．

10.2　教育効果と評価

(1) 教育効果の測定

　教育はその効果をもって，その意義を定義できるものだろう．効果のない方法は速やかに修正され，より効果的な方法を模索していかなければならない．ここで，「何を効果的に教えていくのか」という問いに対して，さまざまな教育論によって定義された教育目的がある．まず教育基本法にも明記されているように「人格の完成と心身ともに健康な生徒を育成すること」だろう（教育基本法，2006）．そして，新学習指導要領（2011）では，「生きぬく力」という理念に基づいた最終目標としての「人格の形成」や「心身ともに健康な状態」が強調されている．この目標をそのまま評価することはできないが，これらの状態を形成するためのさまざまな教科や課業についての効果測定の結果を総合的に判断していくことによって評価が可能となるだろう．

　さて，さまざまな単元や教科そして基本的な技法の習得はそのものが教育目的ではなく，あくまでも教育の目的に達するための要素の一つであって，その要素をマスターしたからといって，教育の目的に達することはできないだろう．数学の能力がいくら優れたレベルにまで達したとしても，そのことだけでよりよく生きていくことができるとは限らない．各単元や教科で習得したものが統合され「生きぬく力」や「人格の形成」に結実していくものと

考えられる．
　子どもたちの勉学意欲や態度，協調性，社会性などを育むための教科目標を達成するための単元学習は，具体的で結果がすぐに評価できるものだといえる．たとえば，漢字を憶える，英語の単語を憶える，応用問題を解く，世界の自動車の生産台数の多い地域を知るなど知識としての情報から生活や今後の学習に必要なものを憶えるなどである．そこで，単元課題の評価としての下位項目では，大きな教育目標を構成するさまざまな要素としての課題の一つひとつについて達成度を測定することになる．
　また，教え方による効果の違いを測定することもある．たとえば興味づけと発展・開発まで自発的に学習する態度やモチベーションを育てるといった教育を行なう場合と，単に知識を教え込む場合とは，その教育効果は異なってくるだろう．それは，教育を受ける側の態度にも大きく左右されるだろう．
　教育は，同じ条件で一律に教えることができる内容と個々に指導しなければならない内容があるが，特別支援教育においては前者の内容は限られている．ほとんどが個別の指導法がとられるだろう．そして，その評価は基本的要素の単元学習の達成度を調べることと同時に，たえず大きな教育目標との整合性を考慮しながら教育効果の検討をしていく必要があるだろう．

(2) 絶対評価と相対評価

　評価は上述したようにさまざまな分野でさまざまな目的のために使用されるわけだが，教育評価はあくまでも教育目標に準拠したものであり児童生徒を育てるためのものであるという基本を離れてはならないだろう．個人に準拠して評価する：「絶対評価」と，集団に準拠して評価する：「相対評価」といった議論が「学習指導要領」をめぐってあるが，個人内の学習や発達的変化や努力の結果を縦断的（継時的）に評価していくことは，自己の学習の経過をフィードバックすることができ，目標の修正と新たな設定に有効に利用できるだろう．また，相対的な評価は一定の目標をもつ集団の中で，自己の客観的な評価として，順序づけられた位置がわかり，他との比較がいい意味での競争や意欲に繋がり，目標達成の重要な目安とも成り得るだろう．上記で述べたような健康優良児の審査や知能指数での序列化など不適切な競争や個人の利益に反する利用などは十分に配慮する必要があるが，現実社会の中

で自己の進路適性や可能性を知り適切な目標と方向を見極めていく手段（tool）として利用することには意義があるだろう．そして，自己内評価と相対的な評価を上手く組み合わせることで適切な評価を行なっていくことができるだろう．そのために後で触れる，検査法や評価法の信頼性と妥当性の問題は非常に重要な事項である．

前述したように，2002年の「学習指導要領」に始まったいわゆる「ゆとり教育」の中で，相対評価から絶対評価に改められた成績評価は，その後各方面からのさまざまな議論が巻き起こり，2010年3月に文部科学省教育課程部会から「児童生徒の学習評価の在り方について」と題する報告がなされた．その中で，「学習評価は，学校における教育活動に関し，子どもたちの学習状況を評価するものです．現在，各教科については，学習状況を分析的にとらえる観点別学習状況の評価と総括的にとらえる評定とを，学習指導要領に定める目標に準拠した評価として実施することが明確にされています．学習評価には，このような目標に準拠した評価のほか，学級・学年など集団の中での相対的な位置付けに関する集団に準拠した評価や，観点別学習状況の評価や評定には示しきれない子どもたち一人一人のよい点や可能性，進歩の状況について評価する個人内評価があります．そして，学習評価を行うに当たっては，子どもたち一人一人に学習指導要領の内容が確実に定着するよう，学習指導の改善につなげていくことが重要です」といった内容で相対評価と個人内評価について述べられている．

10.3 教育評価の妥当性と信頼性

上でも述べたように教育評価に限らずどの分野でも，評価の信頼性と妥当性は担保されていなければならない．では，この信頼性と妥当性とは何を意味するのだろうか．まず，妥当性とは評価・測定したものが的を射ているか，つまり測定しようとするものを正確に測っているかどうかということである．次に，信頼性とは，いつ，どこで，だれが何度測ってもほぼ同じ結果が得られるかどうかということである．「ほぼ」と言うのは誤差である．この誤差を一定の許容範囲まで小さくしたものが信頼性のある検査と言われるものである．

信頼性係数や妥当性の計算方法など専門的な説明は，心理測定法などの統

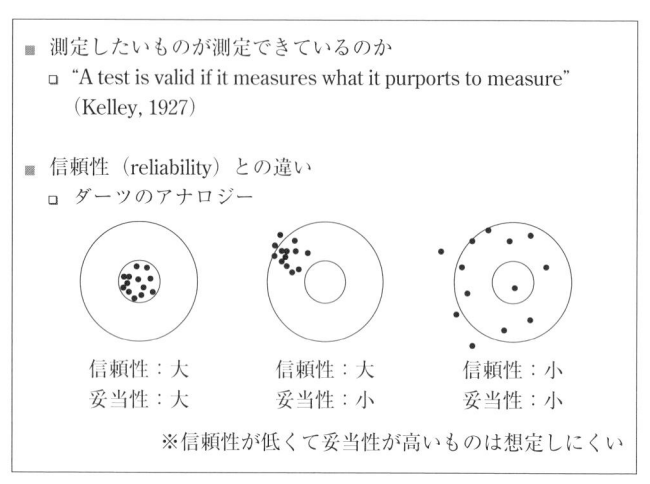

- 測定したいものが測定できているのか
  - "A test is valid if it measures what it purports to measure"(Kelley, 1927)

- 信頼性（reliability）との違い
  - ダーツのアナロジー

信頼性：大　　信頼性：大　　信頼性：小
妥当性：大　　妥当性：小　　妥当性：小

※信頼性が低くて妥当性が高いものは想定しにくい

図 10-1　妥当性（validity）とは何か

計の領域に任せて，ここでは，それぞれの概念の理解に留めておく．

(1) 評価の妥当性

ここで，2006 年の日本テスト学会シンポジウム「妥当性概念の展開」で出された村山航のパネル（図 10-1）を紹介しておこう．この図から両者の関係が一目瞭然だろう．この図において，それぞれの中心円は測定目標を示し妥当性を表している．そして矢の散らばりは信頼性を表している．まず 3 つ並んだうちの中央の円は，中心部には当たっていないが矢の凝集性は高く，許容範囲の散らばりで同じところに当たっているという状態で，信頼性は高いが妥当性は低い状態を表している．次に左の円は，中心円のターゲットをどの矢も射ている．つまり，ほとんどの矢が測定目標内に当たっており，これは信頼性も妥当性も高い状態を表している．最後に右の円は，矢の凝集性が低く，中心部を射ている矢も少ないことから，信頼性も妥当性も低い状態を表している．

(2) 妥当性の種類

(a) 内容的妥当性

調べようとする内容を一定の割合以上含んでいるかを表すもので，絶対評価をする場合，この内容的妥当性が重要となる．

(b) 基準連関妥当性

検査と，その他の関連のある検査との相関を表す．つまり，外的基準としての他の検査との相関が高ければ，基準連関妥当性が高いといえる．

(c) 構成概念妥当性

これは因子的妥当性とも呼び，多変量解析にて抽出された因子が構成概念を形成する．つまり，これらの因子から構成された尺度が意図するものを正確に測っているかを表す．知能検査によって測られた知能指数が「知能」の持つ概念定義，すなわち「あたまのよさ」をよく表しているかということである．

(3) 評価の信頼性

信頼性とは図10-1にもあるように，同じ被験者に同じ条件で同一の検査を行なった場合，許容範囲内でほぼ同じ結果を出すことができるということである．これは指数で表される．この算出方法はここでは詳しくは触れないが，教育評価に関わる方法について簡単に説明をしておく．まず，再検査信頼性とは同じ検査を数回実施して結果の値が同じになるかを見る方法である．次に，内的整合性とはテストに含まれる項目全体が，測ろうとする特性に対して妥当か否かを推定するもので，信頼性を表す重要な概念として一般に使われている．内的整合性は，Cronbachのα（アルファ）係数として算出され，0から1までを表し，1が最も高い値となる．その他にも信頼性を表す指標はいくつかあるが，評価尺度の構成などの心理測定法の専門的な問題になるのでここでは省く．

10.4 特別支援教育と評価

2010年3月，文部科学省教育課程部会（特別支援学校における学習評価の基本的な考え方）では，「学習評価に当たっては，児童生徒の障害の状態等を十分理解し，児童生徒一人一人の学習状況を一層丁寧に把握する工夫が求められている．特に自立活動の指導や重複障害のある児童生徒に対する指導，知的障害のある児童生徒に対する指導は，児童生徒一人一人の障害の状態等に応じて個別に設定した指導目標や指導内容に基づいて行われており，その学習状況について評価を行うことになる．……また，指導要録について

は，「自立活動の記録」及び「入学時の障害の状態」を記入することとなっている．特に，知的障害のある児童生徒に対する教育を行う特別支援学校においては，教育課程や学習状況に応じ，各教科・特別活動・自立活動についてそれぞれの区分ごとに書かず，まとめて記入できるようになっている」と記されている．上の要領に基づいて以下の各項について説明を進めていきたい．

(1) 発達特徴の評価

　最近，特別支援教育の対象に，多様な障害と多様な教育形態が取り入れられ，試行錯誤的な段階を経て，方法論的な成果も若干見え始めているようである．障害の多様化により，従来の身体障害，知的障害といった大きなくくりから，さまざまな発達的ニーズを持った子どもたちへの特別支援といった，インクルーシブな教育理念に基づいた障害評価が必要となってきたわけである．

　発達障害者支援法に基づく新たな対象児の評価は，その障害の多様性に伴い評価法における困難な問題も多々生起しているところである．知的障害は知能検査や発達検査によって評価でき，さらに発達経過についても定期的な発達診断により発達のプロフィールから，発達の状態すなわち発達水準だけではなく，特に大きく遅れている領域や領域間のバランスについて見ることができるだろう．ここで発達の領域について説明しておく必要があるだろう．発達の領域は，さまざまな発達理論で定義されているが，代表的な評価項目を取り上げてみると，粗大運動，巧緻動作，認知，適応，操作，言語・理解，社会性，コミュニケーション，行動特徴，対人関係，身辺処理などがある．

　発達障害を持つ生徒を以上のようなさまざまな領域から見て行くと，共通して見られる問題と，個々に異なる問題が見えてくる．共通に見られる問題は，言うまでもなく発達障害に特徴的な領域であり，これは診断基準に含まれるものである．つまり，社会性や対人関係の質的障害，コミュニケーションの質的障害である．しかしこれらはスペクトラムという連続的な障害の程度の違いがあり，その程度（障害の重さ）を把握しておくことが重要である．

　そして，個々に異なる問題については，原因や頻度や程度，開始時期や継

続期間などについて評価し，放っておいてもいいものなのか，すぐに指導や治療をしなければならないものなのかを見極めていかなければならない．

(2) 個別の指導計画

　教育指導要領では，「生きる力」を育むために必要な能力を促進し，修正，改善を図って行くことを教育の目標としている．特別支援教育についても一般の学習評価と基本的には変わらないと記されているが，個々の状態が非常に異なり一斉に同じ課題で学習を進めることが難しく，それぞれオリジナルの指導プランを作らなければならず，よりきめ細かさが要求されるだろう．

　特別支援教育指導要領の中では，一人ひとりの実態に即した指導を充実するためには，すべての幼児児童生徒に対して「個別の指導計画」を，そして学校，医療，福祉等の関係機関が連携し，個々のニーズに応じた支援を行うため，すべての幼児児童生徒に「個別の教育支援計画」を作成することを義務づけている．

　個別の指導計画には，具体的に日々指導するためのプログラムから，週・月ごと，学期，学年ごとの指導案がある．それを作成するためには，個々の評価表が基本となるだろう．個人の評価表は基本的には同じであるが，障害を持つ場合は，発達の状態を正確に把握しておく必要があり，一斉に教育できるものと，個別で対応していかなければならない領域があるため，領域によって対応を適切に変えていく必要がある．内容によっては時間と回数を必要とするもの，教示方法を変えなければならないもの，レベルを下げて易しい内容から始めなければならないものもある．反対に高機能発達障害児の中には非常に知能が高く，1～2年先の課題でなければ「つまらない」と興味を持たない生徒もいる．一人ひとりの発達プロフィールに基づいてその状態に対応する指導プログラムを作成しなければならない．

　次に，個別の指導計画に基づく授業を実践していく際には，他のいくつかの側面からの評価が必要となる．まず，心理的側面についてであるが，障害児はさまざまな二次的症状を示す子どもの割合が高く，この側面からの評価は不可欠である．ひきこもりや対人緊張，課題に対する意欲低下，いじめによる自己肯定感の低下や自己否定感，被害者念慮，乏しい成功体験による達成意欲の欠落，叱られたり，無視されたりすることによる自己像の悪化，い

つも下位順位の成績から自己評価の低下等をまねき，学業への効果的な取り組みが困難になっているケースが少なくないだろう．

そのほかに行動や発達面では，特に発達障害を持つ子どもは，注意力の問題や行動のコントロールが困難など対人関係を阻害する要因を持っているためにそれを改善する方策を考えていかなければならない．ここで，「行動評価表」は重要な評価法であり，その効果的利用のためには事前に特徴的行動のリストを準備しておかなければならない．そして，対人認知や社会的行動やコミュニケーションの質的発達の問題，また興味の偏りやこだわり行動など発達障害児の特徴的な行動などその後の学習や対人関係を阻害するかもしれない要因を早期にとらえておかなければならない．しかし，これらはすべてスペクトラムな状態を表し，それがさまざまな状態の中で障害要因となっているのか，性格特性として個人を特徴づける個性の範囲なのかを見極めておく必要がある．

(3) 個別の教育支援計画

「個別の教育支援計画」は，専門機関との連携を取りながら，より効果的に個々のニーズに応えサービスを受けることができるシステムを形成していくためのものである．また，家庭との連携も重要な事柄である．

医療的配慮の必要な子どもや専門的な指導を学校教育と平行して受けている子どもについては，他機関の関わりが学校での教育内容と整合性を持って進められているかを評価し調整を行っていく必要がある．時には専門機関と学校での指導内容が正反対の場合がある．しつけの厳しさや，報酬や罰の与え方に一貫性がないこともよくある．そこで，関係機関と学校との間に入って，調整を行なっていく役割が必要になる．このような役割を担うのがコーディネーターである．コーディネーターはソーシャルワークの知識と技能を必要とし，社会的な資源や人的資源について豊富な情報を持って，適切な情報提供をするとともに個人のニーズを的確に把握し社会資源を有効利用できるように配慮していかなければならない．そのためにも，まず子どもたちのニーズを的確に把握する能力が必要になるだろう．そしてその実現と充足率などの評価に基づいて，欠落と不足分を補っていかなければならない．評価に基づいて子どもたちのニーズがまんべんなく充足されているかを点検し次のコーディネートにフィードバックしていくことによりケースワークの質を

向上していくのである.

　以上のように個別の教育支援計画の評価は，社会資源のリストアップとその適正な提供ができているかという効果測定になるだろう．さらにより妥当性を高めていくための評価結果のフィードバックシステムが重要だろう．しかし日本の教育現場におけるこのようなシステムはまだ緒に就いたばかりで今後改善が期待されるところである．

● 10.5　アセスメントに基づく指導課題の検討事例

　ここで，具体的な例をいくつかあげておこう．ここでは，今まで関わった事例についてのエピソードから個人情報保護のために架空の事例を構成した．さまざまな問題のポイントに焦点を合わせて見ていきたい．

【事例 10-1】K 君　3 年生　アスペルガー症候群

　新版 K 式発達検査の結果，発達指数（DQ）が認知・適応：100，言語・社会：130 で，非常に高い言語性の結果を示したアスペルガー症候群の小学校 3 年生の児童である．釣り合いばかりを一瞥して正答を言うことができ，テスターを驚かせた．非常に高い記憶力と瞬間的に計算ができる．しかし樹木画では，「実のなる木を描いて下さい」という教示に対して強い不安と抵抗を示した．「えー！実のなる木？」「うーんと，うーんと，描けない！」と言ってなかなか描こうとせず 20 分ぐらい苦しそうにうなっていたが，やっと鉛筆を動かし始め大木を少し左の方向に傾くように描いた．まるで太い電信柱のような感じで先は筆のように尖っていた．樹皮にはたくさんの点を描き，枝を描く時も大変苦労をして，非常に貧弱な枝を，まるで細い木が幹に刺さっているようにいくつか描いていた．地面はなく浮いている状態である．葉はなく，実がちらほらぶら下がっている．

　次にロールシャッハ図版に対するプロトコルを見ていくと，ほとんどの反応は見た瞬間に出している．反応数は年齢的には平均であるが，良型の形体反応は乏しく，色彩や運動などの反応を複合することはまったく見られない．感覚的で整合性の欠けた幼稚な反応が多く見られ，自我構造の未熟さが認められた．

初発反応時間の短さからストレス保持の脆弱さがうかがえる．これは発達障害の特性である認知の速さによるものであるが，特徴的な部分から全体との整合性を検証し修正部分のフィードバックと更新を繰り返し，妥当性の向上を図るといった内的作業を飛ばしてしまうため，結果として，反応の質的低下をきたし，統合された全体反応が欠如し，複合反応が産出できないのである．このような反応から，日常の生活においても，さまざまな刺激が同時に加わってくる時に処理の限界を表すと推測できる．そして，部分と全体との関係性の認識ができておらず，物事の道理と結末など文脈理解の困難も示している．これらの心的処理の方法や反応は，このケースの主訴である集団参加困難，保健室登校や対人回避傾向や母子関係の未分化などを引き起こす重要な要因と考えられる．

　さて，以上のロールシャッハの結果は，WISC-Ⅲの結果からも検証された．たとえば，「絵画配列」では著しい得点の低下が認められた．この課題は絵カードを文脈の通るように並び替えるものであるが，本児はカードの整合性を検討することなく結果を出してしまう．つまり，何度も入れ替えて正しい順序を検討する作業に耐えられず，不完全な状態で回答してしまうといった態度を示したのである．

　これらのアセスメント結果より，この事例の課題は，まずさまざまな問題状況において解決にいたるまでに生じるストレスの保持ができるようになること，そして第二に知識や経験を適切な解決手段として利用できるようになることだろう．このような課題を達成するためには，その基本に自我の育ちが大きく関わってくる．

【事例10-2】P君　5年生　ダウン症候群

　知的障害のあるダウン症児，DQは65で言語・社会と認知・適応とも同じレベルである．やっと字が読めるようになり，簡単な文章を読み理解もできる．絵日記や手紙も，簡単な挨拶ぐらいは書けるようになった．しかし，手指機能が未熟で折り紙やあやとり，ブロックなどでは遊ばず，字も非常に乱雑さが目立つ．性格は明るく対人関係は良いが，当番の清掃作業などは非常に乱雑で，仕上げを手伝う必要がある．しかし制作課題などは，根気がよいので，時間はかかるが最後まで仕上げることができる．クラスの子どもたちとは仲よく遊んで，皆からよく声をか

けてもらっている.

　新版K式発達検査の結果から，軽度の知的障害で全体的に6〜7歳の発達レベルであると判断され，発達年齢に合わせた指導プログラムと，本児の習得速度やテンポに合わせた指導法が検討された．主要科目は特別支援学級での個別指導を行ない，音楽，図画工作，体育は通常学級でクラスの友達と集団教育を行なうという形態が採られた．

　この事例の場合，運動発達，知的発達，精神発達などのアセスメントについては，発達検査を中心に評価していくことにより，問題の所在は明確になり，対策として全体的に小学校1〜2年生の教科内容を利用することにより，達成感の獲得と学習に対する意欲的な態度がみられるようになった．

10.6　クラス集団の評価

　集団の評価については現場ではよく話題にされるが，研究成果は非常に少ない領域である．クラス集団の質は，クラスのメンバー構成によって大きく異なり，集団全体が安定し非常に指導がスムーズに進められるクラスから学級崩壊にいたるクラスまで，さまざまな状態がある．さて，クラス集団の質を決める要因とは何だろうか．教師の教え方によって決まるのだろうか，それとも子どもの状態やメンバー構成によって決まるのだろうか．実際にはこれらすべての要因が輻輳的に影響していると考えられる．

　さて，特別支援教育において，障害児を取り巻く個々の子どもたちの関わりは，受容的あるいは支持的なものから無視・排斥・いじめにいたるまでさまざまだろう．実際に発達障害を持つ生徒の7〜8割にいじめを受けた経験があるといった報告もある．このような現状において，いかに障害児に対するいじめを無くすかということは重要な課題と言えるだろう．障害児を取り巻く集団の質は，どのようなアプローチによって変えることができるのだろうか．

　集団の質は教師の資質や年齢と経験・性別，集団の規模や成員の状態や組み合わせ，集団の凝集性や力動関係などさまざまな要因が偶然的な関わりによって流動的に形成されていくものと考えられる．このように見ていくと，どこから手を付けていけばよいのかまったくお手上げと言わざるを得ないだ

ろう．集団の質そのものを評価することは非常に難しい問題であるが，ここで，いくつかの教育実践からエピソード的な記述評価による集団の質と教師の関わりを見ていくことにしたい．

特にいじめの問題については，早く問題を見つけるためにも，評価イコール実践および改善そしてただちに解消していかなければならない．

【事例10-3】N君　4年生　高機能自閉症

　非常に知的に高い発達障害のある男児の事例である．一見すると格闘技をして遊んでいる様子だが，本人はいくら投げ飛ばされても「へらへら笑っている」ので，いじめられているようには見えない．通学途中数人の鞄をいつも持たされている．逆らうと逆効果であることを知っているのでまったく拒否しない．やがて，ノートに落書きをされたり，鞄を隠されたりして，本児はいじめられていることを家庭で訴え始めた．

【事例10-4】R君　小学校1年生　注意欠陥／多動性障害（AD／HD）

　クラスで3回以上悪いことをすると「お仕置きタイム」といって，皆から叩く蹴るなどの暴力を受ける．R君には対人関係の苦手さ，つまり距離の取り方がわからず執拗に関わりを求めたり，確認癖のため間違っていなくても何度も聞いたりするなどの行動が見られる．そのため担任教員は本人側にもいじめられる要因があるのではないかと考え，保護者に学校へ監視に来るよう伝えたため，母親は数カ月間学校への付き添いを強いられた．

その他，いじめ問題が親同士のトラブルに発展し，子どもが不登校になった結果，専門機関へ相談に行くケースも少なくない．

このような事態を打開していくためにも「個別の教育支援計画」は障害特徴から集団内で生じるさまざまな問題に対して詳細に評価し，それぞれの問題に専門家と連携を取りながら対処していかなければならないだろう．即時に対応することが重要であり，子どもたちが学校で適応していくために必要な介入を適切に評価，記述して問題の所在を明確にしていかなければならない．そして，必要に応じたスクールカウンセラーの介入や特別支援教室の利用，クラス編制の検討がその解決の糸口になる場合もある．

多くのいじめが教員の気づかないところで起こるため，指導が難しく，改善までのさまざまなリスクを乗り越えていかなければならないケースが多いのが現状である．お互いが励まし，支え合う集団の力を上手く取り入れ，対人関係のスキル向上や自我の成長につながる関係を形成するにはどのような指導が必要なのだろうか．このような集団形成因子を測定する評価尺度の開発は，妥当な評価が可能な尺度構成が難しく，実践例からの研究が中心である．

さまざまな障害児教育の実践報告の中に，非常に心温まる報告を聞くことがある．ある小学校2年生の担任教員は，クラスの様子をこのように語ってくれた．「クラスはみんなA君のことを気にかけています．授業中，みんなは本人の様子を見て，戸惑っていたり，全体に説明したことがわからなかったりすると，自然に教えてあげています．休み時間も一緒に鬼ごっこなどのゲームや関わり遊びをするなど，非常に良い関係ができています」．

このような関係が形成されるには，担任教員が特別な指導をしたわけではなく，担任の障害児への関わりそのものが非常に大きく影響しているように思われる．すなわち，きめ細かい声かけと，否定的・拒否的な評価ではなく，肯定的・受容的な評価に基づく適切な関わりをしており，その様子をクラスの子どもたちはいつも見ていた．そのため子どもたちは，担任教員の関わり方をモデルとして，同じように障害児に関わっていたということが後にわかったのである．クラスの子どもたちは，初めは障害児にどのように関わってよいかわからないし，問題行動に対してもどのように評価し，どのように対処すればよいのかもわからない．その時にお手本となるのが担任教員の関わりそのものだったのである．「先生のように関われば上手くいくことがわかった」と，子どもたちは見よう見まねで担任教員がしているような注意の仕方をしたり，言葉がけをしたりするようになった．そのうちクラスの子どもたちは奇異に見えていた障害児の行動の意味を理解し，徐々に学校生活における体験の共有ができるようになったことで，互いに理解し合える部分が増えてきたようである．

つまり，本来の教師像に立ち返って，教師がモデルとしての役割を果たせるような児童生徒との関係を築くことで，クラスの障害児を含む集団の質を高めることが可能であると言えるだろう．そして，教師が日常的な学校生活場面でどのような考え方を持ち，いかなる態度や関わりをするのかが重要で

あり，それがクラス集団の質に大きく関わっていることを，他の多くの実践例からも読み取ることができるだろう．

10.7 障害特性をとらえるためのテストバッテリー構成

多様な障害特性をとらえるために，さまざまなテストを適切に組み合わせたものをテストバッテリーという．テストは被験者に身体的な負担や心的ストレスをかける場合がある．そのため，適切なものを効果的に実施することが原則で，最小限の負担で最大の効果を上げることが理想である．そのためにはテストを十分に熟知しておかなければならない．対象年齢や，施行するテストが何をどの程度測れるのか，結果から何がわかるのか，そして現場にどのように適用できるのかといったことを習熟しておく必要があるだろう．テストバッテリーとしては以下に挙げるようなものがある．

(1) 発達検査 ※( ) 内は対象年齢

(a) WISC-Ⅳ（5歳0カ月～16歳11カ月）・WIPPSI（3歳10カ月～7歳1カ月）

以上の二つの検査はウェクスラー（1896-1981）が開発したもので，2010年に改訂されたWISC-Ⅳは言語理解指標として5尺度，知覚推理指標として4尺度，ワーキングメモリー指標として3尺度，そして処理速度指標として3尺度の計15尺度から構成されており，最近AD／HDなどの評価に有効とされるワーキングメモリー指標が3尺度含まれている．

(b) K-ABC（2歳6カ月～12歳6カ月）

A. S. カウフマンとN. L. カウフマンが1983年に開発したこの検査は，認知過程と，知的・技能の習得度から評価し，継次処理尺度と同時処理尺度から測る．継次処理尺度は「手指操作・数唱・語の配列」から構成されている．そして，同時処理尺度は「魔法の窓・顔さがし・絵の統合・視覚類推・位値探し・模様の構成」から成り，その他にも6つの教育の効果測定のための習得度尺度がある．

(c) 新版K式発達検査2001（0歳1カ月～18歳0カ月）

京都児童院で開発された臨床的利用を目指した検査で，唯一0歳児からの発達をとらえることができるツールである．姿勢・運動（P-M）と認知・適応（C-A），言語・社会（L-S）の3つの領域のプロフィール（DQ）から

評価でき，特に乳幼児期の発達を非常にセンシティブに測定できる優れた発達検査である．また，WISC-Ⅳのように下位検査項目の施行順序が定められていないため，被験者の反応や興味に添って適宜施行順序を変えることができる．その意味で，臨床的には非常に適用範囲が広く有用である反面，検査者の熟練が必要となる．

(d) 鈴木・ビネー知能検査，田中・ビネー式知能検査

1916年にターマンが「知能指数（IQ）」の概念を提唱し，1916年に出されたスタンフォード・ビネー法でその算出ができるようになった．これは，知的レベルを表す画期的なものとして評価され，その後も，改訂を重ねて現在のものになっている．日本では1930年に鈴木治太郎が「実際的個別的智能測定法」として鈴木・ビネー尺度の初版を出した．これは1尺度で構造されており，母集団平均年齢の通過率の高いものから低いものへと，つまり難易度の低いものから高いものへと順に並べた基準によって精神発達年齢尺度が構成されている．そして，その課題の通過年齢の平均を，精神発達年齢（MA）とし，実際の年齢（CA）に照らし合わせることで，どの程度遅れているか進んでいるかがわかるようになっている．そして，そのギャップの割合（MA/CA×100）が知能指数（IQ）として表される．

(e) CARS（小児自閉症評定尺度）

その他，自閉症の判定には上記のものなどがあるが，自閉症の症状そのものがまだ確定されたものとはいえない状態であり，その診断に使用される項目の信頼性や妥当性の保証が十分になされていないのが現状だろう．つまり，実際に使用してみると一般の人にも当てはまる項目がいくつかあり，診断検査としての妥当性の問題は否めないだろう．また自閉症はスペクトラム（連続体）であると言われるため，知能指数の分布と同じように正規分布を想定することもできるが，はたして自閉症の症状が知能の程度のように連続的な分布をするのかどうかはまだ検証がなされていない．このようなことも十分に考慮し，テストの選定と利用については慎重でなければならないだろう．

今後，診断基準が確定されればそれが基準となり，診断基準をどの程度満たすのかが判断できるようになるだろうが，そこにいたるまでにはまだ時間がかかりそうである．

(2) 心理検査

次に教育評価として教育相談によく用いられる心理検査をいくつか挙げる．

(a) PFスタディ

PFスタディ「絵画欲求不満テスト」は，イラストの吹き出し部分に自己の感じたことを書き込むもので，4歳の子どもから成人までをカバーしている．想定されるさまざまなストレス場面を見て，その場で湧き起こる感情を，コマ漫画を描くように比較的抵抗なく記入できるというメリットがある．この検査はアグレッション（攻撃性）の方向としての「他責的」「自責的」「無責的」傾向や「障害優位」「自我防禦」「要求固執」といった心的傾向を調べることができ，対人関係の問題や自我形成の問題，意欲や自己評価などさまざまな問題をとらえることができるため，二次的障害の兆候などをとらえ，対応策を検討していくために有効な検査である．

(b) 描画検査

描画検査にはさまざまなものがあるが，どれも描画そのものだけで診断や判断をしていくことは困難だろう．よほど劇的な体験をそのままストレートに描いたならば，絵の中に描かれたものは直接的に判断できるが，一般的な検査状況で描かれる絵画はさまざまなレベルや範囲の心的表現ととらえて，他の検査結果と合わせて解釈していく．

①樹木画検査（Tree test）

縦長のA4画用紙と鉛筆を机の上において，「実のなる木を描いてください」と教示し，制限時間は特に設けず自由に描いてもらう．樹木画の構成要素は根と幹，枝，樹冠，葉，実，大地と空などから成り立っている．それぞれの要素をどのように描くのか，そして全体のバランスや安定感，線の使い方，傾き，画用紙の使い方（木を描く位置），大きさなどから自我の状態や精神的な状態，発達レベルなどを推察していく．この結果から得られる情報は，単独では非常に妥当性，信頼性は低いものと考えられるが，他の検査結果や相談内容などとあわせて考えていくことで，重要な情報が得られ，有効な結果となる場合がある．

小学校4年生の緘黙の男児は，画用紙の右下隅に，3〜4 cm ぐらいの小さな草のような葉っぱを持つ植物を描いた．枝も張っておらず，実も成っていない．線は細く，小さな虫が一匹とまっていた．この樹木画からだけでは判

断できないが，見るからに拘縮を表すこのような絵から，自己の表現に大きく抑制がかかっていることが推察される．つまりこの樹木画は，この子どもの緘黙の状態そのものを描写していると考えてよいだろう．

② 人物画

　幼児の発達評価をする場合によく使われる描画検査として人物画がある．これはまず B4 の画用紙に「人（全身）の絵を描いてください」と教示する．描き終わったら男女を問い，次に，余白にもう一人反対の性別の人を描いてもらう．

　これは，年齢ごとの人物画の平均的描画と比較して，発達的に何歳レベルに相当するかを見ていくことができる．このほかに子どもの発達の状態と男女の区別や対人認知様式，身体各部の大きさや描画の丁寧さ，詳細さなどから，被験者の関心やボディイメージ，注目部位などが推測される．たとえば緘黙の子どもが描く人物画は，口をしっかりと閉じている場合と，反対に大きく開いて何かを話しているように描く場合などがあり，内的な願望や要求が絵に表現されている場合もあるだろう．

③ 家族画

　人物画に加えて家族全員の絵を，「家族の人たちを全部描いてください」と教示し，横向き B4 の画用紙に鉛筆で描いてもらう．

　メンバーそれぞれの位置，大きさ，丁寧さ，表情などから家族関係を見ていく．そして，後でそれぞれについて聞いていく．「これは，だれですか」「何をしているところですか」といった問いから，家族間の関係性や感情が読み取れる場合もある．「怒っている」「泣いている」「これから帰ろうとしている」など，内的な情緒反応を投影していることもある．

　たとえばある子どもは，中央に大きな母親，左上の隅に父親，そして，右下に小さく自分とペット，さらに妹を小さく描いた．このような絵から，子どもにとっての家族それぞれの存在の大きさや関係性を探り，面接や教育の中での心理的支援の手がかりとして有効な情報となる場合もある．

④ 風景構成法

　風景構成法は，中井久夫が 1970 年に箱庭療法をヒントに考案した心理検査を兼ねた心理療法で，描画によって，心の中にあるさまざまな人間関係や過去のできごと，未来への展望，心の傷などのイメージを見ていく．つまり描画からクライエントの心象風景を推察することができ，さまざまな心の問

題を扱う心理治療に有効な情報源として利用することができる．

　施行方法としては，まず画用紙に黒のサインペンで枠を描く（枠付け法）．次にサインペンをクライエントに渡し，「今から私が言うものを一つひとつ唱えるそばからこの枠の中に書き込んで全体として一つの風景となるようにしてください」と言って，「川，山，田，道，家，木，人，花，動物，石」の順に各1分程度の割合で描いてもらう．描き終えたら「最後に，足りないと思うものがあればつけ加えてください．描き終わったら色を塗ってください」と指示する．10分程度の時間を割り当てる．何かの項目で時間を使っても急がせず，何にこだわっているかを見ていく．

　必要に応じて季節，時刻，天候，川の流れの方向，人と家と田の関係，人がしていること，作画者はどこにいるかなど質問を行なう．

(c) ロールシャッハ検査法

　投影法の代表的なものとしてロールシャッハ検査がある．スイスのヘルマン・ロールシャッハが1921年に10枚の曖昧な図版を見せることで，その反応から心的状態を判断していく方法を考案した．10枚の図版とは，二つ折りにした紙の間に絵の具をはさんでおさえた後，開いた時にできる左右対称のインクのしみである．2枚は赤と黒からなり，3枚はカラー，5枚はモノクロームのカードである．一定の順序で自由にカードを見て，「何に見えるか」に答えてもらう．

　この検査によって，物事を識別する場合の認知様式や，形を優先するのか色彩に強く反応するのか，カードに含まれている運動や立体視や形の明確さなどさまざまな要素がどのように使われ，また複合させることができているのか，全体と部分の整合性や合理的な説明の仕方などから，個人の対人関係や日常生活の処理様式を推測することができる．そして，このような分析によって自我の構造や成熟度などの状態を診断することができ，その結果から，精神症状の改善や認知様式の改善を図る重要な手がかりを得る可能性もあり，精神症状や自我の状態，認知様式などさまざまな一次的，二次的問題を抱えるケースの査定に非常に有効な方法として，子どもや障害児にも使用されつつある．

　辻（辻悟，1997, 2008）は，ロールシャッハ検査の検査場面でクライエントに生じる心的状態を次のように述べている．クライエントが曖昧な図形を見て，テスターの「何に見えますか？」の質問に答えるという状況は，クラ

イエントにとって非常にストレスフルな心的状態が内的に生じている．

つまり，刺激図版を見た瞬間，そこからポピュラーなもの（相手に伝えてわかるもの）を探すには何千・何万通りの視点変換をしなければならない．選んだ対象が相手に選んだ理由や根拠について納得のいく説明ができるのか，もし矛盾に気がついた時，どのようにつじつまを合わせるのか，それが無理であればその選択を捨てて，再度視点を変え他の対象を見いだす作業をしなければならない．つまり，その意味づけを他と共有できるという意味での共通性や独自性を採用し，他には受け入れられない特殊性や矛盾を排除し，そして一般に受け入れられる範囲に反応内容を修正していく．このような，納得のいくものが得られるまで繰り返していくといった内的作業は，非常に大きなストレスを保持しながら進めるわけである．このストレスフルな状態の中で，理想的には自己の選択した一つの反応が全体的に整合性と妥当性を持つ反応であることを検証し，自分が出す反応に責任を持ってテスターに返すといった一連のことをしなければならない．この内的作業一つひとつをどのように行なっているのかを10枚のカードを通して総合的に見ていくわけである．

このように考えると，カードを見た瞬間に初発反応を出すことは，どのようなことを意味しているのかが推察されるだろう．つまり，矛盾の気づき，妥当性，整合性，関連づけ，などの検討と責任を持った選択がなされているのだろうかといった疑問が湧き起こってくる．

辻は幼児から成人，老人にいたるまでを対象として，ロールシャッハ図版のプロトコルを用いた精神療法を行い，この50年にわたる治療を通して阪大法を完成させた．また，辻は「診断評価イコール治療」であるとし，これを「ロールシャッハ学」と呼んだ．

その他の解釈法としては，クロッパー法，片口法などが代表的なものとして挙げられるだろう．しかし，この検査を有効に使用できるようになるまでには数年～十数年といったトレーニングを必要とし，熟練者以外には適切な利用が困難と言えるので，バッテリーの一つとして必要な場合は専門の臨床心理士に依頼するのが望ましいだろう．

10.8 よりよい教育評価のために

　教育評価はその目的にあった教育の効果とその達成の結果を示すもので，評価結果が個々の能力の向上や人格の成熟，社会適応力，勉学意欲などさまざまな側面を的確に表していなければならない．そのためにもその評価の方法と対象が妥当なものであり，その結果が信頼できるものでなければならない．評価の信頼性と妥当性が十分に担保されてこそ，より適切な教育評価に基づいた教育内容の検討がなされ，個々の能力や性格，その時の状態や背景に合わせた教育内容が提供できるものと考えられる．ここで，評価結果の妥当性の向上のために，的確な評価がなされているかをたえずフィードバックしていくことが重要なことだろう．たとえば，子ども自身が興味が持てず十分に意欲づけができていない課題について評価しても，子どもの達成感や充足感につながらないだろう．理解度を評価するための検査もあるが，課題の適切さと評価の時期も考慮に入れ，評価が子どもの失敗感や意欲低下につながらないように配慮しなければならない．

　集団の中における自己の学力レベルの客観的評価や社会に出る際に一般に用いられる競争試験，適性試験などについては，課題や授業を遂行していく際に必要とされる基本的な技能と能力をみることで，その業務課題や学業課題への適性を評価する場合がある．これは一定のレベルまで自己を高めていくために一定の目標をもち，努力する目安となっている．冒頭でも述べたように，職業選択や進路選択にも評価が頻繁に使用され，自分の希望に合わない進路を選ばざるを得ないといったことが起こるのが現実の社会である．しかし，自分に最も適した進路を選択するための適性検査は，自己の個性や能力に合わせた選択肢を選び，進路後の可能性をフルに伸ばすことができる場所を見いだす手段として活用できるものである．

　このように，評価に追われることなく適切に利用することで自己の弱点をチェックし，自己の適性と能力を知り，社会の中で上手く生きていく方法を探っていくための手段として生徒自身が検査結果を利用できるようにすることは重要なことと言えるだろう．

〔廣利吉治〕

【引用文献・参考文献】
村山　航（2006）．妥当性概念の展開　日本テスト学会シンポジウム
佐藤達哉（1997）．知能指数　講談社現代新書
高井昌史（2008）．健康優良児とその時代健康というメディア・イベント　青弓社
杉山登志郎（2007）．発達障害の子どもたち　講談社現代新書
一谷　彊・林　勝造・津田浩一（1966）．樹木画テストの研究――Koch の Baumtest における発達的検討　京郁教育大学紀要 Ser.A, No.33.
辻岡美延（1965）．新性格検査法――Y-G 性格検査実施・応用・研究手引き　竹井機器工業
片口安史（1987）．新心理診断法　金子書房
John E., Jr. Exner. 高橋雅春・高橋依子・田中富士夫(監訳)（1991）．現代ロールシャッハ体系（上）金剛出版
中井久夫（1984）．風景構成法　中井久夫著作集　別巻1　岩崎学術出版社
生沢雅夫ほか（1985）．新版 K 式発達検査法――発達検査の考え方と使い方　ナカニシヤ出版
辻　悟（1997）．ロールシャッハ検査法　金子書房
辻　悟（2008）．治療精神医学の実践――こころのホームとアウェイ　創元社

課　題

1. 教育評価の目的について具体的に述べなさい．
2. 評価の妥当性と信頼性について述べなさい．
3. 障害児の評価について特に重要な点を箇条書きにしなさい．
4. テストバッテリーを教育評価にどのように利用するかについて述べなさい．
5. 検査結果の使用目的と個人情報保護法について述べなさい．
6. 評価・検査結果の教育現場への応用について大切なことを二つ挙げなさい．
7. 教育評価によって個人の意欲と充実感を上げていくためには，どのような使い方が考えられるか述べなさい．

索 引

■A

AD／HD ·················· 41, 51, 218
CAI（Computer Assisted Instruction）··· 176
CARS（小児自閉症評定尺度）············ 219
CMI（Computer Managed Instruction）
　·· 171
DSM-Ⅳ-TR ································· 51
e-ラーニング ································ 83
ICD-10 ······································ 51
IPI（Individually Prescribed Instruction,
　個別処方教授）···························· 171
ITPA ··· 50
K-ABC ································ 50, 218
LD ······································ 41, 51
MD（Marketing Discussion）法 ······· 79, 80
PF スタディ ································ 220
PISA ··· 83
SOS 信号（危険信号）·········· 93, 104, 109
SR 理論 ································ 63, 69
TAT ··· 7
TK 式田中ビネー知能検査 ·················· 45
TT（ティーム・ティーチング）············ 51
WAIS ······································ 203
WBT（Web Based Training）············ 83
WHO ··· 51
WIPPSI ···································· 218
WISC ······································ 203
WISC-Ⅲ ······················· 53, 55, 214
WISC-Ⅳ ····················· 45, 50, 218

■あ行

アーレント，H.（Arendt, H.）········· 62, 64
愛情・所属の欲求······················ 142, 143
愛他性 ······························· 181, 197
愛着（attachment：アタッチメント）······ 27
アイデンティティ（自我同一性）······ 32, 34
アヴェロンの野生児 ·························· 2
悪性妬み（malicious envy）····· 187, 191, 199
足場づくり（scaffolding）·················· 24

アスペルガー症候群························ 213
東　洋 ····································· 188
遊び型いじめ······························· 136
温かい指導·································· 98
新しい学力観·························· 68, 81
アトキンソン，J.（Atkinson, J.）········· 137
アトキンソン，R. C.（Atkinson, R. C.）··· 122
アルコール依存症·························· 111
アロンソン，E.（Aronson, E.）············ 78
安全・不安回避の欲求··············· 142, 143
安全の欲求································ 143
安定性（Stability）························ 144
暗黙のパーソナリティ論（Implicit Personality Theory：IPT）····················· 30

イースターリンのパラドックス············ 187
生きる力·························· 192, 199, 211
石黒鈜二 ··································· 159
いじめ ······················ 4, 86, 135,
　137, 152, 177, 186, 196, 197, 198, 215, 217
いじめ対策緊急会議························ 98
いじめに走る子の指導····················· 101
いじめに走る子の要因····················· 100
いじめの現状······························· 93
いじめの定義······························· 92
いじめの発生原因·························· 95
いじめの発生件数·························· 94
いじめの変遷····························· 182
いじめの様態······························· 99
いじめ発見後の指導······················· 102
いじめられやすい子の発見·················· 92
いじめられる子の SOS 信号················ 93
異常行動 ··································· 89
異常固着説 ································· 92
異常性格 ·································· 111
一次欲求 ·································· 141
一対比較法（method of paired comparison）
　·· 7
逸話記録法（anecdotal method）············ 5
医療機関·····························50, 57

索　引　227

ヴィゴツキー，L. S.（Vygotsky, L. S.）‥‥23
ウェクスラー，D.（Wechsler, D.）…203, 218
ウェルビーイング（well-being）
　‥‥‥‥‥‥‥‥‥‥‥‥‥149, 150, 155
うつ病‥‥‥‥‥‥‥‥‥‥‥111, 137, 146
裏切り‥‥‥‥‥‥‥‥‥‥‥‥‥‥‥‥95
運動‥‥‥‥‥‥‥‥‥‥‥‥‥‥‥‥‥45

エビングハウス，H.（Ebbinghaus, H.）‥124
エリクソン，E. H.（Erikson, E. H.）‥‥‥32
演算規則的探索（アルゴリズム）‥‥‥‥130

応用行動分析‥‥‥‥‥‥‥‥‥‥‥‥119
大川一郎‥‥‥‥‥‥‥‥‥‥‥‥166, 167
オーズベル，D. P.（Ausubel, D. P.）
　‥‥‥‥‥‥‥‥‥‥‥‥‥‥72, 164, 165
オーセンティシティ（Authenticity）‥‥149
オープン・エデュケーション‥‥‥167, 175
オールポート，G. W.（Allport, G. W.）‥‥29
置き換え‥‥‥‥‥‥‥‥‥‥‥‥‥‥‥87
オペラント行動‥‥‥‥‥‥‥‥‥117, 118
オペラント条件づけ‥‥‥‥‥‥63, 118, 171
親子・兄弟関係の不和‥‥‥‥‥‥‥‥100
親の離婚‥‥‥‥‥‥‥‥‥‥‥‥‥‥100

■か行

カーニス，M. H.（kernis, M. H.）‥‥‥‥150
絵画配列‥‥‥‥‥‥‥‥‥‥‥‥‥‥214
ガイダンス‥‥‥‥‥‥‥‥‥‥‥‥‥127
外発的動機づけ‥‥‥‥‥‥‥‥‥‥‥138
カウフマン，A. S.（Kaufman, A. S.）‥‥218
カウフマン，N. L.（Kaufman, N. L.）‥‥218
カウンセリング心理学‥‥‥‥‥‥‥‥‥78
カウンセリングマインド‥‥‥‥‥‥‥‥98
科学的心理学‥‥‥‥‥‥‥‥‥‥‥‥‥63
学業不振‥‥‥‥‥‥‥‥‥‥‥‥‥‥144
学習‥‥‥‥‥‥‥‥‥‥‥‥‥‥‥‥115
学習意欲‥‥‥‥‥‥‥‥‥‥‥‥‥‥‥4
学習環境‥‥‥‥‥‥‥‥‥‥‥‥‥‥‥50
学習指導‥‥‥‥‥‥‥‥‥‥‥‥‥‥‥61
学習指導要領‥‥‥‥‥‥68, 81, 205, 206, 207
学習者‥‥‥‥‥‥‥‥‥‥‥‥‥164, 166
学習障害（LD：Learning Disabilities）
　‥‥‥‥‥‥‥‥‥‥‥‥2, 38, 45, 50, 58

学習障害の支援‥‥‥‥‥‥‥‥‥‥‥‥50
学習状況‥‥‥‥‥‥‥‥‥‥‥‥‥‥‥55
学習性無力感‥‥‥‥‥‥‥‥‥‥‥‥144
学習の転移‥‥‥‥‥‥‥‥‥‥‥‥‥127
学習不適応‥‥‥‥‥‥‥‥‥‥‥‥‥137
学習目標‥‥‥‥‥‥‥‥‥‥‥‥‥‥147
学習理論‥‥‥‥‥‥‥‥‥‥‥‥‥3, 114
学習レディネス‥‥‥‥‥‥‥‥‥‥‥‥3
学生中心法‥‥‥‥‥‥‥‥‥‥‥‥‥174
拡張的知能観‥‥‥‥‥‥‥‥‥‥‥‥147
カシオポ，J（Cacioppo, J.）‥‥‥‥‥‥184
過剰適応‥‥‥‥‥‥‥‥‥‥‥‥‥‥149
仮説実験授業‥‥‥‥‥‥‥‥‥‥‥70, 71
家族画‥‥‥‥‥‥‥‥‥‥‥‥‥‥‥221
片口法‥‥‥‥‥‥‥‥‥‥‥‥‥‥‥223
価値（value）‥‥‥‥‥‥‥‥‥‥‥‥139
学級崩壊‥‥‥‥‥‥‥‥‥‥‥‥‥‥152
学校教育法施行令‥‥‥‥‥‥‥‥‥‥‥39
学校週 5 日制‥‥‥‥‥‥‥‥‥‥‥‥‥83
学校適応‥‥‥‥‥‥‥‥‥‥‥‥‥‥155
学校不適応‥‥‥‥‥‥‥‥‥‥‥‥‥136
葛藤（conflict）‥‥‥‥‥‥‥‥‥‥‥‥90
家庭環境‥‥‥‥‥‥‥‥‥‥‥‥‥‥‥53
家庭崩壊‥‥‥‥‥‥‥‥‥‥‥‥‥‥100
からかい‥‥‥‥‥‥‥‥‥‥‥‥‥‥‥99
感覚記憶‥‥‥‥‥‥‥‥‥‥‥‥122, 123
環境閾値説‥‥‥‥‥‥‥‥‥‥‥‥‥‥10
環境優位説‥‥‥‥‥‥‥‥‥‥‥‥‥‥10
観察学習‥‥‥‥‥‥‥‥‥‥‥‥120, 121
観察法（observation）‥‥‥‥‥‥‥‥‥‥4
観衆‥‥‥‥‥‥‥‥‥‥‥‥‥‥‥‥186
完全習得学習（mastery learning）
　‥‥‥‥‥‥‥‥‥‥73, 74, 75, 166, 167, 175
カント，I.（Kant, I.）‥‥‥‥‥‥‥‥‥‥1

記憶‥‥‥‥‥‥‥‥‥‥‥‥‥‥‥‥121
記憶貯蔵庫‥‥‥‥‥‥‥‥‥‥‥‥‥122
危機的場面観察法‥‥‥‥‥‥‥‥‥‥‥5
危険信号（サイン）‥‥‥‥‥‥‥‥‥‥93
帰国児童生徒‥‥‥‥‥‥‥‥‥‥‥‥192
気質‥‥‥‥‥‥‥‥‥‥‥‥‥‥‥‥‥29
基準連関妥当性‥‥‥‥‥‥‥‥‥‥‥209
基礎学力‥‥‥‥‥‥‥‥‥‥‥‥‥‥‥66
基礎練習‥‥‥‥‥‥‥‥‥‥‥‥‥‥‥68

期待（expectancy） ……………… 139
技能学習 …………………… 126, 127
規範的同調 …………… 185, 190, 199
記銘 …………………………… 121
虐待 …………………………… 101
客観的評価 …………………… 224
ギャング・グループ …………… 28
9歳の壁 ……………………… 25
教育アセスメント ……………… 51
教育委員会 …………………… 97
教育運動 ……………………… 68
教育課程（カリキュラム：Curriculum）…… 3
教育環境 ……………………… 135
教育基本法 ………………… 1, 9, 205
教育工学 ……………………… 175
教育効果の測定 ……………… 205
教育指導要領 ………………… 211
教育心理学 …………………… 4
教育センター ………………… 57
教育相談コーディネーター …… 54
教育的ニーズ ………………… 40
教育の目的 ………………… 1, 9, 205
教育評価 …………………… 4, 202
教育評価の妥当性と信頼性 …… 207
教育目標の分類学 …………… 74
境界知能 …………………… 45, 46
強化子 ………………………… 118
共感的理解 …………………… 112
教授方法 ……………………… 174
行政機関 ……………………… 45
協同学習 ……………………… 26
共同学習 ……………………… 77
拒否不安 ……………………… 153
勤勉性 ………………………… 189

空想への逃避 ………………… 87
クラウダー，N. A.（Crowder, N. A.）
　　…………………………… 75, 172
クラス集団の評価 …………… 215
グループコンセンサス ………… 66
グレーサー，R.（Glaser, R.） …… 171
クレッチマー，E.（Kretschmer, E.）…… 29
グローバル化 …………… 192, 199
クロッパー法 ………………… 223

クロンバック，L. J.（Cronbach, L. J.）…… 81
経験主義 ……………… 67, 68, 163
経済的格差 …………………… 135
警察 …………………………… 97
形式的段階 …………………… 63
継次処理 ………………… 50, 218
継時接近法 …………………… 107
形成的評価 …………………… 74
系統主義 …………………… 68, 69
軽度知的障害 ……………… 45, 46
ゲシュタルト心理学 …………… 129
ゲゼル，A. L.（Gesell, A. L.） …… 10
欠乏動機 ……………………… 142
原因帰属理論 ………………… 143
言語 …………………………… 45
言語障害 ……………………… 40
現実への逃避 ………………… 87

高機能広汎性発達障害 ……… 46
高機能自閉症 ……… 38, 58, 216
高機能発達障害児 …………… 211
講義法 ………………………… 161
攻撃 …………………………… 92
攻撃仮説 ……………………… 92
高原現象（プラトー） ………… 126
構成概念妥当性 ……………… 209
行動科学 ……………………… 69
高等学校学習指導要領 ……… 83
行動観察 ……………………… 51
行動コーチング（Behavioral Coaching）
　　…………………………… 128
行動主義心理学 ………… 69, 128
行動主義理論 ………………… 63
行動評価表 …………………… 212
行動分析学 …………………… 119
行動変容 ……………… 115, 116, 120
行動療法 ……………………… 130
校内委員会 ………………… 42, 53
校内暴力 ……………………… 152
広汎性発達障害（PDD：Pervasive Developmental Disorders）…… 45, 46
幸福感 ………………… 187, 189
幸福度 ………………………… 197

索　引

合理化 ………………………………… 88
心の理論（theory of mind） …………… 24
個人主義 …………… 193, 195, 196, 198, 199
個人主義化 ……………………………… 197
個人内評価 ……………………………… 207
こだわり ……………………………… 48, 49
ゴットフレッド，A.（Gottfried, A.） …… 139
固定的知能観 …………………………… 147
古典的条件づけ ………… 63, 115, 117, 120
孤独 …………………………… 95, 110, 112
孤独感 …………………………………… 184
ことばの発達 …………………………… 47
子ども保護施設 ………………………… 113
コビントン，M.（Covington, M.） ……… 148
個別学習 ………………………………… 76
個別の教育支援計画 ……… 42, 211, 212, 216
個別の指導計画 …………………… 44, 211
コミュニケーション …………………… 47
コミュニケーション能力 …………… 192
コミュニケーションの質的障害 ……… 47
コミュニケーションの障害 …………… 46
孤立 ……………………………………… 87
コンピュータ支援教育
　（Computer Assisted Instruction, Computer Aided Instruction：CAI） ……… 75

■さ行

再学習 …………………………………… 115
サメロフ，A.（Sameroff, A.） …………… 10
サリーとアンの誤信念課題 …………… 24
サロモン，G.（Salomon, G.） …………… 82

ジーレンジガー，M.（Zielenziger, M.）… 183
シェマ（scheme） ……………………… 19
支援機能 ………………………………… 39
ジェンセン，A. R.（Jensen, A. R.） ……… 10
支援体制 ………………………………… 56
支援の実際 ……………………………… 53
支援方針 ………………………………… 56
視覚刺激 ………………………………… 48
視覚障害 ………………………………… 38
視覚障害者 ……………………………… 39
視覚的 …………………………………… 48
時間見本法（time sampling method） …… 5

ジグソー学習（jigsaw learning） …… 78, 79
試験 ……………………………………… 202
思考過程 ………………………………… 64
試行錯誤 ………………………………… 119, 128
試行錯誤研究 …………………………… 119
自己開示 …………………………… 181, 197
自己改善動機 ………… 188, 189, 196, 199
自己価値感 ……………………………… 148
自己嫌悪 ………………………………… 111
自己顕示欲 ……………………………… 100
自己効力感（self-efficacy） ……… 139, 140
自己実現 ………………………………… 142
自己実現の欲求 ………………………… 142
自己中心性（egocentrism） …………… 19
自己能力 ………………………………… 147
自殺 ………………………… 4, 86, 95, 182
自殺者の現状 …………………………… 109
自殺者の性格 …………………………… 110
自殺念慮 …………………………… 108, 112
自殺の原因 ……………………………… 110
自殺防止の方法 ………………………… 111
自殺誘惑 ………………………………… 186
静かな自我（quiet ego） ……………… 151
視線 ……………………………………… 47
自然観察法 ……………………………… 4
自尊感情（optimal self-esteem）
　……………………… 143, 144, 149, 150, 151
自尊心 …………………………………… 189
肢体不自由 ………………………… 38, 40
肢体不自由者 …………………………… 39
視聴覚的方法 …………………………… 170
実験群（experimental group） ………… 5
実験的観察法 …………………………… 5
実際的個別的智能測定法 ………… 203, 219
実際に活用されている理論（theory in use）
　………………………………………… 62
実践的研究 ……………………………… 64
実践的な現場研究（action research） …… 8
実態把握 ………………………………… 42
しっと …………………………………… 95
失敗回避（failure-avoiding） ………… 148
失敗体験 …………………………… 146, 149
失敗容認（failure-accepting） ………… 148
質問紙法（questionnaire） ……………… 6

指導形態·····40
児童生徒理解·····58
児童相談所·····57, 97
児童中心主義·····67, 163
指導要録·····209
シフリン，R. M.（Shiffrin, R. M.）·····122
自閉症·····40, 219
自閉症スペクトラム·····46, 47, 48, 51
社会性·····26
社会性の障害·····46, 47
社会測定法（sociometric method）·····8
社会的学習理論·····140
社会的技能·····45
社会的認知理論·····139, 140
社会文化理論·····23
弱視·····40
シャンク，D. H.（Schunk, D. H.）·····140
習熟度別学習·····82, 83
従順辛抱性·····188
集団圧·····181, 197
集団学習·····76, 77
集団機能·····181, 197
集団凝集性·····181, 197
集団主義·····190, 193, 197
集団斉一性·····181, 197
集団同一視·····181
修得志向（mastery-oriented）·····148
習得的行動·····114, 115
授業参観·····98
授業法·····159, 176
シュテルン，W.（Stern, W.）·····10
樹木画·····213, 220
受容的勤勉性·····188, 199
小1プロブレム·····13
情意的領域（Affective Domain）·····74
昇華·····87
障害児教育·····217
障害者施設·····102
障害特性·····218
障害の重複·····51
生涯発達（life-span development）·····9
消去·····115
条件刺激·····117
条件的統制·····5

条件反射·····115
小集団学習·····175
情緒障害·····40
情緒的きずな（affectional tie）·····27
情緒的緊張·····88
情緒不安定·····110
衝動性·····49
承認・評価の欲求·····142, 143
情報処理心理学·····129
序列法（rating method）·····7
事例研究法（case study method）·····7
人格·····29, 63
新学習指導要領·····192, 193, 205
人格の完成·····9, 205
神経症·····111
人権意識·····101
人権無視·····101
人権擁護委員会·····97
心身の故障·····40
身体障害·····210
診断的評価·····74
診断評価·····223
シンナー遊び·····111
新版K式発達検査·····213, 215, 218
審美の欲求·····142, 143
人物画·····221
進歩主義（progressivism）·····68
信頼性·····207, 224
心理・運動的領域（Psychomotor Domain）·····74
心理検査·····50, 51, 53, 55, 220
心理社会的適応·····136
心理社会的発達課題（psychosocial task）·····32
心理測定法·····207
親和傾向·····153

衰退（decline）·····9
随伴結果·····120
随伴性自尊感情·····149
スキナー，B. F.（Skinner, B. F.）·····75, 119, 171
スキナーボックス·····63, 64
杉村健·····161, 172

スクールカウンセラー … 53, 54, 55, 57, 97, 216
鈴木・ビネー尺度 … 219
鈴木・ビネー知能検査 … 219
鈴木治太郎 … 203, 219
頭痛 … 93
ストレス … 151, 154
ストレンジ・シチュエーション法（SSP）
　… 27
スノウ, R. E.（Snow, R. E.）… 81
スペクトラム … 219

成果目標 … 148
成熟前傾現象 … 15
成熟優位説 … 10
精神遅滞 … 45
精神的健康 … 152
成長加速現象 … 15
成長動機 … 142
生得的行動 … 114
生理的欲求 … 142
責任の分散 … 185, 199
絶対評価 … 206, 207, 208
絶望 … 110
セリグマン, D.（Seligman, D.）… 144
先行オーガナイザー（advance organizer）
　… 73
漸進原理 … 173
選択回答法 … 6
専門機関 … 57

総括的評価 … 74
想起 … 121
相互教授法 … 26
相互協調性 … 191, 195, 196, 197, 199
相互協調的人間観 … 190
相互作用説（interactional view）… 10
相乗的相互作用説（transactional model）
　… 10
想像性の障害 … 46, 47
相対評価 … 206, 207
相談・情報提供機能 … 39
ソーシャルスキル・トレーニング … 69
ソーンダイク, E. L.（Thorndike, E. L.）
　… 119

■た行

体系的知識 … 65
退行 … 88, 92
退行仮説 … 92
代償 … 87
対人距離 … 47
対人的信頼関係 … 137
対人的疎外感 … 153
対人不安 … 184
耐性の欠如 … 100
退避 … 87
ダウン症候群 … 214
達成動機 … 146, 148
達成目標（achievement goal）… 147
達成欲求 … 137
脱中心（decentration）… 19
多動性（過活動）… 49
妥当性 … 207, 224
田中・ビネー式知能検査 … 219
短期記憶 … 121, 122, 123, 124
短期相談療法 … 108

地域性 … 39
小さな社会 … 67
遅刻 … 93
知識・理解の欲求 … 142, 143
知的好奇心 … 49
知的障害（MR：Mental Retardation）
　… 2, 38, 39, 40, 45, 46, 209, 210
知能検査 … 45
知能指数（IQ）… 45, 46, 219
チャム・グループ … 28
注意獲得反応 … 87
注意欠陥／多動性障害（AD／HD：Attention Deficit／Hyperactivity Disorder）
　… 2, 38, 45, 49, 58, 216
中1ギャップ … 13
中央教育審議会 … 38
中心化（centration）… 19, 21
中途退学 … 105
聴覚刺激 … 48
聴覚障害 … 38
聴覚障害者 … 39

長期記憶‥‥‥‥‥‥‥‥‥121, 122, 123, 124
調査法（survey method）‥‥‥‥‥‥‥6
調節（accommodation）‥‥‥‥‥‥‥19
重複障害‥‥‥‥‥‥‥‥‥‥‥‥‥‥38
調和的発達‥‥‥‥‥‥‥‥‥‥‥‥‥1
直接的経験‥‥‥‥‥‥‥‥‥‥‥‥‥67
チラー，T.（Ziller, T.）‥‥‥‥‥‥‥63
治療モデル（remedical model）‥‥‥82
通級指導教室‥‥‥‥‥‥38, 40, 45, 55, 56
通常の学級‥‥‥‥‥‥‥‥‥‥‥40, 53
辻　悟‥‥‥‥‥‥‥‥‥‥‥‥‥‥222
詰め込み‥‥‥‥‥‥‥‥‥‥‥‥‥192

敵意‥‥‥‥‥‥‥‥‥‥‥‥‥‥‥‥95
適応‥‥‥‥‥‥‥‥‥‥‥‥‥‥‥3, 86
適応（防衛）機制
　（adjustment mechanisms）‥‥‥86, 88
適応障害（不適応）‥‥‥‥‥‥‥‥‥86
適性検査‥‥‥‥‥‥‥‥‥‥‥‥‥224
適性処遇交互作用
　（Aptitude-Treatment Interaction：ATI）
　‥‥‥‥‥‥‥‥‥‥‥‥‥‥‥‥‥81
テストバッテリー構成‥‥‥‥‥‥‥218
テスト法（test method）‥‥‥‥‥‥‥6
手続き記憶‥‥‥‥‥‥‥‥‥‥‥‥127
デューイ，J.（Dewey, J.）‥‥‥‥67, 163
伝統的教授法‥‥‥‥‥‥‥‥‥‥‥175

同一化‥‥‥‥‥‥‥‥‥‥‥‥‥‥‥87
投影‥‥‥‥‥‥‥‥‥‥‥‥‥‥‥‥87
投映法（projective method）‥‥‥‥‥7
ドウェック，C. S.（Dweck, C. S.）‥145, 147
同化（assimilation）‥‥‥‥‥‥‥‥19
動機づけ（motivation）‥‥3, 134, 137, 146, 151
討議法‥‥‥‥‥‥‥‥‥‥‥‥‥65, 162
動機モデル‥‥‥‥‥‥‥‥‥‥‥‥141
道具的条件づけ‥‥‥‥‥‥63, 117, 119, 120
統合失調症‥‥‥‥‥‥‥‥‥‥‥‥111
同時処理‥‥‥‥‥‥‥‥‥‥‥‥50, 218
統制可能性（Controllability）‥‥‥‥144
統制群（control group）‥‥‥‥‥‥‥5
統制の位置（Locus of control）‥‥‥144
逃避‥‥‥‥‥‥‥‥‥‥‥‥‥‥‥‥87

特恵モデル（preferential model）‥‥‥82
特殊学級‥‥‥‥‥‥‥‥‥‥‥‥‥‥38
特殊教育‥‥‥‥‥‥‥‥‥‥‥‥37, 38
特別支援学級‥‥‥‥‥‥‥38, 40, 55, 215
特別支援学校‥‥‥‥‥‥‥‥‥‥38, 210
特別支援教育
　‥‥2, 37, 38, 39, 45, 80, 206, 209, 210, 211, 215
特別支援教育コーディネーター‥‥‥‥42
特別支援教育指導要領‥‥‥‥‥‥‥211
特別支援教室‥‥‥‥‥‥‥‥41, 42, 216
独立独創性‥‥‥‥‥‥‥‥‥‥‥‥188
努力帰属‥‥‥‥‥‥‥‥‥‥‥155, 156

■な行

内的禁止（心理的障害）‥‥‥‥‥‥‥90
内的作業モデル（Internal Working Model：
　IWM）‥‥‥‥‥‥‥‥‥‥‥‥‥27
内発の動機づけ‥‥‥‥137, 138, 139, 141, 164
内発的な動機‥‥‥‥‥‥‥‥‥‥‥155
内容の妥当性‥‥‥‥‥‥‥‥‥‥‥208
中井久夫‥‥‥‥‥‥‥‥‥‥‥‥‥221
仲間関係‥‥‥‥‥‥‥‥‥‥‥‥‥‥28
仲間外れ‥‥‥‥‥‥‥‥‥‥‥‥‥100
難聴‥‥‥‥‥‥‥‥‥‥‥‥‥‥‥‥40

二次的な障害‥‥‥‥‥‥‥‥‥‥52, 55
二次欲求‥‥‥‥‥‥‥‥‥‥‥‥‥141
日本教育心理学会‥‥‥‥‥‥‥‥‥‥64
人間関係‥‥‥‥‥‥‥‥‥‥‥‥‥‥95
人間性（human nature）‥‥‥‥‥‥‥1
人間不信‥‥‥‥‥‥‥‥‥‥‥‥‥‥95
妊娠中絶‥‥‥‥‥‥‥‥‥‥‥‥‥111
認知‥‥‥‥‥‥‥‥‥‥‥‥‥‥‥‥45
認知カウンセリング‥‥‥‥‥‥‥‥‥26
認知行動療法‥‥‥‥‥‥‥‥‥‥‥130
認知心理学‥‥‥‥‥‥‥‥‥‥62, 64, 70
認知説‥‥‥‥‥‥‥‥‥‥‥‥‥‥‥62
認知的領域（Cognitive Domain）‥‥‥74
認知特性‥‥‥‥‥‥‥‥‥‥‥‥55, 55

妬み感情‥‥‥‥‥‥‥‥‥‥‥‥‥186
ネットトラブル‥‥‥‥‥‥‥‥‥‥177
ネット犯罪‥‥‥‥‥‥‥‥‥‥‥‥177
年間加速現象‥‥‥‥‥‥‥‥‥‥‥‥15

■は行

パーソナリティ……………………………29
ハヴィガースト, R. J.（Havighurst, R. J.）
　……………………………………………31
バウムテスト………………………………7
バズ学習（buzz learning）………………77
発見学習（discovery method）
　………………………………69, 70, 71, 174
発見学習（仮説検証授業）………………164
発見的探索………………………………130
発達（development）………………………9
発達加速現象………………………………15
発達課題（developmental task）……31, 184
発達検査…………………………………218
発達勾配現象………………………………15
発達障害………2, 42, 44, 45, 52, 53, 210, 212
発達障害者…………………………………2
発達障害者支援法………………………210
発達障害の診断…………………………51
発達段階………………………12, 13, 19, 31
発達特徴の評価…………………………210
発達の最近接領域（Zone of Proximal Development：ZPD）…………………………23
発達の特徴…………………………………11
パニック…………………………………48
パブロフ, I. P.（Pavlov, I. P.）…………115
反省的思考………………………………67
バンデューラ, A.（Bandura, A.）
　………………………………121, 139, 140
反動形成…………………………………87
反発………………………………………95

ピア・グループ…………………………28
ピアジェ, J.（Piaget, J.）…………………19
ひきこもり……………………137, 183, 196
ビッグ・ファイブ（big five）……………30
ビネー, A.（Binet, A）…………………203
ビネー式知能検査………………………203
冷やかし…………………………………99
描画検査…………………………………220
評価の信頼性……………………………209
評価の妥当性……………………………208
病気への逃避……………………………87
病弱………………………………38, 39, 40
品等（評定）尺度法（rating scale）………7
品等法（rating scale method）……………7

不安…………………………………110, 146
フィードバック………127, 156, 203, 212, 224
風景構成法………………………………221
輻輳説（theory of convergence）…………10
腹痛………………………………………93
服毒自殺…………………………………111
藤生英行……………………………171, 176
不注意……………………………………49
不適応…………………………………3, 89
不登校
　………4, 86, 103, 104, 135, 136, 137, 152, 216
不登校の原因……………………………106
不登校への具体的指導法………………107
プラグマティズム（pragmatism）………67
フラストレーション（frustration）
　……………………………………………88
ブルーナー, J. S.（Bruner, J. S.）…30, 69, 164
ブルーム, B. S.（Bloom, B. S.）……73, 166
ブレーン・ストーミング………………78
フロイト, S.（Freud, S.）…………………90
プログラム学習（program learning）
　………………3, 75, 76, 130, 167, 171, 173, 174
プロジェクト法…………………………163
文化的価値観……………………………195
文化的な知能（cultural intelligence）……196
文章完成法…………………………………7
文明の衝突………………………………197

ペスタロッチ, J. A.（Pestallozi, J. A.）……1
ヘルバルト, J. F.（Herbart, J. F.）……1, 62
ヘルバルト主義…………………………63
弁別刺激…………………………………64

傍観経験…………………………………136
傍観者……………………………186, 191, 199
忘却…………………………………124, 125
報酬………………………………………155
暴力………………………………………99
ボウルビィ, J.（Bowlby, J.）……………27
保護者への対応…………………………97

保持 ……………………………………… 121
補償 ………………………………………… 87
補償モデル（compensatory model）……… 82
保存概念 …………………………………… 21
ボランティア活動 …………………… 102, 113
本来感 …………………………… 150, 151, 154

■ま行

マーレー，H.（Murray, H.）…………… 141
マスタリー・ラーニング理論 …………… 74
マズロー，A.（Maslow, A.）…………… 142
マズローの動機の階層性 ………………… 142
松田伯彦 ……………… 165, 166, 167, 170, 173
丸栄一 …………………………………… 171
満足感 ……………………………………… 62

3つ山問題 ………………………………… 19

無解決的場面 ……………………………… 92
無条件刺激 ………………………… 116, 117
無条件反応 ……………………………… 116

メタ認知 …………………………………… 25
面接法（interview method）……………… 6

モイマン，E.（Meumann, E.）…………… 1
盲・聾・養護学校 ……………………… 37, 38
モチベーション ………………………… 206
持ち物隠し ……………………………… 100
モデリング ……………………………… 127
モリソン，H. C.（Morrison, H. C.）…… 73
問題解決 ………………………………… 128
問題解決学習 ………………… 67, 68, 69, 163
問題解決過程 …………………………… 128
問題の整理 ……………………………… 67
問題法 …………………………………… 163
問答法 …………………………………… 162

■や行

役に立つ理論（useful theory）………… 62
薬物療法 …………………………………… 50

有意味学習（meaningful learning）…… 165

有意味受容学習
（meaningful reception learning）
　………………………………… 72, 165, 174
友人関係 ………………………………… 152
ゆとり教育 ………………………… 192, 207

養護学校 …………………………………… 38
養護教諭 ……………………………… 54, 97
要素還元主義 …………………………… 129
抑圧・抑制 ………………………………… 87
欲求 ………………………………… 91, 141
欲求阻止状況 ……………………………… 88
欲求不満 ……………………… 88, 89, 100
欲求不満耐性（frustraition tolerance）…… 91
欲求不満の個人差 ………………………… 91

■ら行

ライン，W.（Rein, W.）………………… 63
ランガー，E.（Langer, E.）……………… 66
リアクション・ペーパー ………………… 65
両親不和 ………………………………… 100
良性妬み（benign envy）……………… 187
臨床行動分析 …………………………… 120

レイナ，R.（Rayner, R.）……………… 116
レヴィン，K.（Lewin, K.）…………… 53, 90
レスポンデント条件づけ ………………… 63
レディネス（readiness）………………… 70
連合学習 ………………………………… 126
連合心理学 ………………………………… 63
練習の条件設定 ………………………… 127

老人ホーム ……………………………… 102
老人養護施設 …………………………… 113
ローゼンツワイク，S.（Rosenzweig, S.）… 88
ロールシャッハ ……………… 7, 213, 214, 222
ロールシャッハ学 ……………………… 223

■わ行

ワイナー，B.（Weiner, B.）…………… 144
ワトソン，J. B.（Watson, J. B.）…… 10, 116

● 編者・執筆者紹介

【編　者】

松原達哉（まつばら・たつや）　東京福祉大学名誉学長，国際幼児教育学会会長，日本心理学諸学会連合常任理事，前心理師国家資格委員長．東京教育大学大学院博士課程教育心理学専攻単位取得満期退学．博士（心理学）．筑波大学心理学系教授，立正大学心理学部教授・名誉教授を経て現職．研究テーマは，臨床心理学，カウンセリング心理学，生活分析的カウンセリング法（LAC法）など．著書に『臨床心理学』ナツメ社，『心理テスト法入門』（編著）日本文化科学社，『カウンセリング実践ハンドブック』（編集代表）丸善出版，など．〔第1章，第5章〕

【執筆者】（執筆順）

石　暁玲（せき・ぎょうれい）　東京福祉大学心理学部助教．関西学院大学大学院文学研究科修了．博士（教育心理学）．研究テーマは，臨床発達心理学，家族心理学，比較文化心理学など．著書に『乳幼児の母親が持つディストレス─日本と中国の共通性と差異』風間書房（独立行政法人日本学術振興会平成24年度科学研究費補助金「研究成果公開促進費」・課題番号245203），『心理科学の最前線』（分担執筆）関西学院大学出版会，など．〔第2章〕

青戸泰子（あおと・やすこ）　関東学院大学教授．筑波大学大学院教育研究科カウンセリング専攻修了．博士（文学・立正大学）．研究テーマは，学校心理学，コミュニティ心理学，カウンセリング心理学，特別支援教育など．著書に『カウンセリング心理学ハンドブック〈下巻〉』（分担執筆）金子書房，『臨床心理学のすべてがわかる本』（分担執筆）ナツメ社，『児童心理』金子書房，など．〔第3章〕

稲垣応顕（いながき・まさあき）　上越教育大学大学院准教授．新潟大学大学院博士後期課程単位修得中退．研究テーマは，教育カウンセリング心理学，学校教育相談学，感情表出トレーニング（TEE）など．著書に『学際型現代学校教育概論』（共著）金子書房，『集団を育むピア・サポート』（共著）文化書房博文社，『生徒指導論─真心と優しさと』（編著）文化書房博文社，など．〔第4章〕

山本隆一郎（やまもと・りゅういちろう）　上越教育大学大学院学校教育研究科臨床健康教育学系助教．早稲田大学大学院博士後期課程人間科学専攻修了．研究

テーマは，臨床心理学，認知行動療法，睡眠行動医学，臨床疫学など．著書に『不眠の医療と心理援助』（分担執筆）金剛出版，『ヒルガードの心理学第 15 版』（分担訳）金剛出版など．〔第 6 章〕

石川清子（いしかわ・きよこ）　東京福祉大学大学院心理学研究科教授．University of Michigan，教育心理学専攻，博士（教育学）．研究テーマは，比較文化研究および現象学的研究による人間関係論，動機づけ，知恵の働きなど．著書に"Japanese Family in The American Wonderland: Transformation of Self. Identity and Culture" UMI 社，『カウンセリング実践ハンドブック』（分担執筆）丸善出版，など．〔第 7 章〕

山田順子（やまだ・よりこ）　東京家政学院大学准教授．筑波大学大学院教育研究科修士課程修了．研究テーマは，カウンセリングと福祉，障がいの有無に関わらず卒業後の自立と社会貢献を可能にする教育と支援のあり方，情報モラル．著書に『両親とは何ですか』講談社，『教育カウンセラー標準テキスト』（編著）図書文化社，『ピアヘルパーワークブック』（編著）図書文化社，『カウンセリング心理学事典』（分担執筆）誠信書房，など．〔第 8 章〕

一言英文（ひとこと・ひでふみ）　佐藤学園大阪バイオメディカル専門学校医療福祉心理学科常任講師．関西学院大学大学院文学研究科修了．博士（心理学）．研究テーマは，比較文化心理学，文化心理学，感情心理学．著書に『自己意識的感情の心理学』（分担執筆）北大路書房，『心理科学の最前線』（共著）関西学院大学出版会，など．〔第 9 章〕

廣利吉治（ひろとし・よしはる）　東海学院大学・大学院研究科長．臨床心理士，臨床発達心理士．関西大学大学院心理学研究科修士課程．医学博士（大阪大学）．研究テーマは，自閉症スペクトラム児のグループプレイセラピー，発達障害児のアセスメントと指導，発達障害児の養育と養育者のうつ．著書に『気になる子どもの保育と育児』（分担執筆）福村出版，『発達と教育の心理学』（分担執筆）あいり出版，など．〔第 10 章〕

(2014 年 2 月現在)

教育心理学

平成 25 年 2 月 28 日　発　　　行
令和 6 年 6 月 30 日　第 6 刷発行

編　者　松　原　達　哉

発行者　池　田　和　博

発行所　丸善出版株式会社

〒101-0051 東京都千代田区神田神保町二丁目17番
編集：電話(03)3512-3264／FAX(03)3512-3272
営業：電話(03)3512-3256／FAX(03)3512-3270
https://www.maruzen-publishing.co.jp

© Tatsuya Matsubara, 2013

組版印刷・製本／壮光舎印刷株式会社

ISBN 978-4-621-08636-0 C3011　　　Printed in Japan

JCOPY 〈(一社)出版者著作権管理機構　委託出版物〉
本書の無断複写は著作権法上での例外を除き禁じられています．複写
される場合は，そのつど事前に，(一社)出版者著作権管理機構(電話
03-5244-5088, FAX 03-5244-5089, e-mail：info@jcopy.or.jp)の許
諾を得てください．